制衡视角下的中东国际关系史研究

谢立忱 齐淑杰 著

当代世界出版社
THE CONTEMPORARY WORLD PRESS

图书在版编目（CIP）数据

制衡视角下的中东国际关系史研究／谢立忱，齐淑
杰著. -- 北京：当代世界出版社，2023.8
ISBN 978-7-5090-1744-9

Ⅰ. ①制… Ⅱ. ①谢… ②齐… Ⅲ. ①国际关系史-
研究-中东 Ⅳ. ①D837.09

中国国家版本馆 CIP 数据核字（2023）第 084486 号

书　　名：制衡视角下的中东国际关系史研究
出 品 人：丁　云
策划编辑：刘娟娟
责任编辑：刘娟娟　魏银萍　徐嘉璐
装帧设计：王昕晔
版式设计：韩　雪
出版发行：当代世界出版社
地　　址：北京市东城区地安门东大街 70-9 号
邮　　编：100009
邮　　箱：ddsjchubanshe@163.com
编务电话：(010) 83907528
发行电话：(010) 83908410（传真）
　　　　　13601274970
　　　　　18611107149
　　　　　13521909533
经　　销：新华书店
印　　刷：英格拉姆印刷（固安）有限公司
开　　本：710 毫米×1000 毫米　1/16
印　　张：17
字　　数：229 千字
版　　次：2023 年 8 月第 1 版
印　　次：2023 年 8 月第 1 次
书　　号：ISBN 978-7-5090-1744-9
定　　价：89.00 元

目　录

导　论

一、国内外研究现状

制衡是现实主义均势理论的核心概念之一，旨在阻止大国谋求霸权，保持势力均衡，属于一种典型的国家行为，尤其是大国行为。不过，鉴于中东国际关系的鲜明区域特征和均势理论在解释力上的有限性，本文对制衡理论作了适当拓展：制衡的对象、主体和手段等均具有多样性；制衡除了具有平衡、均衡之意外，也具有反对、抵抗的含义。制衡现象由来已久，可以追溯到古希腊城邦时期的联盟政治和中国战国时期的合纵连横政策。虽然制衡现象在当代中东国际关系史上也屡见不鲜，但却少有问津。

（一）国外相关研究成果

西方学术界对于制衡理论和实践的研究比较早，且成果丰硕。尽管早期著作中一般没有明确提到"制衡"这一概念，但许多现实主义代表作中均论及制衡思想。不过，西方学术界显然更注重研究大国尤其是美国的制衡行为。目前，国外学术界明确解释制衡行为的理论大致分为三种，即权力制衡论、威胁制衡论和利益制衡论，这三种理论均来自现实主义阵营。

第一，权力制衡论。多数现实主义的均势理论家把大国采取制衡行为的原因归结为国际体系的权力失衡。传统现实主义代表人物汉斯·摩根索（Hans Morgenthau）所著《国家间政治：权力斗争与和平》一书中，虽然没有明确提到"制衡"的概念，但却表达了制衡的思想，指出国家为实现均势在外交上可能采取分而治之、补偿政策、加强军备和结盟等方式，这些方式都可以视作是制衡行为的具体表现。① 结构现实主义的领军人物肯尼思·华尔兹（Kenneth N. Waltz）所著《国际政治理论》关注的是体系层次的均势状态，但也论及国家的制衡行为，认为制衡是体系所诱导的行为，国家寻求权力的制衡而非权力的最大化，制衡包括内部制衡（加强军备）和外部制衡（军事联盟）两种主要方式。② 进攻性现实主义的集大成者约翰·米尔斯海默（John J. Mearsheimer）所著《大国政治的悲剧》研究了制衡、追随、推诿等多种国家行为，认为制衡是一种较为普遍的行为倾向，尤其在两极体系与不平衡的多极体系下，这种倾向更为强烈。③ 第二，威胁制衡论。威胁制衡论的集大成者斯蒂芬·沃尔特（Stephen M. Walt）在其所著的《联盟的起源》一书中，对权力制衡论作了一定修正。作者在书中结合1955年至1979年间中东地区的主要联盟实例，着重探究影响国家结盟行为的原因，提出国家结成军事同盟（外部制衡）的关键在于"制衡威胁"而非"制衡权力"，威胁程度与制衡强度成正相关关系，并指出中东国家更倾向于采取制衡而不是追随行为。同时，沃尔特还指出，阿拉伯世界盛行一种不同形式的制衡，即利用政治手段来针对对手的形象，从而达到制衡对手的目的。④ 但该理论主要考察了结盟这一外部制衡手段，因而具有一定的局限性。第三，利益制衡论。利益制衡论的代表人物兰德尔·施韦勒（Randall L. Schweller）在其所著的《严重失衡：三极格局与希特勒的征服世界战略》一书中指出，追随而

---

① Hans Morgenthau, *Politics Among Nations：The Struggle for Power and Peace*, New York：Alfred A. Knopf：Distributed by Random House, 1985.

② Kenneth N. Waltz, *Theory of International Politics*, New York：Mcgraw-Hill, 1979.

③ John J. Mearsheimer, *The Tragedy of Great Power Politics*, New York：W. W. Norton, 2014.

④ Stephen M. Walt, *The Origins of Alliances*, Ithaca：Cornell University Press, 1987.

非制衡是一种更加普遍的行为，制衡的动机是谋求更大的安全，而追随的动机是寻求更大的收益。① 不过，由于他将国家区分为修正主义国家与维持现状国家，再据此解读国家行为，致使其理论具有循环论证之嫌。

　　以下著作尽管没有直接研究中东国家的制衡行为，但却论及影响中东国家制衡行为的认同、规范等重要因素。彼得·卡赞斯坦（Peter J. Katzenstein）主编的《国家安全的文化：世界政治中的规范与认同》辟有专章重点考察了阿拉伯世界内部关系和美以关系中的不同事件，积极探求认同与联盟形成之间的关系，认为国家认同会影响决策者对威胁的认知，进而影响联盟伙伴或制衡对象的选择。② 柯蒂斯·莱恩（Curtis R. Ryan）所著《阿拉伯国家间联盟：政权安全与约旦外交》一书认为，中东国家同时面临着来自国内和国外两个层面的"安全困境"，且这种双重"安全困境"往往导致恶性互动，致使各国政府为确保自身安全，纷纷致力于加强军备和组建联盟等制衡行为。③ 多夫·韦克斯曼（Dov Waxman）所著《寻求和平与以色列认同危机》专门研究以色列国家认同的变化对阿以冲突的影响，尤其探讨了认同影响国家外交政策的两大方式，即通过塑造国家的利益观和限制决策者的外交选择范围来影响国家的外交行为。④ 迈克尔·巴尼特（Michael N. Barnett）撰写的《阿拉伯国家间的政治对话：地区秩序的谈判》一书以阿拉伯民族主义和国家民族主义的此兴彼衰为主线，对阿拉伯地区的政治变迁作出了深度解读，认为正是阿拉伯国家围绕规范的争夺导致主权规范和泛阿拉伯规范的兴衰，这种兴衰直接影响到阿拉伯世

---

① Randall L. Schweller, *Deadly Imbalances：Tripolarity and Hitler's Strategy of World Conquest*, New York：Columbia University Press, 1998.

② Peter J. Katzenstein, *The Culture of National Security：Norms and Identity in World Politics*, New York：Columbia University Press, 1996.

③ Curtis R. Ryan, *Inter – Arab Alliances：Regime Security and Jordanian Foreign Policy*, Gainesville：University Press of Florida, 2009.

④ Dov Waxman, *The Pursuit of Peace and the Crisis of Israeli Identity*, New York：Palgrave Macmillan, 2006.

界内部的合作与冲突，包括结盟等制衡行为，是研究阿拉伯国家"软制衡"行为的重要资料。① 希伯利·泰尔哈米（Shibley Telhami）和米歇尔·巴尼特（Michael Barnett）主编的论文集《认同与中东国家的外交政策》，从认同视角分析了约旦、以色列、伊朗、伊拉克、叙利亚和埃及六国在某一时期的外交政策，书中指出，认同与外交政策之间的关系不能简单借用现实主义或建构主义的理论观点，而需要将各种理论观点重新整合，且由于各国面临的国内外环境不同，认同对外交政策所起的作用也不能一概而论。② 路易斯·福西特（Louise Fawcett）所著《中东国际关系》认为，泛阿拉伯认同和规范受到国内外环境的影响，利益和认同二者之间具有互动性，国家认同影响国家利益的界定，国家利益也影响认同的建构，两者的互动影响着国家的制衡等行为。③ 伯纳德·路易斯（Bernard Lewis）著的《中东地区的多重认同》④、埃德·戴维沙（Adeed Dawisha）主编的《外交政策中的伊斯兰》⑤，以及吉尔·克劳斯（Jill Krause）和尼尔·伦威克（Neil Renwick）主编的《国际关系中的认同因素》⑥ 等著作均对中东国家的认同或某些中东国家外交政策中的认同因素进行了不同程度的探讨，在此不再一一赘述。

此外，由于冷战后国际社会针对美国的"硬制衡"明显不足或缺席，许多学者纷纷著书立说，从理论与现实两个角度对传统均势理论的适用性与有效性进行讨论。这方面的代表性成果主要有：约翰·伊肯伯里（G. John Ikenberry）在其主编的《美国无敌：均势的未来》一书中对国外学术界关于冷战后次等大国未对美国实施制衡的相关理论

① Michael N. Barnett, *Dialogues in Arab Politics: Negotiations in Regional Order*, New York: Columbia University Press, 1998.

② Shibley Telhami and Michael Barnett, *Identity and Foreign Policy in the Middle East*, Ithaca: Cornell University Press, 2002.

③ Louise Fawcett, *International Relations of the Middle East*, Oxford: Oxford University Press, 2016.

④ Bernard Lewis, *The Multiple Identities of the Middle East*, London: Weidenfeld & Nicolson, 1998.

⑤ Adeed Dawisha, *Islam in Foreign Policy*, New York: Cambridge University Press, 1983.

⑥ Jill Krause and Neil Renwick, *Identities in International Relations*, New York: St. Martin's Press, 1996.

解释进行了综述。① 约翰·瓦斯克斯（John A. Vasquez）与科林·埃尔曼（Colin Elman）在其合编的《现实主义和均势：一场新争论》一书中，对传统均势理论的有效性等问题进行了集中讨论。② 保罗（T. V. Paul）等主编的《均势：21 世纪的理论和实践》讨论了均势理论的扩展，认为传统的"硬制衡"（表现为加强军备或组建联盟）只是制衡行为的一种表现形式，除此之外，还有"软制衡"（通过有限的军备建设、区域或国际机构中的协调等手段增加强国行动的代价、限制霸权，而非极力改变国际体系的权力结构或直接对抗霸权）。保罗在书中还提到不对称性制衡的概念，即指国家进行的抗衡由恐怖组织等非国家行为体造成的间接威胁的努力和非国家行为体及其幕后国家用恐怖主义等不对称方式挑战、削弱现有或既定国家的努力。③ 斯图尔特·考夫曼（Stuart J. Kaufman）等主编的《世界历史中的权力均衡》结合具体案例，重点对圣经时代的中东国际体系、古希腊罗马时代的城邦国家、美洲国际体系和东亚国际体系中的制衡和制衡失败或缺失现象等进行了系统研究。④

显而易见，权力制衡论、威胁制衡论和利益制衡论这三种理论均片面强调制衡生成的某一或某些因素，而忽略综合体系和单元这两个层次的因素，且基本属于体系层面的宏观理论，主要研究大国的制衡行为，因而对于中东子体系或中东地区国际关系来讲，不可避免地存在解释力不足和理论不适用情况。

（二）国内相关研究成果

国内学界对制衡理论和实践的学术研究起步较晚，相关成果基本

---

① G. John Ikenberry, *America Unrivaled: The Future of the Balance of Power*, Ithaca: Cornell University Press, 2002.
② John A. Vasquez and Colin Elman, *Realism and the Balancing of Power: A New Debate*, Upper Saddle River, NJ: Prentice Hall, 2003.
③ T. V. Paul, James J. Wirtz and Michel Fortmann, *Balance of Power: Theory and Practice in the 21st Century*, Stanford, Calif.: Stanford University Press, 2004.
④ Stuart J. Kaufman, Richard Little and William C. Wohlforth, *The Balance of Power in World History*, New York: Palgrave Macmillan, 2007.

产出于冷战后特别是 21 世纪初，其中较具代表性的主要有：刘丰所著《制衡的逻辑》主要考察了拿破仑争霸时期、冷战时期和冷战后时代三个不同时段、不同国际体系状态的大国制衡行为，认为次等大国对霸权国采取制衡行为的强度主要取决于国家面临的结构压力的大小以及霸权正当性的高低。① 肖斌所著《制衡威胁》结合前景理论和威胁制衡理论，着重探讨了二战后美国在亚洲的联盟战略，认为联盟是国家增强自身安全、制衡潜在威胁的一种惯常选择，风险是国家选择联盟战略（双边联盟和多边联盟）的一个间接指标。② 孙德刚在《多元平衡与"准联盟"理论研究》一书中对国际关系中的"准联盟"现象进行了系统研究，尤其指出，多元平衡而非权力平衡、威胁平衡或利益平衡，是"准联盟"关系形成的关键。③ 孙德刚所著《"准联盟"外交的理论与实践：基于大国与中东国家关系的实证分析》进一步对"准联盟"问题进行了深入研究，书中全面考察了英法以（以色列）、美国与沙特、苏联与埃及、伊朗与叙利亚等"准联盟"外交的形成动因、管理机制、绩效和生命力，认为"准联盟"外交的形成受到国际体系的权力结构、国家利益与身份、领导人认知等因素的影响。书中也论及"准联盟"外交形成的制衡动机，指出冷战时期中东国家为制衡潜在的威胁，往往寻求外部力量的支持，积极构建战略协作关系，特别是 20 世纪 80 年代以来，"合纵"与"连横"成为中东两大政治集团斗争的主要态势。④ 余国庆所著《大国中东战略的比较研究》重点分析伊拉克战争后大国中东政策的调整，但也谈及美苏（俄）等大国在中东舞台上竞相采取的制衡行为。⑤ 俞新天主编的《国际关系中的文

---

① 刘丰：《制衡的逻辑》，北京：世界知识出版社，2010 年版。
② 肖斌：《制衡威胁：大国联盟战略的决策行为》，广州：世界图书出版广东有限公司，2012 年版。
③ 孙德刚：《多元平衡与"准联盟"理论研究》，北京：时事出版社，2007 年版。
④ 孙德刚：《"准联盟"外交的理论与实践——基于大国与中东国家关系的实证分析》，北京：世界知识出版社，2012 年版。
⑤ 余国庆：《大国中东战略的比较研究》，北京：中国社会科学出版社，2013 年版。

化》专辟一节探讨了伊斯兰文化在国际关系中的作用与影响，认为在阿拉伯国家关系中，规范的力量尤为突出，对于一个政权的最大威胁不是外部军事威胁，而是国内政权虚弱，因而传统的军备竞赛并不是维护体系平衡的主要手段，竞争是围绕定义与控制规范展开的。① 另外，金宜久和吴云贵合著的《伊斯兰与国际热点》②、刘中民所著《民族与宗教的互动：阿拉伯民族主义与伊斯兰教关系研究》③、张骥和刘中民等著的《文化与当代国际政治》④，以及刘月琴所著《冷战后海湾地区国际关系》⑤ 等著作中，均辟有部分章节对中东国际关系中的文化因素或认同因素作阐释，认为文化认同影响着外交决策者对敌友身份的建构，以及对国家利益与国家安全的认知和判断，进而影响国家行为体的制衡选择。

可见，目前学界对制衡行为的研究主要关注大国，然而，与大多数均势理论者将制衡的主体与对象限定为大国不同，本书认为，制衡既是美苏（俄）等国实现在中东地区利益的行为偏好，也是中东国家自身相对普遍采取的一种行为。深入探讨中东国家制衡行为有助于深化学界对中东地区风云变幻、错综复杂的国际关系的认识，丰富对中东国际关系史的研究。同时，国内外学界的相关研究偏重体系或单元某一层面因素，过度套用现实主义、建构主义等宏大理论缺乏从制衡视角对中东国际关系进行系统研究的成果。

二、研究意义及方法

（一）研究意义

其一，理论意义。第一，有助于加深对错综复杂的中东国际关系

①　俞新天主编：《国际关系中的文化》，上海：上海社会科学院出版社，2005 年版。
②　金宜久、吴云贵：《伊斯兰与国际热点》，北京：东方出版社，2001 年版。
③　刘中民：《民族与宗教的互动：阿拉伯民族主义与伊斯兰教关系研究》，北京：时事出版社，2010 年版。
④　张骥、刘中民等：《文化与当代国际政治》，北京：人民出版社，2003 年版。
⑤　刘月琴：《冷战后海湾地区国际关系》，北京：社会科学文献出版社，2002 年版。

的理解。由于多种因素的影响，中东国家的外交行为素以乖张著称，中东国际关系复杂多变。然而，中东国家的外交政策和中东国际关系也并非杂乱无章，而是有一定规律可循。其中，制衡便是中东国家普遍采取的一种外交行为或策略，是中东国际关系中的一种普遍现象。基于制衡视角进行分析，有助于把握中东国家外交行为的规律和中东国际关系的特征，进而深入洞察错综复杂的中东国际关系。

第二，有利于进一步丰富现代国际关系史尤其是中东国际关系史的研究。长期以来，学术界尤其是国内学术界缺乏对中东国际关系的系统性研究。本书基于制衡视角，试图对中东国际关系史作较为全面的梳理和分析，以期进一步丰富现代国际关系史尤其是中东国际关系史的研究。

第三，有助于弥合国际关系理论研究和区域研究之间的裂缝。长期以来，从事国际关系理论研究的学者没有给予区域研究以足够重视，而从事区域研究的学者也未充分重视国际关系理论。作为一种结果，国际关系理论研究和区域研究似乎属于两个不同的研究领域，彼此之间缺少对话。值得庆幸的是，近年来，从事这两种研究的学者之间开始有了对话。因此，本书有助于进一步缩小这两个研究领域之间的距离促进双方之间的对话。事实上，国际关系理论研究与区域研究之间存在很大的互补性。二者可以相互借鉴，相互吸取理论养料，相得益彰。具体就本书来讲，国际关系理论研究者可以从中东国际关系研究成果中得到很多启示，从而进一步完善和丰富国际关系理论研究。同样，中东国际政治研究者也可以借用国际关系理论中的现有成果，促进中东国际关系理论的构建。

其二，现实意义。中东既是古丝绸之路（陆路与海陆）文明交往最密集区域之一，也是围绕丝绸之路贸易的巨额利润竞争最激烈的地区，且当前中东国家在中国"一带一路"建设中起着重要支点作用。与此同时，目前中国正在加大对中东国家的外交力度，与美国等全球性大国的关系也进入新的敏感期。因此，本课题研究具有一定的现实意义。

（二）研究方法

本课题主要采取实证主义研究方法，将制衡理论放在制衡行为实例中加以检验，并尽力将各相关学科知识有机结合。具体包括：

其一，比较研究方法。在实证研究过程中对阿拉伯国家、非阿拉伯国家的制衡行为进行纵向与横向比较，力求既反映中东国家制衡行为的整体特征，也突出不同时期或不同民族属性的中东国家制衡行为的特点。

其二，跨学科研究方法。以历史学理论为主，结合国际关系学等学科方法，对中东国家制衡行为进行跨学科的综合研究。

其三，个案研究方法。为更好地解读中东国际关系中的制衡现象，本书分别考察了第三次中东战争、阿以冲突、以色列-土耳其-伊朗三边关系、叙利亚危机等案例中的制衡因素。

其四，定量研究方法。为总结中东国家制衡行为的特点和规律，本书考察了二战后中东主要国家的制衡行为的实例，并借用统计数据进行归纳分析，概括出中东国家制衡行为的基本特征与规律。

三、研究特色与创新

（一）研究特色

其一，采用多学科理论和方法。在坚持批判继承的前提下，吸收和借鉴东西方相关理论，采用多学科理论和方法，从制衡视角对中东国际关系进行宏观审视和微观分析，深化对该地区政治的理解。

其二，突破物质—意识、国内—国外二分法。综观国内外学界对中东国际关系的研究成果，往往存在过度套用现实主义、建构主义等宏大理论的不足，本书力图突破主流国际关系理论中的物质—意识、国内—国外二分法，采取折中主义的态度，将影响制衡行为的权力、威胁、利益、规范、认同和认知等因素有机结合，注重分析影响中东国家外交行为的国内和国际两个层面的因素、物质性与非物质性两类因素，且关注这两个层面、两类因素的互动性影响，以期更好地解读中东国家制衡行为，弥补相关研究不足。

（二）创新之处

其一，从制衡视角对中东国际关系史进行系统的解读。国内外学术界均缺乏基于制衡视角对中东国际关系史进行系统研究的成果，尤其是国内学术界几乎无人论及中东国际关系史中的制衡现象，而制衡恰恰是中东国家较为普遍的行为和策略。因此，本课题将基于制衡视角对中东国际关系史进行专门性研究。

其二，对传统制衡概念的内涵进行适度扩展。目前，学术界对制衡行为的研究主要局限于大国，然而，制衡既是美苏（俄）等大国实现在中东地区利益的行为偏好，也是中东国家相对普遍采取的一种行为。同时，除了传统的"硬制衡""对称性制衡"之外，在中东舞台上还存在另类制衡，如"软制衡"和"不对称性制衡"。鉴此，为更好地解读中东国家的制衡行为和中东国际关系史，有必要对传统制衡概念的内涵作适度扩展，以增强理论解释力，使理论与实际相符。

其三，为构建系统的中东国际关系史理论添砖加瓦。在基于制衡视角全面解读中东国际关系史的同时，笔者对中东国家制衡行为的动机、特征、类型、内涵，以及制衡与认知、认同、规范、利益和权力之间的关系进行了较为全面的理论思考，力图构建一种更为适合中东国家制衡行为的理论分析框架，进而为构建适合中东地区的系统的国际关系理论添砖加瓦。

第一章 多元制衡

西方国际关系理论包括制衡理论主要是基于西方历史经验的一种宏大理论,其理论分析也主要是通过选取西方历史上的案例而进行的,其核心观点和概念均不可避免地被打上西方中心的烙印,例如国家、安全等概念。然而,对于中东等亚非地区的后殖民国家或发展中国家来讲,"国家""安全""国家利益"等观念具有更复杂的、多方面的含义。既然这些传统核心概念对于中东国际关系的分析具有一定的不适用性,那么,基于这些概念得出的西方国际关系理论或制衡理论对中东国家尤其是阿拉伯国家关系的解释力自然受到质疑。

西方国际关系理论包括制衡理论的一个较大不足是过度强调体系层面的因素和国家安全变量(强调外部威胁),而忽视了国内层面的因素。事实上,我们知道,外部因素的确会影响甚至强烈影响国家的外交决策,国际体系也确实会限制一国尤其是弱国的外交选择,但这种影响和限制并不一定是决定性的。因为国家不仅是国际社会的一员,还要处理好与国内社会的关系,因而国内社会能够对国家外交政策产生类似于国际体系的限制和影响。尤其是中东国家常常存在政权虚弱情况,其外交政策更具有"国内政治"的色彩。因此,忽视国内政治因素的体系层次的理论虽有助于从宏观上把握国家行为的趋向,但却不能准确地理解国家的具体行为选择,包括制衡行为的真正动机和影响因素。中东国家的制衡行为具有更复杂的、多层面的意义。

尽管一些学者日益重视国家外交政策中的国内政治因素，但当前国际关系研究领域仍存在两种截然相反的、非此即彼的研究取向，即要么强调体系层面的因素要么强调国内层面的因素。然而，如果不考虑其他领域的因素，单纯聚焦于国内或国际领域的变量，就不可能真正解读一国的对内或对外政策。国家统治政权是这些领域主要是国内和国际两个领域或系统的连接点，而统治精英就是国家外交政策包括制衡政策的制定者和执行者。对于中东一些国家统治精英来说，选择制衡的一个重大目的就是维护"国家"的安全和生存。但是，一定程度上讲，这里的安全与生存是一种相对狭隘的国家（政权）安全利益，往往不是一般意义上的"民族利益"，而时常是指统治精英自己的安全与生存。没有哪个国家包括阿拉伯国家对本国利益有一个真正的客观的、系统的界定。所谓"国家利益决定国家政策"是一个有待进一步考证的经验主义命题。特别是对于实行威权主义或半威权主义的发展中国家统治精英来说，他们往往从对自身政权安全的威胁角度界定国家安全问题，而不论这种威胁是来自国内还是国外。从这种意义上讲，表面上看国家采取制衡的目的是维护国家安全，实质上是统治精英维护自己的政治统治。因此，制衡的选择不仅依赖于国际体系无政府状态造成的机遇和挑战，也取决于统治精英集团根据国内实际情况做出的政策偏好。

中东国家普遍面临双重"安全困境"，这种双重"安全困境"往往夹杂着新现实主义的外部安全因素、自由制度主义的政治经济因素和社会建构主义的意识形态与规范因素。因此，这里的制衡理论不仅试图提出一种相对中立的观点，而且力图建构一种融合所谓高政治问题与低政治问题、结合现实主义、自由主义和建构主义三大理论流派的合理因子的折中性理论。如果将国内政治、国家外交决策进程和国际关系视为三个完全相互分离的领域，就无法真正理解一国的国际政治行为。特别对于像中东阿拉伯国家和其他后殖民国家这样政权不稳定的国家来讲，国家内部安全与政治生存往往是当务之急。在解读这样的国家的制衡行为时，如果单纯考虑国家的传统安全与威胁因素，就难免显得狭隘。因为这种研究视角忽视了非军事因素的重要性，且简单地认为国家的安全威胁仅仅或主要来自外部。史蒂文·大卫（Steven David）也认为，第三世界政治的不稳定性限制了诸如权力制衡和威胁制衡等纯粹的体系理论的适用性和解释力，真正的制衡行为具有对内和对外两个向度。① 他进而指出，第三世界政治的一个显著特征是，作为主要行为体的国家试图同时制衡来自内部和外部的威胁，即追求的是全方位平衡。② 不过，大卫的研究主要关注第三世界的弱国与超级大国之间的制衡联盟，且过度强调东西方冷战对第三世界国家外交的影响。然而，中东地区政治具有自己的特征、逻辑和动力学，并非完全受大国操纵。

总之，本书理论研究采取一种折中主义，旨在将影响国家外交决策的国内因素和国际因素有机结合，将现实主义、自由主义和建构主义等西方主流国际关系理论流派的核心观点和变量有机结合，将影响国家行为的观念性因素与物质性因素有机结合，同时对某些核心概念进行适当扩展，力图建构一种更为适合中东国家制衡行为的理论分析框架。

第一节　制衡与对冲

20 世纪 80 年代以来，国际关系主流学者围绕"到底是制衡还是追随是国际政治中更常见的战略行为"进行了激烈争论，至今仍未停歇。冷战后，在新的国际形势下，传统均势理论对国际关系现实的解释力日显不足，于是"对冲"和"软制衡"等概念开始频现于国际关系学

---

① Curtis R. Ryan, *Inter - Arab Alliances：Regime Security and Jordanian Foreign Policy*, Gainesville：University Press of Florida, 2009, p. 9.

② 同①。

界。然而，国际关系学者、战略分析人士和外交决策者的制衡研究和对冲研究的对象往往局限于大国，主要研究第二梯队国家或次等大国针对系统领导者或主导国的制衡或对冲行为，致使他们的理论无法解释更广义范围内的制衡或对冲行为。例如，他们的理论既不能很好解释系统领导者对次等大国的制衡或对冲行为，更不能解释中小国家间及中小国家与大国之间的制衡或对冲行为。鉴于此，本书对制衡、对冲概念进行了适度扩展，将中等强国和小国之间的制衡、对冲也纳入制衡、对冲理论的逻辑范畴。

一、制衡的内涵与类型

（一）内涵

制衡是现实主义均势理论的核心概念之一，也是大国战略的核心。罗伯特·佩普（Robert A. Pape）认为，所谓制衡旨在实现竞争中的强者与弱者之间的力量平衡。[①] 柯林·埃尔曼（Colin Elman）指出，制衡是一种通过改善军事行动能力，以威慑或击败另一个国家的抗衡政策。[②] 兰德尔·施韦勒（Randall Schweller）认为，制衡旨在通过内部动员或缔结联盟的方式促进军事力量的积累，进而阻止或威慑外部国家或者联盟对自己的领土占领、政治与军事控制。[③] 罗伯特·阿特（Robert J. Art）给出的定义是：制衡是指一国或联盟通过动员自己的实力资源来降低或抵消另一国或联盟的实力优势，从而在与对手抗衡

---

① Robert A. Pape, "Soft Balancing against the United States", *International Security*, Vol. 30, No. 1, 2005, p. 36.

② John Vasquez and Colin Elman, "Introduction", in *Realism and the Balancing of Power*, Upper Saddle River, NJ: Prentice Hall, 2002, p. 8. Quoting Kai He and Huiyun Feng, "If Not Soft Balancing, then What? Reconsidering Soft Balancing and U. S. Policy Toward China", *Security Studies*, Vol. 17, No. 2, 2008, p. 371.

③ Randall Schweller, "Unanswered Threats: A Neoclassical Realist Theory of Underbalancing", *International Security*, Vol. 29, No. 2, 2004, p. 166. Quoting Kai He and Huiyun Feng, "If Not Soft Balancing, then What? Reconsidering Soft Balancing and U. S. Policy Toward China", *Security Studies*, Vol. 17, No. 2, 2008, p. 371.

中获得更好结果的一种行为。① 苏珊·马丁（Susan B. Martin）对制衡的理解是：国家采取的抗衡一个外部威胁的行动。② 罗伯特·鲍威尔（Robert Powell）强调，制衡是与冲突之中的弱势一方联合。③ 还有一些学者也对制衡进行了类似界定，如：制衡被看作是国际无政府体系中国家的一种基本行为方式；④ 制衡是国际无政府状态下国家通过增强相对实力来谋求安全的一种策略；⑤ 制衡是一种国家外交行为或国家策略，而均势是体系或次体系层次的一种结果，具体指大国间实力均衡的一种状态。⑥

本书认为，制衡是行为体为谋求更大的利益、安全或权力，而积极调动内外实力资源的手段、策略或战略，制衡本身具有主观性与客观性。衡量一种行为是不是制衡行为，不仅要看行为体的制衡能力和制衡效果，还要看制衡动机，毕竟制衡也并不总是一种成功的战略。

（二）类型

在认同与规范的力量尤为突出、民族与国家严重失衡的中东国际关系中，国家制衡行为表现出明显的多样性。

---

① Robert J. Art, Stephen G. Brooks, William C. Wohlforth, Keir A. Lieber and Gerard Alexander, "Correspondence: Striking the Balance", *International Security*, Vol. 30, No. 3, Winter 2005/2006, pp. 183–184.

② Susan B. Martin, "From Balance of Power to Balancing Behaviour: The Long and Winding Road", in Andrew K. Hanami, *Perspectives on Structural Realism*, New York: Palgrave Macmillan, pp. 61–82. 转引自刘丰：《制衡的逻辑》，北京：世界知识出版社，2010年版，第47页。

③ Robert Powell, *In the Shadow of Power: States and Strategies in International Politics*, Princeton, NJ: Princeton University Press, 1999, pp. 152–153. 转引自刘丰：《制衡的逻辑》，北京：世界知识出版社，2010年版，第47页。

④ Kai He, "Dynamic Balancing: China's balancing Strategies Towards the United States, 1949–2005", *Journal of Contemporary China*, Vol. 18, No. 58, 2009, pp. 115–116.

⑤ Reuben Steff and Nicholas Khoo, "Hard Balancing in the Age of American Unipolarity: The Russian Response to US Ballistic Missile Defense During the Bush Administration (2001–2008)", *Journal of Strategic Studies*, Vol. 37, No. 2, 2014, p. 227.

⑥ T. V. Paul, James J. Wirtz and Michel Fortmann, *Balance of Power: Theory and Practice in the 21st Century*, California: Stanford University Press, 2004, p. 2.

首先，根据制衡的主体或对象，可以将制衡划分为对称性制衡与不对称性制衡两类。制衡的目的是阻止大国谋求霸权，当这种制衡行为取得成功时，均势便可能随之出现。[①] 因此，国家的制衡行为是生成均势状态的主要路径。[②] 根据现实主义理论，制衡属于一种典型的国家行为。然而，在战后国际体系中，权力过分集中在最强大国家美国的手中，再加上非国家行为体在国际政治中的作用凸显，导致制衡的逻辑与类型发生了同经典均势理论不相符的变化。就制衡类型而言，除了均势理论主要关注的体系内大国之间的制衡即对称性制衡外，还包括不对称性制衡。

对称性制衡主要是指国家层面或国家之间的制衡，包括主要诉诸军事手段的"硬制衡"与侧重采取非军事手段的"软制衡"。大多数均势理论家将制衡的主体与对象限定为体系内的大国，分别把体系内的主要大国与潜在或实际的霸权国视为制衡方与被制衡方。根据均势理论，一般国家必然会制衡最强大的国家。[③] 因此，体系内的次等大国尤其是潜在制衡者常常成为霸权国重点打压的对象。由于制衡可具体表现为抗衡潜在或实际霸权国的一种能力，因而严格意义上讲，制衡是一种大国现象，因为只有大国有能力阻止他们中的某个成员取得地缘政治优势。不过，也有一些学者对制衡概念进行了扩展，将小国之间的制衡、强者对弱者的制衡也纳入制衡理论的逻辑范畴。

不对称性制衡是指国家进行的抗衡由恐怖组织等非国家行为体造成的间接威胁的努力和非国家行为体及其幕后国家用恐怖主义等不对称方式挑战、削弱现有或既定国家的努力，而这些非国家行为体缺乏

---

① T. V. Paul, James J. Wirtz and Michel Fortmann, *Balance of Power: Theory and Practice in the 21st Century*, California: Stanford University Press, 2004, p. 2.

② 刘丰:《大国制衡行为:争论与进展》,载《外交评论》,2010年第1期,第113页。

③ Stephen M. Walt, "Keeping the World Off - Balance: Self - Restraint and U. S. Foreign Policy", in G. John Ikenberry, ed. *America Unrivaled: The Future of the Balance of Power*, Ithaca and London: Cornell University Press, 2002, p. 124.

常规军事能力或手段去挑战关键国家。①

总之，学者们侧重研究国家之间的对称性制衡，更为强调制衡的平衡、均衡内涵。不过，从广义上讲，制衡也具有反对、抵抗的含义。本书主要从宽泛意义上使用制衡这一概念，并关注非国家行为体与国家行为体之间的不对称性制衡。另外，需要指出的是，与均势主要用来描述体系中大国之间实力分布大体均衡的状态不同，制衡关注的是策略与行为。

其次，按照制衡手段的军事性和制衡强度，制衡可分为"硬制衡"（强制衡）与"软制衡"（弱制衡）。"硬制衡"主要通过采取加强军备（内部制衡）或缔结军事联盟（外部制衡）等方式，谋求变更现实的或潜在的冲突中的军事实力对比，以期达到实力均衡。例如，保罗认为，"硬制衡"是国家通过发展和提升本国军事能力或创建和保持军事联盟的方式，以平衡对手实力的一种战略。② 传统现实主义和新现实主义中的制衡概念均主要指的是"硬制衡"。"软制衡"是冷战后均势理论家为捍卫传统均势理论，针对次等大国未对美国的霸权采取"硬制衡"或采取的制衡强度不足，而提出的一个新概念。

"软制衡"是传统制衡行为的变种，与传统"硬制衡"要努力改变国际体系中权力结构的雄心勃勃的目标不同，"软制衡"有着较低的期望值，主要致力于增加强国行动的代价。也许正因为"软制衡"的目标存在较少野心，从而使其成为次等大国尤为青睐的外交政策工具。按照美国芝加哥大学政治学教授罗伯特·佩普的解释，"软制衡"指的是这样一种行为，即通过国际制度、经济策略、严守中立等非军事手段拖延、阻挠和破坏美国咄咄逼人的单边主义军事政策，而避免直接挑战美国的军事优势地位。③"软制衡"另一位较具代表性的人物保罗

---

① T. V. Paul, James J. Wirtz and Michel Fortmann, *Balance of Power: Theory and Practice in the 21st Century*, California: Stanford University Press, 2004, p. 3.

② 同①。

③ Robert A. Pape, "Soft Balancing against the United States", *International Security*, Vol. 30, No. 1, 2005, p. 10.

对"软制衡"的解释与佩普的界定类似，即在后冷战时代，在不损害与美国经济关系的情况下，次等大国日益倾向以"软制衡"来抗击美国不断增长的军事实力和单边趋向。① 保罗从宽泛的角度界定"软制衡"的内涵，将这种制衡行为视作旨在限制美国权力的制度或外交战略的组成部分。② 作为一种战略，例如通过外交协作，特别是利用联合国舞台，"软制衡"既可以约束美国权力，又不会直接挑战美国的军事优势。根据斯蒂芬·沃尔特的观点，"软制衡"战略并不寻求或期望改变能力的总体分配。③ 相反，它接受现状，但试图在此基础上获得更好的结果。显然，持"软制衡"观点的学者普遍认为，在当前国际体系下，"软制衡"是次等大国应对美国权力优势或霸权企图的重要甚至主导行为倾向，且在制衡手段、目标及逻辑上明显不同于传统"硬制衡"。

为便于分析，本文将传统"硬制衡"之外的制衡，均纳入"软制衡"的范畴。例如，心理—文化制衡④、政治—外交制衡⑤等，不一而足。同时，本文认为，与传统"硬制衡"主要通过加强军备、缔结军事联盟等方式以达到力量均衡不同，"软制衡"是指国家行为体利用经济、政治和外交等非传统制衡手段，削弱、限制对手的权力和影响力，增加对手采取行动的成本和风险，避免发生直接对抗，以谋求更大的

---

① T. V. Paul, "Soft Balancing in the Age of U. S. Primacy", *International Security*, Vol. 30, No. 1, 2005, p. 70.

② 同①，第58—59页。

③ Mordechai Chaziza, "Soft Balancing Strategy in the Middle East: Chinese and Russian Vetoes in the United Nations Security Council in the Syria Crisis", *China Report*, Vol. 50, No. 3, 2014, p. 246.

④ 心理—文化制衡是指通过设置贸易壁垒等方式限制来自霸权国的文化输入，从而遏制霸权国文化影响力的行为。详见 Josef Joffe, "Defying History and Theory: The United States as the 'Last Remaining Superpower'", in G. John Ikenberry, ed. *America Unrivaled: The Future of the Balance of Power*, Ithaca: Cornell University Press, 2002, pp. 172-174.

⑤ 政治—外交制衡是指通过采取政治外交手段约束霸权国权力的行为。详见 Josef Joffe, "Defying History and Theory: The United States as the 'Last Remaining Superpower'", in G. John Ikenberry, ed. *America Unrivaled: The Future of the Balance of Power*, Ithaca: Cornell University Press, 2002, pp. 174-176.

权力、安全或利益的战略、策略或手段。相较于"硬制衡"而言，"软制衡"对改变现实的权力结构尤其是潜在冲突中的军事力量对比目标期望值较低。同时，需要指出的是，尽管"软制衡"作为一个新概念，在21世纪以后，才频现于国际关系学界，但其作为一种现象，则早已有之。造成这种情况的一个主要原因是，学界主要从大国层面研究该现象，忽视了中小国家层面的制衡现象。实际上，"软制衡"现象早在纳赛尔时期的阿拉伯世界便较为普遍，下文将对此做具体分析。"软制衡"无论是在概念的精准度上，还是理论的成熟度上均存在不足，因而将难以避免地影响该理论的科学性与解释力。[①] 而且，"软制衡"无疑为我们提供了一个更好地解读中东国际关系特别是阿拉伯国家关系的一个很好的视角。

再次，根据制衡的正、反两方面，分为积极制衡与消极制衡。所谓积极制衡，是指一国通过组建联盟和向盟友提供经济援助或加强自身军事力量的方式直接提升本国实力，以实现制衡对手的策略。相反，消极制衡则是指通过阻止敌对联盟的形成、终止敌对联盟，或者向"敌人的敌人"提供军事援助、战略不合作、经济禁运、制度限制或破坏对方国内政治稳定等削弱对手实力的方式，间接增强抗衡对方实力的行为、手段。

最后，根据制衡的实力资源，制衡分为内部制衡与外部制衡。内部制衡指通过动员国内实力资源来增强自身军事力量，进而平衡对手实力的行为。与之相对，外部制衡则指通过动员外部实力资源来增强自身军事力量，进而平衡对手实力的行为。

二、对冲的内涵与类型

（一）内涵

冷战后，越来越多的国际关系学者、战略分析人士和外交决策者

---

① 谢立忱、齐淑杰：《"软制衡"理论的内在逻辑与实证分析》，载《西亚非洲》，2015年第5期，第96页。

采用"对冲"这一术语。在澳大利亚著名学者吴翠玲（Evelyn Goh）看来，对冲是"当国家无法在制衡、追随或中立等相对直接的替代性战略中作出选择的时候，而选择的旨在避免或因应此种情况的一系列策略"。① 意大利学者安东尼奥·菲奥里（Antonio Fiori）和安德里亚·帕塞西（Andrea Passeri）认为，对冲就是介于制衡与追随之间的中间立场。② 奥斯汀·腾斯强（Oystein Tunsjo）指出，对冲是融合了合作、竞争与敌对等元素的权变战略，对冲国通过向外界释放混合信号来管控风险、应对不确定性，避免其政策意图被他国片面地夸大。③ 布洛克·泰斯曼（Brock Tessman）和沃泰克·沃尔夫（Wojtek Wolfe）认为，战略对冲是关于国家竞争的结构理论，是有助于单极体系下国家应对不确定性的避险行为，是为防止国家陷入两种境地的保险策略，即防止对冲国与系统主导国关系恶化引发军事危机、防止系统主导国主动或自然而然地停止供给对冲国目前享有的公共物品。④ 埃文·梅代罗斯（Evan S. Medeiros）研究中美在亚太地区的对冲行为时指出，对冲是一种融合了接触等合作性机制与"硬制衡"等强制性机制的综合策略。⑤ 在郭清水（Cheng-Chwee Kuik）看来，对冲属于一种联盟形式，因其自身模糊的、混合的或相反的立场而明显不同于单纯的制衡或追随等联盟选择。⑥ 北京大学国际关系学者王栋初步构建起一个关于国际关系对冲行为的普遍性理论框架。在王栋看来，对冲是国家行为

① Evelyn Goh, *Meeting the China Challenge: The U. S. in Southeast Asian Regional Security Strategies*, Washington D. C. : East-West Center Washington, 2005, p. 2.

② Antonio Fiori and Andrea Passeri, "Hedging in Search of a New Age of Nonalignment: Myanmar Between China and the USA", *The Pacific Review*, Vol. 28, No. 5, 2015, p. 684.

③ Oystein Tunsjo, "Hedging Against Oil Dependency: New Perspectives on China's Energy Security Policy", *International Relations*, Vol. 24, No. 1, 2010, p. 29.

④ Brock Tessman and Wojtek Wolfe, "Great Powers and Strategic Hedging: The Case of Chinese Energy Security Strategy", *International Studies Review*, Vol. 13, No. 2, 2011, pp. 214-216.

⑤ Evan S. Medeiros, "Strategic Hedging and the Future of Asia-Pacific Stability", *The Washington Quarterly*, Vol. 29, No. 1, 2005/2006, p. 145.

⑥ Cheng-Chwee Kuik, "How Do Weaker States Hedge? Unpacking ASEAN States' Alignment Behavior Towards China", *Journal of Contemporary China*, Vol. 25, No. 100, 2016, p. 502.

体面对不确定性采取的审慎保险策略，是混合了接触、围住、束缚、防范、牵制、制衡等不同战略手段与工具的策略组合，旨在减少或使战略风险最小化、维持或增加行动自由度、力图确保战略选项多元化并塑造目标国的偏好与选择。① 不过，和其他国内外学者一样，在对冲主体国家的案例选择上，王栋没有突破侧重亚太国家和大国的选择偏好，尽管他的理论并不仅限于解释亚太国家和大国的对冲行为。

不难发现，传统的均势理论忽视了非军事手段对于次等大国应对系统主导国威胁与挑战的作用，而对于次等大国来讲，在无法通过军事力量制衡主导国的情况下，非军事手段可能是最为有效的。② "软制衡"融合了这些非军事手段，但忽视了结构性因素，因而不能清楚解释权力平衡尤其是军事力量平衡的改变，其所描述的国家行为也很难同常规的外交摩擦等现象完全区分开来。针对"软制衡"理论的缺陷，学者们提出了对冲的概念。与"软制衡"在制衡手段上的非军事性和体系结构上的非约束性特征不同，对冲涉及军事和非军事的策略组合，并与体系结构存在密切相关性，因此赋予对冲概念以更大的科学性与解释力。从这个意义上讲，对冲理论是对传统均势理论的扩展。不过，这并不意味着对冲与"软制衡"是两个对立的概念。③ 事实上，对冲实现了对"软制衡"的扬弃。

相比之下，对冲是一个界定更为清晰明确的概念。本文认为，对冲是国家行为体在国际关系日益复杂化和民主化背景下，为最大限度降低战略风险、谋求国家利益而采取的一种混合了接触、防范、制衡等战略手段的复合策略。

（二）类型

根据对冲的强度和形态差异，可以划分为"硬对冲"与"软对

---

① 王栋：《国际关系中的对冲行为研究——以亚太国家为例》，载《世界经济与政治》，2018 年第 10 期，第 29 页。

② Brock Tessman and Wojtek Wolfe, "Great Powers and Strategic Hedging: The Case of Chinese Energy Security Strategy", *International Studies Review*, Vol. 13, No. 2, 2011, p. 216.

③ 同②。

冲"。"硬对冲"是指国家行为体采取防范、牵制、制衡等强制性战略工具的对冲战略;"软对冲"则是指国家行为体采取接触、网住或束缚等合作性战略工具的对冲战略。① 需要指出的是,无论是硬对冲,还是软对冲,其策略组合都同时包含强制性与合作性战略工具,只是侧重不同而已。

根据对冲对象数量差异,可以划分为单一对冲、双重对冲和多重对冲。单一对冲是指一个国家行为体只对一个对象国实施对冲;双重对冲是指一个国家行为体同时在两个国家之间进行对冲;多重对冲是指一个国家行为体同时针对三个或三个以上国家进行对冲。②

根据对冲的具体手段,还可以将对冲划分为军事对冲、政治对冲和经济对冲。军事对冲是指通过缔结军事联盟或增加军备的方式,力图使安全风险最小化,但并不直接针对或至少未明确指明针对任一国家;政治对冲是指通过维持或实现地缘政治力量均衡来最小化政治屈从的风险;经济对冲是指同对象国形成直接商业联系或同时与多国发展经济关系,通过经济相互依赖达到风险最小化和收益最大化的目的。③

可见,制衡与对冲在理论内涵上存在一定交集,比如"软制衡"同属于制衡与对冲的理论范畴。然而,两者又有着明显差别,制衡侧重对抗,后者侧重竞争。作为对冲战略的手段之一,制衡无论从威胁认知还是零和博弈程度来讲,都高于对冲,对冲的零和博弈程度介于制衡与追随之间。换句话讲,作为单一策略的制衡往往会带来高度竞争或对抗的战略关系,而作为复合策略的对冲则常常会产生以适度竞争或对抗为特征的战略关系。如果说制衡属于主动对抗,追随属于被动合作,对冲则介于二者之间,既有抗衡,也有合作;既有主动性,也有一定的被动应对特征。

---

① 王栋:《国际关系中的对冲行为研究——以亚太国家为例》,载《世界经济与政治》,2018 年第 10 期,第 35—36 页。

② 同①,第 37 页。

③ Cheng-Chwee Kuik, "How Do Weaker States Hedge? Unpacking ASEAN States' Alignment Behavior Towards China", *Journal of Contemporary China*, Vol. 25, No. 100, 2016, p. 502.

第二节　多元制衡

国际关系学产生以来，出现了理想主义、现实主义等国际关系理论范式。目前，国际关系学界形成了新现实主义、新自由主义和建构主义三足鼎立的局面。这三个理论流派各有长短，反映了国际政治发展的阶段性特征和理论间的互补性。因此，建构主义在冷战后的崛起不仅是对国际关系理论研究范式的一种累积，也是对其他国际关系理论流派研究路径和方法的补充。

从本体论来看，现实主义把国际政治看成由物质性权力构成的具有冲突性的世界。简言之，现实主义的本体世界是物质主义的。传统现实主义认为，基于"人性恶"的假设，国家会不断地追求物质利益和权力的最大化。结构现实主义强调的国际无政府状态和物质力量分配是典型的物质主义特征。进攻性现实主义把物质主义观点推到极致，以致人们很容易将进攻性现实主义所言的权力与军事性权力特别是核力量等同起来。建构主义的本体世界是由国家间的观念和文化构成的。建构主义认为，单纯地描述和分析物质世界是没有意义的，物质世界需要放在一定的社会背景和社会意义下去理解。因此，建构主义的本体世界是观念主义的，即理解和观察物质力量的观念是国际政治中的决定性力量。

从认识论来看，现实主义主要表现为一种机械的反映论，即认为人类的认识是物质世界的客观反映，同时人类对充满了冲突和战争的物质世界除了顺从之外无能为力。建构主义则表现为一种发生学的认识论，即作为施动者的国家与作为情境的国际体系之间存在互相构成的关系，对国际政治的理解需要放在这一互动过程之中。结构现实主义理论与建构主义理论辩论的焦点是建构问题与因果问题的分野。简言之，因果关系探求的是为什么 X 导致了 Y，而建构关系探求的是 X 是什么。现实主义者认为，身份与利益是给定的，充其量将观念作为物质的附属物。建构主义者认为，身份和利益均具有社会建构性，身份与利益决定行为体的行为，没有利益的行为缺乏动力，没有身份的利益缺少导向，从而有助于打开外交决策的"黑匣子"。

方法论关注人们用何种方式和方法来观察事物和处理问题。方法论的分类可以从个体主义和整体主义两个向度上来理解。个体主义认为，个体是社会分析的基本单元，而任何社会现象最终都需要还原为个体行为来进行解释。整体主义认为，社会整体显著地影响和制约着个体的行为，而个体行为需要从作为整体社会系统的宏观法则中演绎出来。现实主义是整体主义的方法论。现实主义的经典作品往往偏好战争与国际冲突这样的宏大主题，并习惯用历史社会学的整体主义方法介入这些主题的研究。自由主义则持个体主义的方法论，其研究往往从个体出发，关注个体对整体的构成性作用。自由主义的研究，如公共外交、国家与社会的关系、国内政治分析等，往往从公民或社会集团出发。自由主义的经典作品偏好使用博弈论或理性选择模型等个体主义的方法来讨论国际合作问题。建构主义的方法论在整体主义与个体主义之间。一方面，建构主义主张的文化概念表现出主体间性，这意味着文化是由个体组成的，个体间的互动构成了文化的内容。另一方面，文化表现为一种整体意义，并且作为个体选择的背景产生影响。建构主义著作在具体方法上偏好个案分析和诠释学方法。

本书在方法论上采取折中方法，即将个体主义与整体主义相结合，力图突破物质—意识、国内—国外二分法，采取国际关系的互动研究模式，既关注个人这一微观层次的分析，也重视国家这一中观层次的考察，同时也从阿拉伯世界及全球格局等宏观层次进行审视。

可以说，制衡理论是西方国际关系学中影响最大、历时最悠久的国际政治理论之一。目前，明确解释制衡行为的理论主要包括权力制衡论、威胁制衡论和利益制衡论，这三种理论均来自现实主义阵营，但各有不足。由于各种因素的影响，就中东国家制衡行为本身来讲，既不属于权力制衡，也不是威胁制衡或利益制衡，而是多元制衡，只不过侧重不同而已。

一、关于制衡的现有理论

（一）权力制衡论

均势理论是国际关系理论中最核心的、最持久的理论之一，被现实主义各流派推崇。制衡是均势理论的核心概念之一，制衡原理是均势理论的核心原理。有关均势的理论思考始于 16 世纪，到 18 世纪与 19 世纪达到高峰。[①] 关于均势更为系统的理论研究则在 20 世纪后期。整体上讲，虽然多数现实主义均势理论家把大国采取制衡行为的原因归结为国际体系的权力失衡，但各个流派在具体解读时存有一定差异。

在传统现实主义代表人物汉斯·摩根索看来，权力斗争是国际政治的本质特征，各国追逐权力、试图维护或打破现状，必然导致权力均衡及旨在维护这种均势的政策。[②] 摩根索进而指出，国家主要通过减轻天平较重一侧的分量或增加较轻一侧的分量，来实现权力均衡，具体表现为加强军备和缔结联盟等方式。[③] 肯尼思·华尔兹的结构现实主义对传统现实主义的均势理论作了一定修正。根据华尔兹的观点，在国际政治中，国家在面临他国权力迅速攀升及他国的霸权企图时，会选择制衡而非追随，制衡是国际无政府状态下国家行为的基本特征，均势是一种周而复始的体系状态。华尔兹同时指出，国家行为体选择制衡还是追随，取决于系统结构。[④] 与摩根索"权力即利益"的国家利益观不同，华尔兹认为，国家制衡的是权力，但追求的是安全，是

---

① Aristotle Tziampiris, *The Emergence of Israeli-Greek Cooperation*, New York and London: Springer, 2015, pp. 22-23.

② 汉斯·摩根索著,徐昕等译:《国家间政治:权力斗争与和平》,北京:北京大学出版社,2006 年版,第 205 页。

③ 同②,第 216—234 页。

④ 肯尼思·华尔兹著,信强译:《国际政治理论》,上海:上海人民出版社,2008 年版,第 133 页。

安全最大化而不是权力最大化。① 在约翰·米尔斯海默的进攻性现实主义理论中，权力差距是导致制衡的主要原因，但权力分配和制衡行为会受到极和地理环境两个干预变量的影响。米尔斯海默认为，制衡是一种较为普遍的行为倾向，在存有潜在霸主的两极体系与非均衡的多极体系下，这种倾向更为明显。②

中国学者刘丰认为，次等大国制衡霸权潜在或实际霸权国的强度主要取决于国家面临的结构压力及霸权正当性。尽管刘丰引入了结构压力和霸权正当性这两个自变量，但其理论基点仍是结构现实主义。而且，根据刘丰的制衡理论，主要受到实力因素影响的结构压力是决定单元行为的主要因素，结构压力对制衡行为的影响大于霸权正当性。因此，刘丰的制衡理论仍属于权力制衡论的范畴。

（二）威胁制衡论

斯蒂芬·沃尔特对权力制衡论作出重新解释和重大修正，虽然他也承认实力的重要性，但他认为实力只是重要的而非唯一的因素，国家倾向于同具有最大威胁的外部实力结盟或者对抗。③ 换句话讲，国家制衡的是威胁而不是权力，最起码不单单是权力。威胁程度与制衡强度呈正相关关系。沃尔特具体分析了影响某国或联盟威胁水平的四大因素：综合实力、地缘毗邻性、进攻能力、侵略意图。④

根据沃尔特的观点，在其他因素不变的情况下，某国或联盟的综合实力越大、地理临近度越高、进攻实力越强、进攻意图越明显，其构成的威胁程度就越大，进而引发联盟行为（外部制衡）的可能性越大。

---

① 肯尼思·华尔兹著，信强译：《国际政治理论》，上海：上海人民出版社，2008 年版，第134 页。

② 约翰·米尔斯海默著，王义桅、唐小松译：《大国政治的悲剧》，上海：上海人民出版社，2014 年版，第 298—302 页。

③ Stephen M. Walt, *The Origins of Alliances*, Ithaca and London: Cornell University Press, 1987, p. 21.

④ 同③，第 22—26 页。

中国学者肖斌认为，制衡威胁既是联盟（外部制衡）建立的直接动机，也是国家选择双边或多边联盟战略的重要参考点，威胁水平直接影响着国家联盟行为的风险倾向与行为决策。① 以沃尔特为代表的威胁制衡论的不足是显而易见的，例如仅注重考察结盟这一外部制衡手段等。

（三）利益制衡论

兰德尔·施韦勒对权力制衡论和威胁制衡论作出进一步修正，认为决定国家行为的是其所认定的利益，而不仅仅是权力分布或威胁。② 因为军事联盟会限制或损害成员国的外交自主性，因而联盟的最主要决定因素是彼此政治目标的契合性，而不是权力失衡或威胁失衡。③ 对现状满意的国家会倾向于加入现状联盟，选择制衡，即使自己占有权力优势；对现状不满意的大国或修正主义国家在利益而非安全的驱动下，会选择追随权力正在上升的修正主义国家。④ 施韦勒将国家利益提升到与传统现实主义中的实力分布同等重要的地位。按照国家利益偏好的不同，大体划分为维持现状的国家和修正主义国家，前者致力于安全最大化，后者致力于权力最大化。施韦勒进一步把这两类国家细分为五个类型。⑤ 在施韦勒看来，权力和安全是两个相得益彰、相互补充的目标，但有时候二者也可能产生冲突，即权力的过度积累可能导致一国变得不安全，而过于强调安全又可能削弱一国的整体实力。⑥ 因此，权力最大化与安全最大化或者说追随与制衡的区别在于，是旨在获取收益还是致力于减少损失。⑦ 不过，施韦勒与一般的均势理

---

① 肖斌：《制衡威胁：大国联盟战略的决策行为》，广州：世界图书出版广东有限公司，2012 年版，第 111 页。

② 同①，第 89 页。

③ Randall L. Schweller, *Deadly Imbalances: Tripolarity and Hitler's Strategy of World Conquest*, New York: Columbia University Press, 1998, p. 21.

④ 同③。

⑤ 同③，第 22 页。

⑥ 同⑤。

⑦ 同③，第 22—23 页。

论家不同，他认为追随而非制衡是一种更加普遍的行为。当然，施韦勒的理论缺陷也是较为明显的，他既不适当地将国家偏好这个变量纳入到了理论的前提假定当中，又错误地认为新现实主义理论具有现状偏好，且其理论本身具有循环论证之嫌。

二、现有理论的不足

（一）变量和分析维度层面

整体上看，既有制衡理论或侧重系统层次，或侧重单元层次某些变量的分析，而没有综合考虑这两个层次的变量。然而，制衡必然是体系结构压力与单位决策共同作用的产物，制衡除了受到权力、安全和利益等物质性因素的重要影响外，还与决策者的认知、国家认同和国际规范等观念性因素密切相关。一种理论的生命力源于其对现实的解释力，其科学性或正确度在于其与现实的吻合度。不同时代的国际体系结构、不同地区的地缘政治环境存在差异，一国的国情也不会一成不变，因此权力制衡论、威胁制衡论和利益制衡论等宏大理论在时间和实践的检验下，其本身的理论不足也日益凸显。鉴于此，对于国家制衡动因或生成机制的分析，不能囿于权力制衡论、威胁制衡论和利益制衡论中的某一种理论，而要将这三种理论有机结合。这是因为中东地区的国际关系现实与世界其他地区有较大差异：首先，这里存在或流行着两种国际关系理念，即传统伊斯兰国际关系理念和西方现代国际关系理念。其次，除了现实主义理论所强调的权力、利益等因素外，中东国际关系中的认同和规范等非物质性因素的作用尤为突出。最后，中东很多国家长期同时面临双重"安全困境"。因此，对于中东很多国家来讲，他们要制衡的不仅是来自国外的安全威胁，还有国内的安全挑战，因而他们要的是全面平衡。

（二）研究主体与对象层面

尽管沃尔特的威胁制衡理论将中东国家作为制衡的主体和对象，

但大多数传统均势理论家，包括支持"软制衡"的学者在内，显然将体系内的大国作为制衡理论的研究对象。然而，正如罗伯特·阿特和约翰·米尔斯海默指出的，制衡的对象或主体不仅仅限于体系内的大国或潜在霸权国，也包括那些不是很强大的地区国家。[1] 不能狭隘地将制衡单纯理解为对潜在霸权国的抗衡行为，这种理解将会使我们在分析中漏掉发生在中等强国甚至小国间的制衡现象。[2] 事实上，需要指出的是，均势理论家们也从未明确声称，他们的理论只适用于分析全球层面或超级大国的制衡行为。[3] 因此，作为一本关于中东地区国际关系历史与理论的研究著作，本书选择的制衡主体或对象不仅涉及体系内的世界大国，也包括地区内的中等强国和小国，以及诸如"伊斯兰国"这样的非国家行为体。

三、多元制衡

从权力制衡论到威胁制衡论，进而到利益制衡论，这既反映了理论研究过程中的渐次修正和不断扬弃，也体现了国际关系理论研究的阶段性、趋同性和社会性特征。事实上，古典现实主义、新现实主义和新古典现实主义制衡理论中的权力、利益、威胁、安全等变量，某种程度上是可以通约的，在某种条件下甚至是可以互相转化的。首先，安全、权力与利益密不可分。利益制衡论将利益视为同权力、威胁具有同等地位的核心变量，但国家行为体在制衡尤其面临多种制衡手段时，必然进行成本—利益核算，本质上讲，权力和威胁均属于国家利益的逻辑范畴。安全无疑也是国家利益之一，而且是最核心的利益。另外，古典现实主义者也以权力来界定利益概念。其次，权力与安全或威胁紧密相关。正如施韦勒指出的，将权力最大化与安全最大化二

---

[1]　Aristotle Tziampiris, *The Emergence of Israeli-Greek Cooperation*, New York and London: Springer, 2015, p. 168.

[2]　同[1]，第 30 页。

[3]　同[1]。

者并列起来的做法，并非合乎逻辑的，因为权力是实现安全等目标的一种手段，因而权力与安全属于两个能够相得益彰、相互补充的目标。此外，沃尔特概括的影响威胁程度的综合实力、地缘毗邻性与进攻能力三要素，实质上包括在权力这一概念之中。可见，威胁制衡论与权力制衡论在核心概念上存在较大重叠，因而格伦·斯奈德据此认为，沃尔特并未对传统均势理论进行"重大修正"。①

鉴于此，为更好地构建关于中东国际关系尤其是中东国家制衡行为的理论分析模型，本书尽可能把系统层次和单元层次的有关变量有机整合，力图突破主流国际关系理论中的物质—意识、国内—国外二分法，注重分析影响国家制衡行为的个人、国家和国际多个层面或维度的物质性与非物质性两类因素，且关注不同层面、不同因素间的互动。需要指出的是，本书并非针对传统均势理论的预测进行驳论与理论建构，而旨在建构中等国家和小国尤其是中东国家制衡行为的理论分析框架，以期加强描述、解释和预测中东国家制衡行为，特别是解读中东地区国际关系的能力。既然制衡是中东国家特别是冷战时期相对普遍采取的一种战略行为，那么国家会在什么情况下采取什么样的制衡手段呢？影响国家行为体选择制衡战略的形态与强度的变量有哪些？对于这些问题的回答，直接关乎中东地区制衡理论的建构。

本书主要选取了权力或实力、威胁、体系结构三个主变量，这三个变量之间存在密切的内在联系，因为一国制衡行为的动机很难单纯归结为追逐权力或应对威胁等某一因素。同时，在这三个主变量的基础上，本书还增加了认知、认同变量，以弥补传统均势理论在解读具体历史事件或具体国家行为上的不足。国内外学术界关于权力、利益、威胁或安全与制衡行为之间的理论关系论述较多，但对于认知、认同、规范与制衡之间的理论关系着墨较少，因而为了便于进一步分析，本章首先对后者作专门分析，再阐述本书的多元制衡观点。

---

① Glenn H. Snyder, "Alliances, Balance, and Stability", *International Organization*, Vol. 45, No. 1, 1991, p. 1.

（一）认知、认同、规范与制衡

一般来讲，在国际舞台上，固有的负向认知和恶性认同会建构或强化行为体间的敌对形象，将对方视为自己的威胁和制衡对象。正向认知和良性认同则有利于构建或强化行为体间的同盟形象，将对方视为联盟的对象。文化认同影响着外交决策者对敌友身份的建构，以及对国家利益与安全的认知和判断，进而影响国家行为体的制衡选择。规范与认同之间是一种相互促进、相互建构的关系，规范对行为体的国际行为有着较大的约束作用，影响着行为体的制衡对象及手段的选择。

认知是认知心理学研究的基本概念之一，认知心理学分为广义的认知心理学和狭义的认知心理学，当前西方心理学界一般指的是狭义的认知心理学，即研究人接收、贮存、运用信息的认知历程。① 根据认知心理学，所谓"认知"或"知"，就是指人们对周围事物的看法与观点。按照罗伯特·杰维斯的观点，国家外交政策的决策者与执行者对客观世界的认知尤为关键，因为不同的人对同一客观环境的认知不同，从而会产生不同的决策。② 而且，国家外交政策的决策者和执行者也会存在认知局限，从而可能对形势作出错误判断，进而形成不理性的决策。因此，有学者指出，国际政治中很多冲突的根源不仅在于冲突各方利益相悖，而且也与各方认知模式相异有关。③

可以说，认知是行为体一切政治行为的基础，也是行为体理解权力与利益的基础。行为体之间的正向认知促进彼此形成正向认同，进而拉近距离，形成利益共同体乃至联盟。反之，则形成负向认同，进而将彼此视为威胁源和制衡对象。例如，一些外国阿以问题专家认为，

---

① 车文博：《西方心理学史》，杭州：浙江教育出版社，1998 年版，第 580 页。

② 罗伯特·杰维斯著，秦亚青译：《国际政治中的知觉与错误知觉》，北京：世界知识出版社，2003 年版，第 12 页。

③ Gabriel Ben-Dor, *State and Conflict in the Middle East*, New York: Praeger Publishers, 1983, p. 187.

阿拉伯国家和以色列均倾向于将自己的军事行动解读成正当自卫行动，而将对方的军事行动解读成非正当的具有侵略意图的行动。这种负向认知推动双方采取针锋相对的制衡行为。

认同是社会学的重要概念，所谓"认同"，就是指个体对所属群体的忠诚感、归属感。受历史和现实等多种因素的影响，中东国家与人民在认同上具有明显的多元性。尽管行为体的行为归根结底由利益决定，但利益在一定程度上是由行为体的身份与观念认同建构的。从这种意义上讲，国家认同构成了国家利益的某种基础。[1] 在中东舞台上，除了国家认同，还存在种种次国家认同和超国家认同，深刻地影响着各国内政外交政策的制定和执行。行为体间的认同差异会使彼此间的利益冲突进一步发酵和放大。一般来讲，国家行为体间的正向认同与国际合作是一种正相关关系，正向认同的程度越高，行为体越容易展开合作，构筑联盟的可能性越大；反之，负向认同的程度越高，国家行为体则越容易陷入冲突。[2] 因此，认同是影响国家行为体结盟或对抗的重要因素，影响着行为体制衡对象与手段的选择。这种影响突出地表现为阿拉伯世界内部的"软制衡"和阿拉伯国家与非阿拉伯国家间的"硬制衡"。

所谓"规范"，是指被一个特定社会所接受的用来支配社会内部关系，或者是被两个及以上的社会所接受用来支配其相互关系的合法的明确规定，是对某个给定认同所应该采取的适当行为的集体期望。规范主要分为建构性规范与管制性规范，前者定义或建构认同，后者规定或管制行为。在当代中东历史舞台上，除了主权规范，阿拉伯规范、伊斯兰规范等非主权规范也在这里施加影响。中东国际关系尤其是阿拉伯国家关系中的认同与规范力量尤为突出，因为这些认同与这些国家在阿拉伯世界的声誉和地位密切相关。在阿拉伯世界，存在着一种

---

① Yucel Bozdaglioglu, *Turkish Foreign Policy and Turkish Identity: A Constructivist Approach*, New York: Routledge, 2003, p. 22.

② 夏建平：《认同与国际合作》，北京：世界知识出版社，2006年版，第140页。

针对对手形象而利用政治手段来实现的另类制衡或"软制衡"，最重要的实力资源是操纵其他阿拉伯精英塑造本人及对手形象的能力。① 换句话说，如果人们认为阿拉伯领导人或政权在捍卫阿拉伯民族的利益、实践阿拉伯民族的目标和理想方面有所作为，其行为、言论符合既定认同和主流规范，这些领导人或政权就会得到认可。反之，其在国内和地区内的声望可能会一落千丈②。阿拉伯规范和伊斯兰规范既有建构性也有管制性，这些规范在促进阿拉伯世界内部联合与一致对外的同时，也引发了阿拉伯国家间持续的规范争夺。

（二）多元制衡

根据均势理论，在无政府的自助系统中，国家通过权力竞争维持或求取由生存到霸权的不同程度目标。权力是国家制衡行为的物质基础，但不是唯一目的。国家制衡还受安全、利益及认知、认同、规范等因素影响。因此，即便权力失衡是制衡行为产生的重要因素，但受权力地位、动机、战略认知、成本利益核算等因素的影响，权力失衡也不会导致所有国家都选择制衡，尤其是当权力差距过大，形成制衡"门槛"③时。制衡的高成本、高风险，可能会使国家选择制衡以外的战略。当然，如果放弃制衡会使自身安全或利益遭受更大风险或损失，同时选择制衡的成本在可承受范围内，甚至能够获得一定的收益，那么行为体在实力差距悬殊的情况下，也可能选择制衡。反之亦然。

事实上，一国面临的国内外环境不同，权力对其具有的实际意义

---

① 斯蒂芬·沃尔特著,周丕启译:《联盟的起源》,北京:北京大学出版社,2007年版,第145页。

② 彼得·卡赞斯坦主编,宋伟、刘铁娃译:《国家安全的文化:世界政治中的规范与认同》,北京:北京大学出版社,2009年版,第382页。

③ 学术界关于制衡"门槛"的概念存有争议,没有明确界定,因为这是一个很难测量的概念。本书认为,制衡"门槛"指的是一国在动用全部可资利用的资源的情况下,仍无法弥补与对手之间的实力差距,或仍无法达到有效制衡对手的情况下,形成的实力短板,就是"门槛"。因此,"门槛"不是一个绝对值,而是相对实力差距,因国而异。

也不同，在不同国际体系权力结构下，权力在制衡生成方面所起的影响也存在差别。国际体系权力结构对国家制衡行为的主要影响是"塑造和推动"，而不是决定行为与结果。整体上看，两极体系对制衡行为的影响最大，单极次之，多极最小。当然，全球体系对地区子系统的"支配"作用，具体是对行为体制衡行为的影响，主要取决于大国介入地区事务的方式和大国争夺强度。需要指出的是，尽管抛开全球体系因素，中东地区子体系长期保持多极状态，但中东国家对域外大国的依赖程度之高、域外大国对中东事务的介入程度之深，仍使中东地区子体系被打上了深深的大国博弈烙印，因此这里讲的两极体系、单极体系和多极体系，主要是就全球体系对中东地区子体系的"支配"而言。所以，全球体系变化与中东国家的制衡行为之间存在密切关联。就地区层面来看，中东地区长期缺失一个能支撑起稳定地区国际关系框架的主导国家，因而该地区权力结构呈现多极状态。一般来讲，在多极状态下，体系中的权力集中程度相对较低，各国实力差距相对较小，因而国家间关系具有更大的弹性，联盟可获性相对较大。换句话讲，在多极体系中，行为体相对容易采取外部制衡。

需要指出的是，尽管中东属于全球体系的一个子系统，但这并不代表该地区国家的制衡行为完全受制于体系因素。事实上，即使是冷战时期，美苏也无法完全操纵中东事务，无法绝对支配中东国家行为，包括制衡行为。因此，中东在融入全球体系的同时，仍保留自身的象限、动力及冲突逻辑，仍保持着自身独特的体系文化、国际观念结构，中东国家的制衡行为具有一定的自主性特征。中东国家不同程度地具有对美苏（俄）等大国施压并造成一定威胁的能力，在一些情况下，此种能力甚至是尤为突出的。同时，中东国际关系尤其是纳赛尔时期的阿拉伯国家关系中，认同与规范力量突出，使得中东国际关系特别是阿拉伯世界内部关系并不是完全处于无政府状态，而是呈现明显的大家庭政治特征，因而深深地影响着中东各国的制衡行为，特别是造成了阿拉伯国家关系中的独特"软制衡"现象。当然，中东国际关系体系的观念结构也不是一成不变的。20世纪70年代以后，由于埃及、伊拉克等国先后违反了阿拉伯或伊斯兰认同和规范，因而冷战后这些传统认同和规范的效力大打折扣。与此同时，伴随民族主义日益取代泛民族主义成为中东舞台上的主流意识形态，现代国际关系理念日益成为中东国家主要是阿拉伯国家处理外部事务的重要准则，传统非国家认同与规范对中东国家尤其是阿拉伯国家制衡行为的影响力逐渐变弱。所有这些共同导致阿拉伯国家关系中的"软制衡"现象远不及冷战时期。

冷战时期，中东国家的制衡行为主要在亲美国家与亲苏国家之间进行，且制衡强度与美苏之间的制衡强度存在一定的正相关。在两极格局下，权力或实力差距对制衡行为的影响相对较小，尽管中东国家之间存在不同程度的实力差距，但美苏两个强大后盾的存在，很大程度上确保了中东国家制衡对手的能力。不过，对于互为对手的国家而言，双方对彼此实力的微小变化往往非常敏感，无论双方实力存在一定差距，还是旗鼓相当，都会维持"硬制衡"，以获得或保持自身的实力优势。两极格局下，美苏的激烈争夺进一步强化了中东地区无政府状态的霍布斯文化特质。霍布斯无政府状态的逻辑是"所有人反对所有人的战争"，其核心内容是行为体之间的敌意。这种体系是真正的自助体系，行为体的最高原则是保全生命，生存完全依赖自己的力量，国家之间的安全是一种高度竞争的零和游戏。[①] 长期以来，阿拉伯世界与以色列、伊朗、希腊、土耳其间的敌对意识均具有典型的霍布斯文化特质。这种以霍布斯文化为突出特征的恶性认同持久存在，导致各国安全认同严重错位，并对彼此安全政策和措施产生重大误解，从而深陷"安全困境"之中。在这种情况下，军事安全便成为各国关注的焦点。为制衡来自外部的军事安全威胁，中东国家纷纷诉诸"硬制衡"。除了军事安全威胁，中东国家特别是阿拉伯国家还面临不容乐观

---

① 夏建平：《认同与国际合作》，北京：世界知识出版社，2006年版，第110页。

的政治安全威胁。

冷战结束到 2011 年"阿拉伯之春"爆发前,在以美国为唯一超级大国的国际体系下,中东地区结构也有了一定的"单极"色彩,即美国主导中东事务。除去美苏(俄)争霸的因素,中东国家之间尤其是亲苏(俄)与亲美国家之间相互制衡的强度整体呈现降温态势。在单极体系下,联盟可获性降低在一定程度上抑制了外部制衡,在美国既有联盟之内的国家较难摆脱美国的控制,而在美国既有联盟之外的尤其是原亲苏(俄)国家的制衡行为不可避免地囿于实力"门槛",因而冷战后权力差距对制衡行为的影响增大。同时,冷战后,美国推行致力于中东稳定的中东战略,阿以双方的力量对比天平向"温和派"一方倾斜,致使威胁因素对制衡行为的影响变小。另外,传统阿拉伯规范与认同也趋于衰落。所有这一切,导致中东地缘政治整体对抗强度下降,该地区"软制衡"和"硬制衡"强度均有所缓和。

2011 年以来,伴随国际体系多极化趋势越来越明显,中东重回"大国政治"时代,大国合作与多边主义逐渐成为国际社会的主流行为规范和共识性理念,中东国家政治关系也逐渐超越冷战时期简单的"友谊—敌人"或"生存性竞争"模式,日益趋向非零和博弈和利益性冲突模式,致使中东国家之间的传统威胁认知整体变弱,彼此权力差距整体变小,中东域内外国家之间的关系变得更加富有弹性和变化,更加具有复杂性和不确定性。理论上讲,在多极体系下,联盟可获性较高,这有助于中东国家通过在域内外国家间变换联盟的方式来制衡对手。但在面对种种不确定性和风险的背景下,尽管有些中东国家仍执着于传统的制衡之术,但以政治失和与战略短视为特征的传统制衡战略愈益不符合大国和中小国家的长远利益,为最大限度降低战略风险和更好维护国家自身利益,越来越多的中东国家选择在域内外国家间"两面下注"或"多面下注"的对冲战略。对冲战略日益成为国家减少战略风险、增加战略选项、谋取更大利益的理性选择。不过,这种对冲战略仍具有鲜明的制衡内涵,尤其是对那些实力差距较大(没有形成制衡的实力"门槛")、敌对意识较强的国家来讲,对冲战略的制衡色彩仍十分浓厚。

综上,国际规范、国家认同、领导人认知均会影响国家利益和行为。国际规范与国家认同相互建构。认知、认同与规范会影响制衡对象和手段的选择。当然,我们既不否定观念的重要性,也不能夸大其作用。因为,事实上,那些嵌入利益和权力中的观念具有更显著的影响。鉴于此,在实际研究中,我们应采取折中的分析立场,结合不同分析传统的要素,将影响制衡行为的权力、威胁、利益、规范、认同和认知等因素相结合,构筑起更具概括性、科学性的适合中东国际关系的理论,尤其要避免"利益过剩"和"观念过剩"两种极端。

本书的主要观点是:威胁、权力、体系结构是影响制衡形态和强度的主要自变量,而认知、认同、规范等也是影响行为体制衡行为的变量。其中,相对实力很大程度上决定了国家选择制衡战略时所能采用的制衡手段,威胁(认知)则主要影响国家进行制衡时的强度,体系结构对制衡的强度和形态均有着不同程度的影响,而认同和规范直接影响着行为体制衡对象与手段的选择。在冷战时期的美苏两极体系结构下,由于制衡"门槛"较低和威胁认知较强,使得中东国际关系中的制衡尤其是"硬制衡"行为相对普遍。冷战时期的阿拉伯世界,由于超国家的阿拉伯或伊斯兰认同与规范力量的硬性存在,致使阿拉伯地区政治具有一定的一国内部政治特征,各个阿拉伯国家国内形同不同的政治派别,因而制衡对手的利器并非军队,而是选票和舆论。这不仅大大降低了各国彼此诉诸"硬制衡"的可能,赋予埃及和沙特等国的"领导权"或谋求"领导权"的行为以巨大正当性,还导致赞成这种"领导权"的国家会倾向于选择追随,而反对的国家则倾向于诉诸"软制衡",因为"软制衡"不仅没有明确有悖于阿拉伯或伊斯兰认同与规范,还能产生打击对手的效力。

总之,中东国际关系的鲜明区域特征决定了中东国家的制衡行为具有独特的、复杂的内涵。本书对制衡概念进行了适度扩展，将中等强国和小国之间的制衡也纳入制衡理论的逻辑范畴。首先，制衡的对象。第一次世界大战以后，奥斯曼帝国解体，中东地区一直不存在一个真正的地区霸权国，因而中东国家制衡的主要对象往往并不是潜在或实际的霸权国，而是与自己敌对的国家，尤其是对本国安全构成巨大威胁的国家。前线阿拉伯国家与以色列之间的"硬制衡"就是这方面的典型例证。当然，中东舞台上也存在某些国家制衡大国霸权的现象。例如，埃及纳赛尔时期，埃及与其他阿拉伯国家组建军事联盟便有着对抗美国霸权的色彩。2001 年"9·11"事件发生后，伊叙"准联盟"也具有联合反霸（美国）的一面。

其次，制衡的主体。这里研究的制衡主体并不是一般意义上的国际体系中的大国，而是中东国家，以及诸如"伊斯兰国"这样的非国家行为体。中东国家在民族国家构建上的不足、各种非国家意识形态的盛行，加之域外大国势力的插手，致使非国家行为体对中东地区国家行为体的挑战能力不容忽视。

再次，制衡的手段。尽管中东国家诉诸制衡的主要手段仍然是实力，但这种实力具有两面性，即硬实力与软实力。在中东国际关系中，由于阿拉伯或伊斯兰认同与规范的强大影响，除了通常强调的军事"硬制衡"手段外，还依赖政治文化软实力，即"软制衡"。这种强大的认同与规范力量，不仅直接制约着阿拉伯国家间的制衡，也间接影响着阿拉伯国家与非阿拉伯国家间，以及非阿拉伯国家间的制衡。不过，伴随阿拉伯或伊斯兰认同与规范传统效力的下降，这种软实力对中东国家制衡行为的影响也日趋式微。同时，伴随国际体系与中东地缘政治结构变化，中东国家制衡对手的主要方式也日益显现出从外部制衡转向内部制衡的迹象。

最后，制衡的类型。在中东舞台上，除了国家之间的对称性制衡之外，还存在国家与非国家行为体之间的不对称性制衡。

理论源于现实，同时服务于现实，"硬制衡""软制衡"及对冲理论为我们提供了一个理论框架，有助于以新视角分析中等国家和小国的国家行为、把握战后中东国家战略行为特征、解读战后中东国际关系演变及走向。

第二章 阿拉伯国家关系中的"软制衡"现象

长期以来，由于阿以冲突在中东地区政治中的支配性地位和石油在世界经济中的重要性，阿拉伯国家内部关系很少吸引政治家和学者们的注意。然而，作为中东国际关系的重要组成部分，阿拉伯国家之间的制衡行为关乎中东地区的战争与和平。相较于其他地区，中东国家尤其是阿拉伯国家之间的联盟更具有易变性。阿拉伯国家之间的联盟基本属于松散的、非正式的联盟形式，联盟成员国彼此会表达相互给予政治、经济支持的意愿，但不一定承诺提供军事或安全方面的支持，未必涉及彼此提供防御支持的内容。①

对于中东国家尤其是阿拉伯国家，制衡联盟是国家应对国内和国外安全挑战的一种方式，具体的联盟选择往往取决于特定时间内国家（统治政权）面临的最迫切需要。不可否认，传统安全问题是影响国家联盟选择或制衡行为的一个重要因素，但经济支持等因素也并非不重要。因此，制衡联盟既可能是一国应对外部安全挑战的选择，也可能是一国对内部安全威胁的回应。外部的制衡联盟能够为统治者提供必要的经济或军事资源，用于稳定国内经济、加强国家安全部门力量或者安抚政权的主要支持者或选区，进而应对国内安全威胁。

---

① Curtis R. Ryan, *Inter - Arab Alliances: Regime Security and Jordanian Foreign Policy*, Gainesville: University Press of Florida, 2009, pp. 5-6.

中东尤其是阿拉伯国家长期面临的内部安全问题往往成为他们最大的威胁。阿拉伯国家关系中强大的认同和规范力量赋予中东国际关系以突出的区域特征。例如，在20世纪五六十年代，阿拉伯国家领导人出于增强地区声誉和影响力的目的，围绕集体认同和规范的定义展开了持续纷争，俨然在进行一场竞相证明谁更加反以色列、谁更好地维护了巴勒斯坦和阿拉伯民族的利益、谁更多地承担了阿拉伯集体认同和规范的责任的游戏。

20世纪五六十年代，阿拉伯国家关系的一个显著特征是"阿拉伯冷战"，尤其是在1956年苏伊士运河战争结束到1967年第三次中东战争（也称"六日战争"）爆发前这段时期，中东舞台上，出现了泛阿拉伯主义、以色列扩张主义、复兴党民族主义等激进思潮，意识形态成为这一时期阿拉伯内部互动的重大驱动因素，"阿拉伯冷战"愈演愈烈。

革命的政权与保守的政权间的猜疑和冲突致使阿拉伯世界处于动荡状态。到1962年，中东已分裂为以纳赛尔为首的激进的共和制国家与沙特领导下的保守的君主制国家两大阵营，两大阵营的分歧充分体现在对待西方国家和以色列的态度上。激进的共和制国家把反西方帝国主义等同于反对以色列，而保守的君主制国家则认为发展与西方的友好关系同反对以色列二者之间并不存在必然冲突。[①]

因此，"阿拉伯冷战"与美苏冷战、阿以问题相互交织。这种冷战既表现为激进阵营内部纳赛尔与复兴党等对手之间的竞争，也体现为亲西方的君主制国家（沙特、科威特、约旦等）与激进阵营国家（包括埃及、伊拉克、利比亚和叙利亚等）之间的对抗。[②]这种竞争和对抗往往围绕定义与控制阿拉伯或伊斯兰规范展开，这就是在阿拉伯世界存在的一种针对对手形象而利用政治手段实现制衡的现象。

[①] Samir A. Mutawi, *Jordan in the 1967 War*, Cambridge：Cambridge University Press, 1987, p.46.

[②] Curtis R. Ryan, "The Odd Couple：Ending the Jordanian-Syrian 'Cold War'", *Middle East Journal*, Vol.60, No.1, 2006, p.34.

第一节 "软制衡" 的动因

一、阿拉伯国家关系的特征

历史上，阿拉伯人在伊斯兰教的团结号召下，曾创造了辉煌灿烂的阿拉伯—伊斯兰文明，并一度建立了庞大的阿拉伯帝国。这段黄金历史使阿拉伯人在现代阿拉伯国家建立以前，便形成了一种以真主主权、"乌玛" 观、"圣战" 思想、阿拉伯和伊斯兰属性为内涵的内生认同。与此同时，伴随阿拉伯帝国和奥斯曼土耳其帝国的先后瓦解，以及与异族和西方强国尤其是以色列互动中的一再受挫，阿拉伯人内生的阿拉伯和伊斯兰认同得以再现，泛阿拉伯主义和泛伊斯兰主义强调的团结、统一、联合反对以色列等国际规范也一度盛行。因此，同宗同族的阿拉伯国家之间的关系远非那种仅仅重视权力与利益争夺的赤裸裸的国际政治，认同和规范的力量还为其蒙上了一层温情脉脉的面纱。

长期以来，在研究阿拉伯国家间关系的时候，很多学者强调其统一与多样的辩证统一特征。他们认为，地方利益与地缘政治力量导致昔日统一的阿拉伯民族最终分裂为多个独立的国家，但历史记忆、相同身份等因素又使这些国家彼此保持着千丝万缕的联系。阿拉伯民族认同和伊斯兰认同等超国家纽带和现代民族国家边界之间的矛盾造成了阿拉伯国家之间冲突与合作始终并存的鲜明特征。正如著名中东历史学家阿尔伯特·胡拉尼所注意到的，20 世纪任何关于阿拉伯地区政治的著述都必然强调阿拉伯国家关系的统一性与多样性特征。[1] 不过，也有一些学者主要从现实主义视角解读中东阿拉伯国家间政治，他们

---

① Michael N. Barnett, *Dialogues in Arab Politics*: *Negotiations in Regional Order*, New York: Columbia University Press, 1998, p. VI.

过于强调阿拉伯国家关系的冲突性，相对忽视其合作性。这些学者认为，敌意、冲突乃至战争是阿拉伯国家关系的常态。由于安全是阿拉伯国家的首要关注点，因而超国家忠诚和"统一"口号对之间的关系不会产生实质性影响。显而易见，学者们在解读阿拉伯国家间政治的时候，或者强调阿拉伯国家个性与共性并存的辩证统一特征或泛阿拉伯主义的作用，或者强调无政府状态和权力政治等因素的影响。

与以上两派学者的研究视角和观点不同，美国著名政治学教授迈克尔·巴尼特把阿拉伯国家间政治视作是阿拉伯国家围绕"理想的地区秩序"而开展的一系列对话和谈判。[1] 在迈克尔·巴尼特看来，阿拉伯地区政治有鲜明的社会特征。

二、"软制衡"的动因：认同、规范和政治安全利益

冷战结束后，伴随世界政治格局剧变、全球化进程加速及非国家行为体涌现，传统的国际政治理论对于后冷战时代国际关系的解释力日渐式微，而认同、文化和规范等非物质变量却日益得到学者们的关注，他们纷纷把这些因素整合到国际政治的理论研究之中，从而使国际政治理论的社会学转向以及文化、认同研究的广泛兴起，并为解读国际关系问题提供了一个有效视角。然而，学术界特别是国内学术界对于中东国际关系中的认同和规范等文化因素力量，却未给予足够重视。战后阿拉伯世界并非如有些学者所认为的那样，盛行赤裸裸的权力政治。事实上，由于种种原因，阿拉伯地区政治中的认同与规范力量非常突出。

二战结束以来，阿拉伯国家和民众便围绕阿拉伯或伊斯兰规范问题进行持续争论。例如，阿拉伯国家能够与西方国家结盟吗？阿拉伯各国真的渴望实现统一吗？阿拉伯国家可以与以色列发展外交关系或进行政治谈判吗？关于所谓理想的地区秩序或规范，阿拉伯国家显然

---

[1]　Michael N. Barnett, *Dialogues in Arab Politics: Negotiations in Regional Order*, New York: Columbia University Press, 1998, p. Ⅷ.

有着不同的看法和观点。虽然这种差别与各国秉持的信念有关，但更重要的原因在于政治生存和政权稳定。不过，在规范问题上，阿拉伯国家也存在一定共识，即理想的阿拉伯规范应基于阿拉伯各国当时面临的最迫切需要或最重要事件，并要符合阿拉伯民族认同。作为一种结果，二战结束以来特别是冷战时期，阿拉伯各国领导人通过利用阿拉伯民族主义的种种象征符号，竞相对政权利益、阿拉伯规范与"当时最迫切的需要或最重要的事件"之间的关联确定标准。

这种竞争的一个典型特征就是阿拉伯各国通过利用阿拉伯民族主义符号来构建阿拉伯规范，进而影响乃至控制对手的外交。虽然国际关系学者倾向于强调国家影响力的经济和军事基础，但研究中东国际关系的学者往往承认阿拉伯地区政治的这种特征。例如，埃及前总统纳赛尔在阿拉伯世界的强大号召力和设定阿拉伯世界政治议程的能力并非来自枪杆子，而是基于纳赛尔熟练操纵阿拉伯民族主义各种政治符号的能力。事实上，在阿拉伯世界尤其是泛阿拉伯主义或泛伊斯兰主义盛行的时代，一旦流行的规范得以确定，便很少有哪个阿拉伯国家领导人敢冒天下之大不韪，公开否定或公然违反这种流行的规范。

因此，阿拉伯国家围绕规范的定义进行的一系列互动，不仅表现为彼此间的恶言相向，也体现为相互间的政策协调与合作声明。阿拉伯国家之间的冲突不能简单地归结为现实主义强调的权力政治或"硬制衡"逻辑，而有着强烈的认同和规范色彩。

阿拉伯地区政治中的认同和规范力量之所以如此强大，首先在于阿拉伯国家普遍面临政权虚弱、政治安全脆弱的问题。众所周知，由于种种原因，阿拉伯国家自独立伊始便面临来自国内外的双重挑战。为了增强政治安全，阿拉伯各国往往诉诸泛阿拉伯主义或泛伊斯兰主义等超国家认同和规范的力量。然而，这种做法不仅会增加民族国家认同、主权规范与超国家认同和规范之间的张力，而且还将增强超国家认同和规范对本国外交政策的限定作用。

其次，作为主导伊斯兰国家、普通民众、社会信仰体系与意识形态的伊斯兰文化，是广大民众审视外部世界与进行价值判断的一种棱镜，伊斯兰文化代表的一整套价值观构成了阿拉伯国家外交决策的社会文化背景。而阿拉伯或伊斯兰认同和规范则限定了阿拉伯国家的外交选择范围，将各国外交框定在了伊斯兰原则和阿拉伯规范的框架当中。这种超国家认同和规范的存在，大大模糊了阿拉伯国内和国际政治的界限，显著增强了各国国内政治和阿拉伯地区政治之间的关联。一国的外交政策必须尽量符合当时流行的阿拉伯或伊斯兰认同与规范，否则，该国政府不仅会遭到国内民众的指责和抗议，还会招致整个阿拉伯世界的谴责乃至讨伐。

阿拉伯或伊斯兰国家政府与民间之间的巨大张力，以及阿拉伯国家个性与共性并存的微妙关系，致使阿拉伯和伊斯兰认同与规范对阿拉伯国家关系发挥着"双刃剑"的功能，它既可以充当阿拉伯国家之间实现团结与统一的"开山斧"，也能成为加剧阿拉伯各国之间竞争与冲突的"破门锤"。

可见，阿拉伯国家体系中的认同与规范力量一度十分强大，致使现实主义所强调的作为维护体系平衡主要手段的军备竞赛和组建联盟在这里并不能发挥应有作用。在阿拉伯世界，对于一国的最大威胁往往不是来自外部的军事安全威胁，而是来自国内外的政治安全挑战。在特定时期，一定意义上讲，阿拉伯领导人最为关心的是政权安全或政治生存。对于阿拉伯国家来讲，阿拉伯国家间的竞争常常围绕定义与控制规范展开，致使阿拉伯认同和规范对阿拉伯国家间的政治运作起到巨大的框定作用，加之，一些国家政治安全又极其脆弱，因而制衡对手的主要或更好的手段便是"软制衡"而非"硬制衡"。换句话讲，在阿拉伯世界，为了更好地打击或削弱对手，操纵对手形象的能力要比军事实力显得更为有效和重要。

第二节　激进主义阵营的内部争斗

20 世纪五六十年代，纳赛尔政权和叙利亚复兴党政权均属于激进的阿拉伯民族主义阵营，但两国在意识形态上存在分歧，且均热衷于争夺阿拉伯世界领导权，因而这一时期激进主义阵营内部争斗主要是埃及与叙利亚围绕巴勒斯坦民族事业和阿拉伯世界领导权展开的，其斗争常常采取操纵对手形象的方式，旨在"软制衡"对手。第二次中东战争结束后，鉴于阿以力量对比相对悬殊、阿拉伯国家联合尚未实现，纳赛尔为避免短期与以色列交战，对巴勒斯坦和其他阿拉伯国家的反以斗争实行遏制政策。这逐渐引起阿拉伯世界内部某些激进势力的不满，尤其是 1963 年 3 月 8 日政变后上台的叙利亚复兴党开始公开挑战纳赛尔，从而部分改变了 20 世纪 50 年代中期以来"阿拉伯冷战"的内容和性质，即开启或加剧了埃及与叙利亚（纳赛尔主义与复兴社会主义）之间的冷战。

就意识形态来讲，复兴党有其独特的革命、社会主义和泛阿拉伯主义信条，是一个教条主义的或脱离实际的政党。虽然复兴党和纳赛尔均把以色列视为西方帝国主义打入阿拉伯世界心脏地带、阻碍阿拉伯统一的楔子，但前者表现出更为强烈的反以和泛阿拉伯主义色彩。在复兴党的意识形态中，巴勒斯坦民族事业占有核心位置，对以色列发动一场"人民之战"的思想对复兴党中的激进派尤其具有吸引力。为突出自己相对于埃及政权的革命性，为争夺阿拉伯世界领导权，叙利亚复兴党一方面注重在国内排挤、清洗纳赛尔主义者，另一方面在国际上高举反以大旗，强烈反对并极力破坏以色列的分引约旦河水工程，积极支持巴勒斯坦人主要从约旦境内对以色列发动袭击，以此与纳赛尔的遏制政策形成鲜明对照。

与此同时，叙利亚不断对埃及发动舆论攻势，指责埃及奉行对以投降政策，还把纳赛尔比作二战时期叛国的亨利·菲利浦·贝当元帅，声称纳赛尔背叛了阿拉伯民族，应像贝当一样受到应有的惩罚。[①] 于1966年2月23日军事政变后上台的新复兴党是一个更为激进的政权。新复兴党俨然以阿拉伯统一的旗手自居，更加积极地从事着"比你更反以"的游戏，积极呼吁向以色列发动一场"人民解放战争"，大力支持巴勒斯坦人的反以斗争，以期借此将纳赛尔拖入巴勒斯坦的泥潭。总之，此时期尤其是第三次中东战争爆发前的很长一段时间里，纳赛尔和叙利亚均把对方看作争夺阿拉伯激进阵营内部领导权的对手，两国相互指责，双方间的冷战仅能以休战的方式暂告结束。当然，叙利亚复兴党之所以在阿以问题上采取如此激进的立场和措施，也有其他方面的利益考量。

与此同时，为了摆脱埃及等阿拉伯国家的控制，将阿拉伯国家卷入一场它们不愿意发动的对以色列的战争，以亚西尔·阿拉法特领导的法塔赫为代表的巴勒斯坦激进组织也不断加强对以色列的游击战，从而也对纳赛尔的遏制政策构成一定挑战。对于法塔赫领导人来讲，他们之所以不断加强对以色列的袭击，一个主要目的就是激起阿拉伯民众普遍的反以热情和激化阿以冲突，进而迫使阿拉伯国家卷入对以色列的战争。否则，他们认为，阿拉伯国家便不会准备对抗以色列。与此同时，主张对以开展武装斗争的阿拉法特还公开讥讽纳赛尔胆小如鼠，只会高谈阔论，而不敢对以色列采取行动。[②]

来自激进阵营尤其是叙利亚复兴党政府的舆论攻击和挑战，最终迫使纳赛尔放弃了对以色列的防御政策，转而对以色列实行更具挑衅性的威慑政策。然而，这样做以后，他便进一步陷入"阿拉伯冷战"和阿以冲突的漩涡。

---

① Malcolm H. Kerr, *The Arab Cold War: Gamal' Abd al-Nasir and His Rivals, 1958-1970*, London: Oxford University Press, 1971, p. 99.

② 雷钰、苏瑞林:《中东国家通史·埃及卷》,北京:商务印书馆,2003年版,第315页。

第三节　激进国家与保守国家间的对抗

　　纳赛尔反对君主制，把中东地区的君主国称为"帝国主义的代理人"。以纳赛尔为首的激进阿拉伯民族主义者的主要目标之一就是推翻保守的君主政权，代之以反西方的民族主义共和政府。在他看来，只有首先推翻阿拉伯的君主制和保守政权，阿拉伯统一事业才能真正实现。纳赛尔的激进政策严重威胁沙特等君主国的政权稳定，导致双方关系不断恶化。1962 年也门内战爆发，沙特和埃及都直接介入，分别支持君主派和共和派，双方展开对抗。纳赛尔希望利用这次也门革命帮助埃及摆脱自阿拉伯联合共和国（以下简称"阿联"）解体以来的孤立困境，重获对阿拉伯事务的主导权。[①] 纳赛尔从 20 世纪 50 年代下半期开始积极实行支持阿拉伯君主制国家共和派势力的政策，这对约旦政权安全构成了严重挑战。同时，纳赛尔还不时对约旦发动宣传攻势。例如，在埃及与沙特的权力斗争中，约旦站在了沙特一边，尤其是约旦赞成沙特提出的召开伊斯兰国家首脑会议、组建伊斯兰联盟的提议，招致纳赛尔的强烈指责。1966 年 12 月 23 日，纳赛尔宣称，侯赛因像他的祖父一样，准备以同样方式出卖阿拉伯民族。[②] 与此同时，沙特和约旦对埃及发动强大的舆论攻势，说纳赛尔是害怕以色列的懦夫，不愿履行对叙利亚的援助承诺，指责埃及只会躲在联合国部队后面，不敢对以色列采取行动，任由以色列船只自由通过蒂朗海峡，却在也门残杀阿拉伯同胞[③]。正是在这种情况下，为了维护阿拉伯世界领头羊的形象和威望，纳赛尔转而打以色列牌，先后对以色列采取了一系列过激行动。

---

　　① Malcolm H. Kerr, *The Arab Cold War: Gamal' Abd al-Nasir and His Rivals, 1958-1970*, London: Oxford University Press, 1971, p. 107.

　　② 同①，第 117 页。

　　③ Walter Laqueur, *The Road to War, 1967: The Origins of the Arab-Israel Conflict*, London: Weidenfeld & Nicolson, 1968, p. 63.

相比之下，这一时期，叙利亚复兴党政权的激进政策对约旦政权构成了更大威胁。叙利亚把约旦等君主制国家看作主要敌人。为打击约旦，叙利亚利用约旦反对巴解组织对以色列发动游击战问题大做文章，持续对约旦发动舆论攻势，并积极支持巴勒斯坦人从约旦领土上向以色列发动袭击。叙利亚非常清楚，对于与以色列有着漫长边界线、三分之二国民是巴勒斯坦人的约旦来讲，巴勒斯坦人的袭击必然会招致以色列的报复，进而削弱约旦君主政权，乃至致其倒台。同时，叙利亚还积极鼓动约旦人民起来推翻侯赛因政权。

侯赛因国王确信，激进的叙利亚政权把约旦而非以色列视为真正的敌人，叙利亚对巴勒斯坦人游击战的支持，其目的是使约旦招致以色列的报复，并趁机推翻约旦政权。1966 年 11 月 13 日，以色列对约旦萨木村发动的袭击，便是一个典型例子。这次冲突造成约旦士兵 21 人死亡、37 人受伤。① 约旦因此受到来自国内和阿拉伯世界的普遍指责，叙利亚、埃及、巴解组织趁机对不满民众进行煽动，对约旦国王发动了猛烈的宣传攻势，引发了一场遍及约旦河西岸各城市和难民营的示威活动。叙利业和一些巴勒斯坦人甚至宣称，通向特拉维大之路必须首先经过安曼。约旦政府调动军队，花了两周的时间才平息这场骚乱。萨木村事件也影响了约以关系，改变了侯赛因国王此前对以色列和平意愿的信任，增加了约旦对以色列侵占约旦河西岸的担忧，使得侯赛因感受到前所未有的孤独，并最终将约旦推向纳赛尔怀抱。

侯赛因国王曾无奈地指出，约旦面临两个选择，要么继续在阿以间奉行平衡外交，任凭约旦从内部肢解；要么加入阿拉伯激进阵营，甘冒以色列侵入西岸甚至更多领土的风险。② 不过，侯赛因看到，如果选择前者，一旦埃及成功威慑或战胜以色列，约旦在阿拉伯世界将陷于更加孤立和危险的境地。但是，假如选择后者，即便埃及没有获得

---

① Wm. Roger Louis and Avi Shlaim Link, *The 1967 Arab - Israeli War: Origins and Consequences*, New York: Cambridge University Press, 2012, p. 100.

② 同①，第 109 页。

成功，约旦政权也是相对安全的。两害相权取其轻，很大程度上慑于阿拉伯世界的舆论力量，约旦最终选择了后者。

第四节　案例分析——第三次中东战争

关于1967年第三次中东战争的起因，有学者认为，正是阿拉伯国家间的争斗和"软制衡"触发了阿以危机，并最终走向战争。尽管这种观点存有夸大之嫌，但这种"软制衡"或冷战不仅恶化了阿拉伯国家间的关系、加剧了美苏在中东的争夺，也激化了阿以间的矛盾，从而对第三次中东战争的爆发起到一定助推作用。

一、激进阵营内部的冷战间接加剧阿以冲突

首先，来自法塔赫和叙利亚复兴党政府尤其是后者的挑战，最终将纳赛尔逼到了墙角，并迫使埃及逐渐放弃了此前相对谨慎的遏制政策，转而对以色列采取威慑行动。面对叙利亚复兴党激进主义的挑战，纳赛尔曾试图利用阿以水资源争端召开阿拉伯峰会、协调各国（包括沙特等保守阵营国家）立场，孤立坚决主张对以动武的叙利亚。然而，叙利亚认为，纳赛尔与约旦、沙特进行协商，向他们示好，是以阿拉伯世界的革命和叙利亚的利益为代价的。因此，叙利亚针锋相对，通过支持巴勒斯坦人对以色列的袭击等方式，来激化阿以矛盾、破坏峰会共识、挑战纳赛尔对保守阵营和以色列的妥协政策。

由于叙利亚的极力阻挠和破坏，纳赛尔感到无法再通过峰会机制来限制叙利亚。如果纳赛尔想继续保持埃及在阿拉伯世界的领导地位，约束叙利亚的过激行为，埃及就必须有所行动。于是，为了遏制叙利亚，避免将埃及拖入与以色列的战争，1966年11月4日，埃及与叙利亚签订了显然针对以色列的《共同防御协定》。在纳赛尔看来，该协定的签订至少使得叙利亚在采取行动前要与埃及协商，否则埃及便无义务对其进行援助。

然而，1967年4月7日，以色列与叙利亚发生大规模空战、叙以冲突严重升级时，埃及并未按照双方协定向叙利亚提供援助。纳赛尔的不作为遭到叙利亚阿拉伯社会党领导人阿克拉姆·胡拉尼的强烈指责，说："纳赛尔是躲在联合国紧急部队保护后面的'走钢丝的政治家'。"①

因此，对埃及来讲，埃叙联盟的后果适得其反：本想约束叙利亚对以色列的挑衅行为，却助长了叙利亚的反以信心，并使埃及被迫承担应对以色列报复的义务。这使纳赛尔陷入了两难境地。如果他尽力阻止以色列的报复行为，便将增加战争的风险；如果他不向叙利亚提供援助，就会给阿拉伯人留下埃及不值得信任、无能力保护叙利亚的形象。最终，纳赛尔放弃了对以色列的防御政策，转而对以色列实行更具挑衅性的威慑政策。

纳赛尔一向严格从军事力量平衡的角度来看待埃以关系，但当他最初采取冒险行动时，也门战争已消耗了埃及很大一部分外汇储备，并拖住了埃及两个精锐师的兵力，他以往曾谈到的与以色列交战三个必备条件（具备军事优势、以色列受孤立和阿拉伯国家的联合）显然不具备。② 然而，为了增加威慑的可信性，纳赛尔必须向西奈派兵和"清除"西奈的联合国维和部队。因为埃及的威望不容许它在盟友遭受杀戮时，自己却躲在联合国紧急部队后面，从而无限期地成为阿拉伯世界的笑柄。③

这样做以后，他便进一步陷入"阿拉伯冷战"和阿以冲突的漩涡。例如，在要求联合国紧急部队撤走之后，面对来自阿拉伯世界要求关闭蒂朗海峡的强大压力，纳赛尔只坚持了几天，便于22日宣布关闭蒂朗海峡、封锁亚喀巴湾。随着形势发展，纳赛尔愈加在乎增强自己在

① Ben D. Mor, *Decision and Interaction in Crisis: A Model of International Crisis Behavior*, Westport: Praeger, 1993, p. 118.
② 安瓦尔·萨达特著，李占经等译：《我的一生——对个性的探讨》，北京：商务印书馆，1980年版，第174页。
③ 安东尼·纳丁著，范语译：《纳赛尔》，上海：上海人民出版社，1976年版，第580页。

阿拉伯世界的声望，纳赛尔最初关注的对象不是以色列，而是叙利亚，是阿拉伯世界的舆论和埃及在阿拉伯世界的地位。① 当然，除了"阿拉伯冷战"因素外，纳赛尔之所以不断加大冒险赌注，一定意义上与当时以色列艾希科尔政府的"温和"反应导致纳赛尔对自己的威慑策略的有效性、自身实力和以色列能够容忍的底线产生的夸大性认知也存有关联。

纳赛尔关闭蒂朗海峡，特别是与约旦签订《共同防御协定》，大大改变了艾希科尔政府先前对危机游戏的认识。他们认为，到 5 月 30 日，纳赛尔已经完全忘记了自己的最初目标，由追求政治胜利转为谋求对以色列的军事胜利②，从而逐渐消除了以色列主要决策者在率先发起战争问题上的分歧。在埃及关闭蒂朗海峡之前，以色列已多次声称将视关闭蒂朗海峡为一种宣战行为。而且，对于以色列来讲，埃及封锁以色列的海上交通要道蒂朗海峡和亚喀巴湾，不仅直接损害了以色列的经济利益，而且挑战了其安全哲学，即只能是以色列把意愿强加给敌人，而不允许敌人强加意愿于自己。③ 在封锁事件发生后的次日，以色列便进行了全面战争动员。艾希科尔在 1967 年 5 月 28 日向全国发表广播讲话时称，埃及关闭蒂朗海峡是对以色列的侵略行为，以色列将在合适的时间采取自卫行动。④

其次，在纳赛尔、复兴党的支持下，巴勒斯坦抵抗组织对以色列的袭击活动日益频繁，致使以色列感到自己的安全环境不断恶化。在巴勒斯坦人对以色列开展游击活动的问题上，纳赛尔在很长一段时间里持反对态度。为更好地疏导巴勒斯坦人的民族情绪，控制巴勒斯坦

① Malcolm H. Kerr, *The Arab Cold War*: *Gamal' Abd al-Nasir and His Rivals*, *1958-1970*, London: Oxford University Press, 1971, p. 127.

② Eric Hammel, *Six Days in June*: *How Israel Won the 1967 Arab-Israeli War*, New York: Maxwell Macmillan International, 1992, p. 38.

③ Wm. Roger Louis and Avi Shlaim Link, *The 1967 Arab - Israeli War*: *Origins and Consequences*, New York: Cambridge University Press, 2012, p. 27.

④ Meron Medzini, *Israel's Foreign Relations*: *Selected Documents*, *1947 - 1974*, Jerusalem: Ministry for Foreign Affairs, 1976, pp. 773-774.

运动，避免招致以色列的严厉报复、激化阿以矛盾，埃及扶植了一个温和的巴勒斯坦解放组织。同时，埃及通过搜集有关法塔赫等组织的情报、扣留其成员、破坏其活动等各种方式，极力约束这些激进组织的袭击活动。在这种情况下，阿拉法特转而找到了与埃及唱反调的叙利亚，并获得了叙利亚的有力支持。

如前所述，很大程度上为了占领舆论制高点，与纳赛尔争夺阿拉伯世界领导权，叙利亚积极支持法塔赫的反以斗争，[①] 并嘲笑纳赛尔软弱无能，不配当阿拉伯民族的代言人。在叙利亚的支持下，巴勒斯坦游击队的反以斗争不仅在阿拉伯国家的封锁链上打开了一个缺口，而且燃起了阿拉伯世界广大民众强烈的反以热情。阿拉伯民众普遍支持法塔赫对以色列发动袭击，他们还对叙利亚支持法塔赫的政策表示称赞。因此，对纳赛尔来讲，继续限制这种反以斗争的政治代价似乎要比支持这种斗争而招致以色列报复的代价还要高。于是，至少部分为了对付阿拉法特和叙利亚越来越尖锐的批评、挑战，尤其是不让叙利亚抢了风头，埃及逐渐放弃对这种袭击的反对，转而支持巴解组织从加沙发动袭击。

在得到埃及和叙利亚尤其是后者的有力支持后，从 1965 年 1 月 1 日，法塔赫对以色列发动首次破坏活动到 1967 年第三次中东战争爆发，巴勒斯坦游击队员共发动了约 100 次袭击，造成以色列至少 11 人死亡、62 人受伤。[②] 在 1966 年新复兴党上台后，叙利亚明显加强了对巴勒斯坦人军事行动的支持者，甚至直接以法塔赫名义从约旦和黎巴嫩对以色列发动袭击。叙利亚时任空军司令哈菲兹·阿萨德不无炫耀地宣称："正是在叙利亚，巴勒斯坦人的抵抗运动才如同人的肺获得了

---

① Nayef R. F. Al-Rodhan, Graeme P. Herd and Lisa Watanabe, *Critical Turning Points in the Middle East：1915-2015*, New York：Palgrave Macmillan, 2011, pp. 102-103.

② Wm. Roger Louis and Avi Shlaim Link, *The 1967 Arab - Israeli War：Origins and Consequences*, New York：Cambridge University Press, 2012, p. 132.

充足的氧气一样，变得富有活力与成效。"① 以色列坚称阿拉伯国家要对巴勒斯坦人从他们领土上对以方发动的袭击负责，特别指出法塔赫是叙利亚的一个傀儡组织。这些袭击加剧了以色列的安全焦虑，并招致以色列对阿拉伯国家的严厉报复。

最后，叙利亚在阿以水资源争端、巴勒斯坦民族事业等问题上的激进反以立场直接导致叙以关系急剧恶化，两国边界冲突不断升级。其中，1967 年 4 月 7 日的叙以空战，是自 1956 年第二次中东战争以来叙以间规模最大的一次空战，这次空战被认为实际上引起了后来的第三次中东战争。② 在这次空战中，以色列对叙利亚在戈兰高地的阵地进行猛烈轰炸，击落六架叙利亚米格飞机。③

叙利亚之所以援助法塔赫，法塔赫之所以不断对以色列发动袭击，部分原因在于挑战纳赛尔，而纳赛尔最终选择对以色列实行威慑也在一定程度上出于应对这种挑战的目的。可见，第三次中东战争不仅与阿以冲突有关，而且也同巴勒斯坦人与阿拉伯人围绕巴勒斯坦民族事业领导权展开的多面向（阿拉伯国家间、巴勒斯坦人与阿拉伯国家间、巴勒斯坦人内部）斗争有关。④ 总之，叙利亚热衷的"阿拉伯冷战"不仅激化了阿以冲突，而且也为以色列国内鹰派势力上台和主战思想最终占据上风提供了便利。

二、激进国家与保守国家间的冷战产生了与爆发第三次中东战争密切相关的两个重大后果

第一，也门内战。1962 年也门内战爆发后，沙特和埃及纷纷介入。然而，埃及却在也门陷入了一场持久的、代价高昂的战争。这场看似

---

① Patrick Seale, *Asad of Syria：The Struggle for the Middle East*, Berkeley：University of California Press, 2011, p. 124.

② 果尔达·梅厄著，章仲远、李佩玉译：《梅厄夫人自传》，北京：新华出版社，1986 年版，第 338 页。

③ 同①，第 89 页。

④ Wm. Roger Louis and Avi Shlaim Link, *The 1967 Arab - Israeli War：Origins and Consequences*, New York：Cambridge University Press, 2012, p. 126.

没有希望的战争致使埃及几万军队深陷也门泥沼，国库亏空，招致英美和阿拉伯君主国的联合反抗。[1] 正是在这种情况下，纳赛尔转而对以色列采取了一系列冒险行动。

第二，埃及与约旦缔结防御条约。很大程度上是迫于来自阿拉伯激进国家的舆论压力，1967 年 5 月 30 日，侯赛因飞抵开罗，与纳赛尔签订了防御条约。可见，来自埃及、叙利亚及两国支持下的巴勒斯坦人的舆论压力，是导致国力弱小、地缘政治环境恶劣的约旦最终卷入第三次中东战争的主要原因之一。[2] 然而，纳赛尔与约旦签订《共同防御协定》，最终不仅使较为温和的以色列总理艾希科尔逐渐改变了态度，而且直接导致阿巴·埃班外长的反战阵线瓦解。在以色列看来，埃约的军事联合除了攻击以色列外，没有其他目的。这样，继纳赛尔关闭蒂朗海峡后，阿拉伯国家越过了以色列的另一条红线，进一步加速了战争到来。西蒙·佩雷斯曾谈道："我们现在正被一群装备着苏式武器的人包围。"[3] 佩雷斯进而指出，由于该协定进一步强化了以色列的被包围感，因而成为促使以色列最后决定发动战争的一个关键因素。[4]

可见，埃及和叙利亚在战前阿以冲突中扮演的角色，对于第三次中东战争的爆发至关重要。某种程度上讲，没有叙利亚的前奏和埃及后来的冒险，战争可能不会发生或者将以其他方式爆发。在两种不同意识形态的影响下，埃及与叙利亚围绕阿拉伯世界领导权、巴勒斯坦民族主义运动控制权等展开了持久的争夺。叙利亚的激进做法加剧了

---

[1]　Malcolm H. Kerr, *The Arab Cold War: Gamal' Abd al-Nasir and His Rivals, 1958-1970*, London: Oxford University Press, 1971, p. 126.

[2]　Samir A. Mutawi, *Jordan in the 1967 War*, Cambridge: Cambridge University Press, 1987, p. 41.

[3]　Randolph and Winston Churchill, *The Six Day War*, London: Heinemann, 1967, p. 60. Quoting Wm. Roger Louis and Avi Shlaim Link, *The 1967 Arab - Israeli War: Origins and Consequences*, New York: Cambridge University Press, 2012, p. 70.

[4]　Wm. Roger Louis and Avi Shlaim Link, *The 1967 Arab - Israeli War: Origins and Consequences*, New York: Cambridge University Press, 2012, p. 70.

"阿拉伯冷战"和阿以冲突，导致二者相互交织。在这种背景下，纳赛尔不得不放弃之前的谨慎做法，转而对以色列采取越来越冒险的行动。正如有学者指出，叙利亚复兴党这种不计后果的激进行为和纳赛尔为继续充当阿拉伯世界盟主而采取的冒险行为，最终将阿拉伯人拉入了一场代价高昂的战争。[①]

需要指出的是，在阿拉伯世界内部，除了"软制衡"，阿拉伯国家为制衡对手，有时也诉诸"硬制衡"手段，甚至与非阿拉伯国家联盟。例如，作为阿拉伯国家的伊拉克之所以在20世纪50年代一度加入巴格达条约组织，一个重要原因就是伊拉克的君主政权受到了来自埃及等共和制政权的挑战，伊拉克希望以此来制衡本地区不断上升的激进的阿拉伯民族主义的威胁。因此，从某种程度上讲，正是在制衡以埃及总统纳赛尔为代表的激进阿拉伯势力这一共同威胁基础上，第一个真正的海湾联盟——伊拉克和伊朗联盟，一度形成了。

小　结

基于国际政治的视角，权力是关系性力量与实体性力量的复合体。换句话讲，权力是实力与影响的结合体。如前所述，国际关系理论新自由主义学派代表人物约瑟夫·奈也认为，权力具有两张面孔，包括硬实力和软实力。然而，传统均势理论或制衡理论关注的是实力的平衡，而不是影响力。但是，既然权力包括实力与影响力或硬实力与软实力两个方面，那么制衡行为针对的就不仅是实力，还应包括影响力或软实力。

这一点尤其适用于阿拉伯国家关系中的制衡，特别适用于纳赛尔时期的阿拉伯国家制衡行为的分析。超国家认同、规范的存在和流行，国家认同缺失和政权虚弱等因素致使阿拉伯国家尤为关注国内外舆论

---

① Miriam R. Lowi, *Water and Power: The Politics of a Scarce Resource in the Jordan River Basin*, Cambridge: Cambridge University Press, 1995, p. 135.

及本国在阿拉伯世界的形象和声誉。因此,阿拉伯国家在采取制衡行为时,针对的往往并非来自其他阿拉伯国家的硬实力威胁,而是软实力挑战。

在阿拉伯世界,软实力不仅涉及一国的国际影响力,还关涉一国的政治安全与生存。如果一国的行为被认为不符合阿拉伯世界的集体认同和规范,那就是不正当的,就会遭到其他阿拉伯国家的谴责和批评。因此,在阿拉伯世界,阿拉伯国家往往通过操纵对手的形象来制衡对方,而不是通过加强军事力量。

20世纪五六十年代阿拉伯世界盛行泛阿拉伯主义,纳赛尔时期的阿拉伯世界已分裂为以埃及和沙特为首的两大对立集团,双方通过发动舆论攻击等方式削弱、制衡对手。"软制衡"力量之强大,不仅导致阿拉伯世界的内讧、冷战甚至分裂,而且在客观上加剧了阿以矛盾,引发阿以战争。相对来讲,阿拉伯国家关系的"大家庭"特征,使得阿拉伯世界中的制衡更多受到阿拉伯或伊斯兰认同和规范以及政权安全利益等因素的影响。

第三章 阿拉伯国家与非阿拉伯国家关系中的制衡因素

相比于阿拉伯国家内部的制衡而言，中东阿拉伯国家与非阿拉伯国家关系中的制衡因素特别是"硬制衡"因素尤为突出。

第一节 制衡的动因

历史上，中东地区的阿拉伯民族与土耳其、波斯和犹太等非阿拉伯民族之间存在不同程度的交恶经历，从而在彼此之间形成了根深蒂固的敌对认知和负向认同。雪上加霜的是，在这些民族建立自己的独立国家之后，这种负向认知与认同在彼此的恶性互动中得到反复再现、验证与强化，导致双方长期陷入猜忌之中，把对方视为自己制衡的主要对象，进而陷入"安全困境"和无休止的暴力循环。持续半个多世纪的阿以冲突便充分验证了这种负向认知和认同对双方之间持久制衡的影响。从地区角度看，尤其是冷战时期，伊斯兰革命前的伊朗、土耳其与以色列均认同西方文明价值观和现代国际关系理念，而阿拉伯国家则把伊斯兰文化作为自己进行价值判断和审视外部世界的棱镜，后者推崇的是阿拉伯规范与传统伊斯兰国际关系理念，这直接影响着二者之间的制衡行为，导致双方关系的不睦以致恶化。因此，从文化视角讲，现代的阿以冲突、阿土和阿波矛盾均不同程度属于一种文化冲突。

（一）认知

如前所述，知觉因素是个体或组织进行判断与决策的基础，尤其是在不确定性的环境之下，不同的个性与情感会形成不同的知觉，进而形成不同的判断与决策，最终导致不同的政治实践。[①] 只是在极端的外部环境消解了普遍个体认知能力的差异时，大部分人才会表现出相同的行为。新自由制度主义、现实主义与新现实主义等国际关系理论强调的权力与利益等核心概念，本质上也都是认知的。认知这一个体的信仰与推理过程之所以重要，恰恰在于其构成了所有政治行为的基础，以及形成了权力与利益如何理解的基础。[②] 因此，认知也是行为体认同构建和制衡选择的某种基础。历史或者说民族经历本身特别是历史记忆在民族构建尤其是民族认同建构中起着核心要素的作用，这种认同属于根深蒂固的内生认同，构成后来行为体所有外生认同的基础。同时，历史上，阿拉伯民族与波斯和犹太等非阿拉伯民族之间均有过不友好乃至敌对的经历，这种历史经历塑造了彼此之间的敌对认知，并对后来双方之间的负向认同起到一定建构作用。因此，行为体基于历史形成的认知模式或取向，直接影响着彼此的身份认同。一般来讲，存在敌对认知经历的行为体会倾向于将对方视为制衡的重点对象。

就阿以双方来讲，虽有过友好交往的历史，但也有过交恶的历史，从而互相形成了某种敌对认知。早在公元 7 世纪先知穆罕默德创立伊斯兰教之后，阿拉伯半岛上的反伊斯兰势力犹太人与穆斯林阿拉伯人

---

① Daniel Kahneman, Paul Slovic and Amos Tversky, *Judgment Under Uncertainty: Heuristics and Biases*, Cambridge and New York: Cambridge University Press, 1982, p. 116.

② Michael D. Young and Mark Schafer, "Is There Method in Our Madness? Ways of Assessing Cognition in International Relations", *Mershon International Studies Review*, Vol. 42, No. 1, 1998, p. 64. 转引自尹继武:《认知心理学之于国际关系研究:进步及其问题》,载中国国际关系学会编:《国际关系理论:前沿与热点——2006 年博士论坛》,北京:世界知识出版社,2007 年版,第93 页。

之间便发生了多次流血冲突，从而留下了仇恨的阴影。例如，《古兰经》中便有这样一段话："你们必定发现，对于信道者仇恨最深的是犹太人和以物配主者（指多神教徒）。"① 尽管伊斯兰政权在阿拉伯半岛巩固之后，阿拉伯人与犹太人的关系一度趋于缓和，但阿拉伯帝国时期作为被统治者的犹太人或多或少要受到统治者的一定压迫乃至歧视。尤其是到19世纪末以后，伴随犹太复国主义运动的兴起，巴勒斯坦的阿拉伯人和犹太人再次陷入激烈的流血冲突之中。

需要指出的是，除了双方之间这种交恶的经历，犹太人多灾多难的历史也对当代以色列外交包括阿以之间的制衡产生了重要影响。众所周知，在离散世界长达2000年之久的历史中，犹太人不断遭到主体社会的排斥、驱逐乃至屠杀。这种悲惨遭遇对犹太人构成了极为沉重的历史包袱，成为一种深刻的历史记忆长存于犹太人的心中，致使犹太人常常以一种特有的不安与怀疑目光打量周围的一切，甚至即便以色列对阿拉伯国家取得了重大胜利和巨大优势，这种固有的不安和怀疑仍难以彻底消除。

长期以来，犹太人始终不曾忘记以犹太教中谆谆告诫以色列人要时刻承受苦难的教条去警醒自身，排犹作为犹太人历史上的惨痛遭遇，非但没有削弱反而大为强化了犹太文化对自身特性的坚守与保持，进一步拉大了犹太文化与异质文化之间的差距，大大加深了犹太民族同其他民族包括阿拉伯民族之间的心理隔阂。同时，为了增进以色列民族认同，以色列学校在历史地理教学中，特地向小学生传授有关古代以色列王国的历史地理知识，而对于之后长达2000年的相关历史则基本不提。② 而且，以色列官方绘制的地图也未显示1949—1967年间把以色列与西岸地区分隔开的"绿线"边界。③ 如此等等，不一而足。

---

① 《古兰经》第5章，第82节；张倩红：《伊斯兰世界犹太人与阿拉伯人的交往》，载《世界历史》，2006年第6期，第6页。

② Adriana Kemp, David Newman, Uri Ram and Oren Yiftachel, *Israelis in Conflict*: *Hegemonies*, *Identities and Challenges*, Brighton and Portland: Sussex Academic Press, 2004, p. 31.

③ 同②。

通过有选择的传授地理知识，以色列政府旨在把今天的以色列和《圣经》中的"上帝应许之地说"与历史遗迹建立某种联系，以凸显以色列国土的狭小，以及本国面临的恶劣地缘政治环境与战略威胁，进而强化犹太人的民族认同感及"以色列要保持自身的战略优势就不得不保留更多的土地"这一观念，同时意在证明以色列不放弃阿拉伯国家领土的正当性。① 然而，凡此种种都无助于阿以关系的正常发展，却显然有助于以色列把阿拉伯国家作为威胁和制衡的首要对象。

从认知角度看，除阿以冲突之外，当今的阿伊矛盾（阿拉伯国家与伊朗）也可以视作是历史上敌对认识的惯性，是双方无法摆脱历史包袱的体现。阿拉伯人与波斯人是生活在中东地区的两个主要民族，历史上都曾创造过辉煌的历史和灿烂的文明。然而，两大民族之间的关系长期不睦，时而发生冲突乃至兵戎相见。早在前伊斯兰时代，波斯人便经常对尚处于游牧文明的阿拉伯人进行掠夺，而波斯人也不时受到放荡不羁的阿拉伯人的侵扰。其间，阿波双方发生了多次战役，其中公元609年的"祖·哥尔"（祖高尔）② 战役在阿拉伯历史上是很有名的一次战役，多被阿拉伯诗人引为歌咏的资料。穆罕默德曾说："这是阿拉伯人第一次战胜波斯人。"③ 这句话充分表达了阿拉伯人对过去波斯人的骄横傲慢是如何的愤愤不平。不过，最具代表性的是发生在637年的卡迪西叶战役，卡迪西叶战役被认为是伊斯兰教历史上最著名的战役之一。这次战役中，衣衫褴褛的阿拉伯人战胜了波斯大军。波斯人对这次战争耿耿于怀，将其视为是他们"永远不能忘怀的巨大灾难"。这次战争极大地强化了波斯人对阿拉伯人的仇恨，因此有

---

① Adriana Kemp, David Newman, Uri Ram and Oren Yiftachel, *Israelis in Conflict*: *Hegemonies*, *Identities and Challenges*, Brighton and Portland: Sussex Academic Press, 2004, p. 31.

② 祖·哥尔位于希拉附近。战争的起因是波斯商人拒绝向希拉的阿拉伯人支付高额的商队护路费，因此受到阿拉伯人的袭击，导致波斯人发动对希拉国的战争，结果波斯人惨败。

③ 纳忠:《阿拉伯通史》(上卷)，北京:商务印书馆,1997年版,第124页。

人认为，即使波斯人忘记了所有入侵，也唯独不会忘记这次入侵。① 到阿拉伯帝国时期，波斯人沦为被统治阶级，不可避免地受到阿拉伯人的奴役与压迫。被暴虐专横统治压迫得喘不过气来的波斯人一度视入侵的阿拉伯人为救星，但阿拉比亚沙文主义很快便违背了伊斯兰教的教义，致使波斯人的美好幻想最终破灭。理想和现实之间的巨大反差严重伤害了曾有过辉煌灿烂历史且代表更高超和更古老文化的波斯人的民族自尊心，屈辱的地位和身份使他们十分愤慨，一心想摆脱阿拉伯人的统治，便把整个阿拉伯民族视为敌手。

总体上看，波斯人对阿拉伯人的反抗主要采取两种形式：暴力的和非暴力的。温和派主要采取文斗的形式，表现在不遗余力地贬低阿拉伯人，从而抬高自己。他们不仅无情揭露阿拉伯人的缺点，而且对阿拉伯人的美德善行也进行诋毁或歪曲，还常常通过大书特书外族人的优点来贬低阿拉伯人。在波斯人中，很早便产生了反对阿拉伯人的民族主义（"舒欧比亚"②）。"舒欧比亚"这个名称在阿拔斯王朝前期才开始使用，是一种和当时盛行的阿拉伯人的贵族主义相抗衡的民族主义。它只代表一种观点，远非一种信仰。"舒欧比亚"贬低和轻视阿拉伯人的作用，采取伪信和叛教的形式来反对阿拉伯人。

另外，波斯人也通过从事波斯文化的复兴运动来表达对阿拉伯人的反抗，有时甚至在政治和军事方面从事隐蔽的波斯独立活动。"波斯加入阿拉伯帝国后，一直没有改奉伊斯兰教，过了200多年，才有人开始改教。"③ 伊朗民众最终虽然接受了伊斯兰教，却从未停止使用波斯语。"他们一直致力于保存波斯语、继续沿用伊朗习俗、重温非阿拉伯王朝时代列王传记的情景。""这个大无畏的民族由于不甘心受阿拉伯人的统治和压迫，一直伺机复苏伊朗文化，并努力从事这一事业，

---

① 杨灏城、朱克柔主编：《民族冲突和宗教争端：当代中东热点问题的历史探索》，北京：人民出版社，1996年版，第134页。

② "舒欧比亚"是反阿拉伯人的一种民族主义思潮，主张信仰伊斯兰教的各民族一律平等，否定阿拉伯民族的优越性。

③ 希提著，马坚译：《阿拉伯通史》（上册），北京：商务印书馆，1979年版，第423页。

直至在玛蒙哈里发时代终于获得了独立，于公元 821 年建立了塔黑里扬王朝。"①

　　除了学术、文学和宗教方面的唇枪舌剑之外，激进派通常采取暴力的武装斗争方式，且常常使其披上什叶派这一合法的宗教外衣。从某种意义上讲，什叶派自身的成长、壮大过程就是特定历史时代波斯民族之魂的写照。对于不满阿拉伯人统治的人来说，什叶派不仅是伊斯兰教的一个重要派别，而且是反抗现有秩序的代表。同主要产生一种隐性影响的温和派的活动相比，激进派的暴力活动所产生的显性影响对阿拉伯政权统治造成了更大的冲击。到阿拔斯王朝中后期，随着王朝迅速走向衰落，波斯人对阿拉伯人的反抗逐渐取得成功，先后建立了许多地方小王朝。

　　阿拉伯帝国灭亡以后，摆脱异族压迫和列强奴役、争取国家或民族独立便成为阿拉伯和波斯两个民族的共同使命。在他们的民族意识还未被异族尤其是西方列强的坚船利炮和残酷剥削真正唤起和现代国家民族主义尚未形成之前，二者之间的矛盾基本上被他们各自同异族和西方列强之间的矛盾掩盖了。不过，土耳其人建立庞大的奥斯曼帝国之后，同波斯之间为争夺伊拉克等地区进行了长达数世纪的较量。虽然很难说双方这种争夺属于真正意义上的阿拉伯人与波斯人的民族冲突，但却带有什叶派与逊尼派之间宗教之争的鲜明色彩，因而必然进一步强化两个教派之间的对立，进而为当代的阿伊冲突奠定了基础。总之，在现代伊朗和阿拉伯国家独立以前，波斯人与阿拉伯人之间的文斗和武斗不可避免地在两个民族的内心深处埋下了仇恨的种子，致使彼此之间形成了敌对的形象和认知，从而为后来双方之间的制衡行为以及以色列与伊朗的联盟埋下伏笔。

---

　　① 阿宝斯·艾克巴尔·奥希梯扬尼著,叶奕良译:《伊朗通史》(上册),北京:经济日报出版社,1997 年版,第 117 页。

此外，以色列之所以能够长期与土耳其保持密切关系乃至建立"准联盟"制衡前线阿拉伯国家，也与土耳其人与阿拉伯人的历史纠葛导致的恶性认知存有关联。在三四百年时间里，阿拉伯人作为被统治阶级饱受奥斯曼帝国统治阶级土耳其人的种族歧视和封建压迫。同时，在土耳其人看来，一战时，"阿拉伯大起义"是阿拉伯人在背后捅了土耳其人一刀，土耳其人对此一直耿耿于怀。后文将对此做进一步分析。

简言之，从认知的角度讲，阿拉伯国家与以色列、伊朗等非阿拉伯国家之间的制衡一定程度上源于彼此基于历史交恶和现实矛盾产生的负向认知。

（二）认同和规范

阿拉伯国家与非阿拉伯国家关系中的制衡不仅受到彼此间负向认同的影响，也与双方推崇的不同规范存有关联。从地区视角看，以色列、土耳其及伊斯兰革命前的伊朗均对西方文明有强烈认同，强调以领土完整、人民主权、国家主权等民族主义思想为基础的现代国际关系理念。而阿拉伯国家（主要是泛阿拉伯主义和泛伊斯兰主义盛行的冷战时期）则推崇以真主主权、"乌玛"认同和"圣战"思想等为核心的传统伊斯兰国际关系理念，强调超国家的阿拉伯或伊斯兰认同与规范。可见，双方之间有着植根于不同文化和历史的相异的国际行为准则和价值观，这是导致双方外交差异和彼此关系长期不睦乃至恶化的一个重要因素。

阿拉伯世界一度盛行的超国家认同与规范不仅在一定意义上约束和框定着阿拉伯国家的外交行为，而且也深刻影响着它们与非阿拉伯国家之间的关系，一定程度上催生了非阿拉伯国家主要是土以两国的"外来者"身份认同。双方之间这种负向身份认同与规范，很大程度上影响着彼此对地区形势和外部威胁的认知与看法，影响着彼此对自身利益的界定及外交政策包括制衡对象与手段的选择。

（三）军事安全利益

相对而言，中东地区阿拉伯国家与非阿拉伯国家关系中的军事安全因素是相对突出的，冷战时期更是如此。冷战时期，在中东国际舞台上存在两种冷战，即美苏之间的冷战和阿拉伯世界内部的冷战。前者直接加剧了中东阿拉伯国家与非阿拉伯国家之间的冲突与对抗，后者在加剧阿拉伯世界内部争斗和"软制衡"现象的同时，也间接激化了阿拉伯国家与非阿拉伯国家主要是以色列之间的矛盾，甚至诱发阿以战争。除了冷战之外，众所周知，阿拉伯国家与以色列之间先后爆发了多次热战，小规模的军事摩擦与冲突更是不胜枚举。冷战与热战的频发和持续导致阿拉伯国家与以色列等非阿拉伯国家均长期面临严峻的军事安全威胁，双方都高度关注自身的军事安全，而维护军事安全的最有效方式就是制衡，即尽可能增强自身军事力量或组建联盟。然而，这种做法的结果显然并没有给双方带来真正的军事安全，反而致使双方陷入更大的不安，并使相互制衡的强度不减反增。

第二节　内部制衡与外部制衡

二战后特别是冷战时期，中东地区阿拉伯国家与非阿拉伯国家之间的制衡主要表现为双方竞相进行军备竞赛和组建联盟，即内部制衡和外部制衡。

一、内部制衡

相对来讲，作为"硬制衡"的重要表现方式之一，军备竞赛突出表现在冷战时期前线阿拉伯国家与以色列的关系中。国外学术界的一些学者在研究阿以冲突时发现，阿以双方均倾向于把自己的军事行动说成是迫不得已的自卫行动，却将对方的军事行动视为是侵略本性的暴露。双方均把对方表现出的"坏"的行为看作是其本性的暴露，而将对方表现出的"好"的行为视为是形势所迫，且在意识上均以剥夺对方的生存权或最大限度削弱对方来达到安全自保。因此，长期以来，阿以双方极力通过增强军备的方式制衡来自对方的威胁，便成了一种惯性。

历史上的悲惨遭遇和建国后恶劣的地缘政治环境使得以色列自始至终格外关注自身安全问题。这个命运多舛的民族在宣布建国的第二天，即1948年5月15日，便遭到了前线阿拉伯国家的联合进攻。因此，安全对于以色列政府和民众来讲，是关乎国家和民族生死存亡的问题。与此同时，阿拉伯国家主要是前线阿拉伯国家长期以消灭以色列为己任。在这种情况下，自第一次阿以战争爆发以来的几乎整个冷战时期，阿以双方可谓水火不容，长期陷入"安全困境"。而一旦阿以双方进入了视彼此为敌人的对抗状态，实力对比哪怕仅发生细微变化，都会导致处于劣势或者认为自身优势正在丧失的一方进一步采取措施强化制衡力度。在此期间，为了制衡来自对方的威胁与挑战，寻求安全自保，无论是前线阿拉伯国家，还是以色列，均积极加强自身军事力量。

从制衡的角度讲，军备竞赛属于典型的内部制衡行为，即通过强化自身军事力量来平衡对手的实力，制衡来自对手的威胁。这种内部制衡现象最早可以追溯到1948年第一次中东战争，这次战争使阿以双方认识到，拥有先进军事装备和掌握制空权对取得战争胜利的重要意义，因而此后双方都加紧扩军备战，极力避免军事力量的天平倒向对方，力图保持自己的军事优势。这种内部制衡表现在冷战时期阿以双方军事开支不断增加，军事工业得到大力发展。1950—1955年间，埃及的军事开支从0.89亿美元增加到2.04亿美元[1]，仅1955年埃及的军事开支就比上一年增长了51%[2]。在此期间，黎巴嫩、约旦和伊拉克

---

① 张燕军：《二战后中东地区军备竞赛与军备控制研究》，北京：科学出版社，2017年版，第17页。

② Paul Jabber, *Not By War Alone: Security and Arms Control in the Middle East*, Berkeley: University of California Press, 1981, p.125.

三国的军事开支也增加了 1 倍左右。[①] 20 世纪 50 年代中期以后，受美苏争霸、阿以战争等因素影响，为了更好地应对来自对方的巨大安全威胁、制衡对手的实力，阿以双方不断加大军事投入。相较于 1956—1960 年间的军费开支，1971—1973 年间以色列军费开支增加了约 8.2 倍，叙利亚约 5.5 倍，伊拉克达 9.4 倍，约旦约 1.8 倍，埃及约 2.7 倍。[②] 1973 年以后，叙利亚取代埃及成为反对以色列的主力，成为以色列最大的安全威胁。此后，阿以军备竞赛主要在以色列与叙利亚之间展开。双方长期保持较高的军费开支。不过，冷战结束后，受各种因素的影响，叙利亚军费开支长期维持在较低的水平，但以色列却仍保持较高的军费开支上，因而后者还在军备竞赛中占据了越来越大的优势。

阿以间军备竞赛表现在从外部地区大量进口军火。第一次中东战争初期，在前线阿拉伯国家的联合进攻下，以色列一度惨败。为扭转不利局面，以色列利用联合国安理会先后通过的两个停火决议，从西方国家大量采购军火，致使军事力量的天平逐渐由阿拉伯国家倒向以色列。这次战争使阿以双方充分认识到保持军事优势的重要性，从而大大刺激了双方的军备竞赛，促使双方尽可能多地购进军火。1953—1956 年间，以色列和埃及的武器进口额分别从 1.07 亿美元和 0.43 亿美元增加到 5.94 亿美元和 10.78 亿美元。[③] 短短几年内，双方的武器进口额就增加了数倍乃至数十倍，可见军备竞赛之激烈。

在 20 世纪 40 年代末至 50 年代初，由于国际社会的武器禁运政策，阿以双方的军火进口渠道受到限制，因而此时期阿以之间的进口武器竞赛没有后来激烈，且缺少大国竞争的鲜明色彩。20 世纪中期以后，随着武器禁运政策解除和美苏在中东地区的竞争加剧，埃及等前

---

① Paul Jabber, *Not By War Alone*: *Security and Arms Control in the Middle East*, Berkeley: University of California Press, 1981, p.125.

② 同①，第 14 页。

③ 张燕军:《二战后中东地区军备竞赛与军备控制研究》,北京:科学出版社,2017 年版,第 18 页。

线阿拉伯国家为扭转在阿以军备竞赛中的劣势，制衡以色列的军事实力，转而向苏联寻求武器。为更好地抗衡苏联支持下的埃及、叙利亚等阿拉伯国家，美国不断加大对以色列的军售。在这种情况下，阿以双方展开了日益激烈的进口武器竞赛。据统计，1956—1973 年间，以色列和埃及等前线阿拉伯国家的飞机、坦克数量均增加了几倍，其中不乏大量来自美国、苏联、法国等国家的先进武器。[①] 1973 年以后，由于埃及与以色列和解，叙利亚为尽力维持与以色列之间的军事平衡，仍然保持着较大的武器进口额，有时甚至超过以色列。然而，在叙利亚与以色列的军备竞赛中，叙利亚虽可能占据一定数量优势，但并不具备质量优势。尤其是冷战结束后，随着苏联这个强大后盾的消失，叙利亚军火进口额急剧下降，无法再维持与以色列之间的军备竞赛。雪上加霜的是，2011 年以来，叙利亚长期陷入内乱，已无暇顾及与以色列之间的制衡。

总之，阿以间的敌对行为不断地再现、验证与强化彼此之间固有的负向认知和恶性认同，导致双方长期陷入相互制衡的恶性循环。阿以关系稍微缓和、双方边境略显平静的时候，彼此之间的军备竞赛也会有所降温。可见，对于阿以双方来讲，制衡的主要动因是威胁，而不是权力。

作为国家行为体内部制衡的一种主要表现方式，军备竞赛除了突出表现在前线阿拉伯国家与以色列的关系中，还在伊拉克与伊朗、海湾合作委员会国家（以下简称"海合会国家"）与伊朗的关系中有着不同程度的呈现。首先，就伊拉克与伊朗关系来看，伊拉克与伊朗均是中东地区的区域性大国，双方在边界、民族、宗教、资源和地区领导权等方面存在矛盾，致使两国关系长期不睦，乃至兵戎相见。现代的伊拉克和伊朗两国在独立后，基本继承了原奥斯曼帝国与波斯帝国之间的矛盾和冲突，包括教派冲突。在现代民族国家构建过程中，伊

---

① Paul Jabber, *Not By War Alone: Security and Arms Control in the Middle East*, Berkeley: University of California Press, 1981, p.14.

拉克与伊朗的构建者们又进一步强化了彼此之间的负向认知与认同。伊朗的构建者们极力强调伊朗的民族特性和历史性，宣扬古波斯文化，贬抑伊斯兰文化，尽力削弱阿拉伯—伊斯兰文明在伊朗社会的影响，使伊朗人民铭记阿拉伯人征服伊朗的历史屈辱，尽力凸显伊朗人与阿拉伯人间的区别。伊拉克的构建者们也极力彰显阿拉伯民族的一致性，强调波斯是阿拉伯民族最大的敌人。事实上，伊拉克与伊朗之间的敌对认知和认同已分别成为波斯文化、伊朗国家政治和伊拉克文化、伊拉克国家政治的重要组成部分，并对两伊的内外政策包括制衡政策产生不容忽视的影响。

　　为与对方的军事力量保持平衡乃至占据优势，伊拉克和伊朗进行了长期的军备竞赛。两伊军备竞赛大致可以划分为四个时期。20 世纪 70 年代末以前，为了在军备竞赛中占据优势，两伊不断提高军事开支和武器进口数量。尤其是在 20 世纪 70 年代，双方军备竞赛尤为激烈。从 1969 年到 1978 年间，伊朗的国防开支增长了 5.8 倍，伊拉克增长了 2.6 倍。[①] 在这一时期的军备竞赛中，伊朗占据优势，一度成为当时世界上最大的武器进口国。双方极力通过军备竞赛制衡对手，结果却走向了战争。1978 年以后，伊拉克为制衡来自伊朗的挑战和威胁，在与伊朗争夺领土、资源和地区领导权中占得先机，不断扩大军事开支和武器进口，逐渐取代伊朗成为 20 世纪 80 年代世界最大的武器进口国。伊拉克取得军事优势后，面对伊朗"输出革命"的挑战，于 1980 年 9 月 17 日单方面撕毁了两伊此前达成的《阿尔及尔协议》[②]，并挑起两伊战争。战争期间，两伊尤其是伊拉克进一步扩大军事开支和武器进口。据统计，两伊在战争期间的武器进口额约占世界年度武器进口

---

① Michael A. Palmer, *Guardians of the Gulf: A History of America's Expanding Role in the Persian Gulf, 1833-1992*, New York: Simon & Schuster, 1992, p. 89.

② 1975 年，伊拉克与伊朗签订《阿尔及尔协议》，规定两国边界在阿拉伯河主航道中心线划分，伊朗应在其西北划出一块空地作为对伊拉克的补偿，并停止对伊拉克反政府力量库尔德人的支持。然而，该协议只是伊拉克在两伊力量对比不利于自己的情况下采取的一种权宜之计。

额的六分之一。① 然而，1991 年海湾战争结束后，战争的破坏和国际社会的制裁使伊拉克在与伊朗的军备竞赛中再次处于劣势。

其次，就海合会国家与伊朗的关系来讲。海合会国家与伊朗之间的军备竞赛大体从 20 世纪 70 年代开始，持续至今。20 世纪 70 年代，海合会成立前，海合会国家与伊朗的关系相对缓和，这主要有四个因素：其一，除沙特外，其他海合会国家独立时间较晚，因而矛盾被暂时掩盖。其二，二者在对外政策导向上存在共同点。以沙特为首的海合会国家和伊朗同西方尤其是美国的关系都比较友好。其三，双方都是实行君主制的国家，而且都受到纳赛尔领导下的阿拉伯民族主义及苏联的威胁。其四，自 19 世纪 20 年代以来，英国作为海湾地区的霸权国，长期致力于维持该地区的秩序稳定和力量平衡。然而，好景不长，1971 年英国从海湾地区撤出后，伊朗为填补力量真空、称霸海湾，转而加大军事投入，并占领具有重要战略地位的阿布穆萨岛和大、小通布岛（阿联酋坚称对该三岛拥有主权），从而给海合会国家带来巨大安全压力，致使后者为制衡来自伊朗的安全威胁和挑战，不得不大力加强军事力量。

雪上加霜的是，后来的两大事件进一步加剧了双方之间的军备竞赛。第一，1973 年第四次中东战争后，石油价格上涨带来了大量的石油美元，从而为军备竞赛提供了强经济基础。第二，1979 年伊斯兰革命后的伊朗向沙特等海合会国家武力输出革命，从而为双方之间的军备竞赛增添了新的动力。例如，在 1971—1975 年间，伊朗军费开支由原来的 18.1 亿美元迅速上升到 97.31 亿美元，增长了 4 倍多，而同时期，海合会国家总体军事开支也从 24.367 亿美元增加到 78.87 亿美元，增长了 2 倍多。② 其中，与其他海合会国家相比，沙特阿拉伯和阿曼的军事开支增长幅度尤为突出，分别从 20.06 亿美元和 0.463 亿美

---

① Rachel Schmidt, *Global Arms Exports to Iraq,1960-1990*, Santa Monica：Rand, 1991, p. 12.

② Anthony H. Cordesman, *After the Storm：the Changing Military Balance in the Middle East*, Boulder：Westview Press, 1993, p. 10.

元上升到 62.67 亿美元和 6.98 亿美元。① 再如，1972—1978 年间，伊朗武器进口额由最初的 5.25 亿美元增加到 22 亿美元，增长了 3 倍，而同时期沙特阿拉伯的武器进口额则增长了 14 倍，海合会国家的武器进口额整体上更是增长了 16 倍多。② 另外，1979 年之后，受伊朗输出革命和两伊战争的影响，伊朗和海合会国家的军事支出与武器进口额继续攀升。伊朗在 1985 年的军事支出高达 247.7 亿美元③，在 1984 年的武器进口额也增长到 24 亿美元④。到 1990 年，作为海合会国家防务合作核心的沙特的武器进口额一路攀升到 55 亿美元⑤，其军事开支在 1991 年也达到了历史新高，即 268.1 亿美元⑥。

不过，到 20 世纪 90 年代初，伴随两伊战争结束、伊朗武力输出革命外交的激进色彩淡化及冷战结束，伊朗和海合会国家的军备竞赛一度降温。但进入 21 世纪以后，随着伊朗核问题不断发酵、两伊日益走近尤其是伊朗地区影响力上升，海合会国家日益明显地感受到来自伊朗的战略威胁。为了制衡伊朗的军事力量和地区影响力，沙特等海合会国家进一步加大军事投入与武器采购力度。到 2007 年，沙特的军事开支攀升到 389.46 亿美元⑦。在奥巴马任美国总统的八年中，沙特先后共从美国进口了价值 1120 亿美元的军火。⑧

---

①　Anthony H. Cordesman, *After the Storm*: *the Changing Military Balance in the Middle East*, Boulder: Westview Press, 1993, p.10.

②　同①,第 378 页。

③　同①。

④　同②。

⑤　同②。

⑥　同①。

⑦　张燕军:《二战后中东地区军备竞赛与军备控制研究》,北京:科学出版社,2017 年版,第 45 页。

⑧　"美专家声称:特朗普对沙特 1100 亿美元军售大单是假新闻",https://m.guancha.cn/global-news/2017_06_07_412115.shtml。

二、外部制衡

外部制衡是指通过动员外部实力资源来增强自身军事力量，进而平衡对手实力的行为。其中，组建联盟便属于典型的外部制衡行为。这种外部制衡现象在中东舞台上屡见不鲜。

首先，中东国家之间的制衡联盟。早在1945年3月22日，阿拉伯国家便成立了阿拉伯国家联盟（以下简称"阿盟"）。该联盟成立的原因是多方面的，但其中一个重要原因是为应对日益上升的犹太复国主义威胁。尤其是在埃及总统纳赛尔执政时期，类似联盟一度盛行。一定程度上为更好制衡犹太复国主义的挑战和威胁、实现阿以力量平衡乃至占据优势，自20世纪50年代中期起，纳赛尔将其长期倡导的泛阿拉伯主义统一运动真正付诸实践，先后与叙利亚、沙特等国分别组建不同形式的联盟。1956年年初，埃及、沙特阿拉伯与叙利亚三国结成了军事同盟。1956年4月，埃及又同沙特阿拉伯与也门结成了联盟。1958年2月5日，埃及与叙利亚合并组成阿联。同年3月，也门宣布同阿联组成阿拉伯联合邦。1963年4月，埃及、叙利亚和伊拉克三国经过谈判达成联合的原则协议。与此同时，为制衡来自激进阿拉伯国家的安全威胁，以色列自建国后，也努力寻求与伊朗、土耳其等非阿拉伯国家发展盟友关系。

当然，除了平衡以色列的力量之外，纳赛尔之所以积极与其他阿拉伯兄弟国家组建联盟，也有抗衡巴格达条约组织的考虑。该组织成立于1955年，主要成员国有土耳其、伊朗、巴基斯坦等非阿拉伯国家。作为阿拉伯国家的伊拉克也一度加入，但在1959年便宣布退出。在伊拉克退出后不久，该组织便改称中央条约组织。纳赛尔认为，美国拼凑巴格达条约组织是为了打击阿拉伯民族主义，是美国欲继承英法殖民主义衣钵的新殖民主义。纳赛尔尤其视伊朗为促进西方利益的帝国主义工具，并把伊朗和以色列的友好关系看作是伊朗与犹太复国主义和帝国主义勾结以削弱阿拉伯事业的另一种表现。同时，为了尽

快实现阿拉伯民族统一大业，也为制衡伊朗等君主制国家和以色列等
的威胁与挑战，纳赛尔从 20 世纪 50 年代下半叶开始，积极实行支持
阿拉伯君主制国家中共和派势力的政策。纳赛尔认为，只有首先推翻
这些保守的君主制政权，才能更好地制衡来自以色列及西方国家的威
胁。显而易见，纳赛尔的这种激进政策无疑严重威胁到伊朗的安全。
为对付和制衡来自埃及等激进阿拉伯民族主义的挑战以及正在形成中
的莫斯科—开罗关系对波斯民族利益造成的越来越大的威胁，伊朗积
极寻求与土耳其、巴基斯坦、阿富汗等非阿拉伯国家发展军事关系，
不仅于 1955 年加入了巴格达条约组织，而且努力改善同沙特和其他一
些同样受到纳赛尔激进民族主义威胁的阿拉伯保守国家的关系，希望
以此达到削弱激进的亲苏势力甚至离间、分化阿拉伯力量的目的。

　　另外，基于共同的威胁和挑战，伊朗也积极发展与以色列的关系，
这种关系最早可以追溯到 1950 年，当时伊朗政府为抗衡阿拉伯人对伊
朗南部边界的威胁而扩大了对犹太国家事实上的承认。在 1979 年伊朗
伊斯兰革命以前，共同的威胁大大拉近了伊朗与以色列的关系。伊朗
一度是中东地区唯一向以色列提供石油的国家，而以色列也向伊朗提
供了可观的军事援助。不过，在 1979 年伊斯兰革命后，伊朗与以色列
两国由"准联盟"关系转为敌对关系。与此同时，埃及与以色列两国
的关系则由敌对转为和解。这样，到 20 世纪 80 年代，在伊朗与伊拉
克相互间的"硬制衡"最终演变为八年战争的背景下，中东阿拉伯国
家与非阿拉伯国家之间的制衡发生了重大变化。其中一个重要特点就
是阿拉伯国家与非阿拉伯国家之间的界线不再是那么壁垒分明。两伊
战争时期，中东国家整体上分裂为两大对立集团，即伊朗、利比亚与
叙利亚为一方，伊拉克、埃及、沙特、科威特、阿曼、卡塔尔和巴林
等国为另一方。在这种独特的地缘政治格局下，为恢复阿以权力平衡、
制衡以色列，叙利亚积极向伊朗靠拢。伊朗为制衡来自伊拉克等国的
外部威胁，也把叙利亚视为不可替代的战略伙伴。在这种情况下，伊
朗与叙利亚逐渐确立了"准联盟"关系。

海湾战争结束后，伊朗、土耳其、以色列与阿拉伯国家转而成为中东地区的四大力量中心，经过重新组合，很快形成了两大对立的双边"准联盟"关系，即伊叙"准联盟"和土以"准联盟"。就此时期的叙利亚来讲，为提升本国在阿拉伯世界的领导地位，更为制衡土以"准联盟"构成的安全威胁，不得不继续保持与伊朗的"准联盟"关系。而土以军事"准联盟"始终具有防范叙利亚的鲜明意图，叙利亚是土以"准联盟"的催化剂。就土耳其和以色列来说，土以"准联盟"无疑有助于增强两国同叙利亚博弈的砝码，压缩叙利亚的战略空间，维持阿以权力平衡。正如土耳其政府在 1996 年 2 月 23 日宣布的，为维持以色列与阿拉伯国家之间的军事力量平衡，土耳其决定同以色列签署《军事训练合作协定》。① 进入 21 世纪以后，伴随土耳其与叙利亚、伊朗关系缓和，同以色列关系降温，土以"准联盟"逐渐出现裂痕。在这种背景下，叙利亚之所以继续保持与伊朗间的"准联盟"关系，主要出于制衡以色列、防范美国的战略需要。然而，随着 2011 年叙利亚陷入内乱，伊叙"准联盟"面临新的挑战。不过，对于目前陷入困境的叙利亚政府来讲，伊叙"准联盟"仍是其制衡以色列中东霸权的不二选择。另外，2011 年"阿拉伯之春"爆发以来，伴随伊朗核问题的愈演愈烈和以伊朗为代表的什叶派新月势力的日益崛起，为更好地制衡伊朗，沙特积极致力于组建逊尼派阵营，甚至不惜与以色列发展盟友关系。

其次，中东国家与域外大国之间的制衡联盟。战后，中东国际关系的霍布斯文化特质造成的严峻安全挑战和两极格局带来的巨大结构压力致使中东国家为制衡对手，纷纷寻求与域外的美苏（俄）等大国结盟。就以色列来讲，自建国伊始，为制衡来自前线阿拉伯国家的实力与威胁，以色列便积极奉行大国外交，努力与世界大国尤其是美国发展联盟关系。到 20 世纪 50 年代中期，埃以力量对比上的劣势以及

① 孙德刚：《"准联盟"外交的理论与实践——基于大国与中东国家关系的实证分析》，北京：世界知识出版社，2012 年版，第 333 页。

埃及与西方国家关系的不睦，使埃及面临的威胁越来越大。很大程度上讲，正是为了更好地制衡以色列及背后的西方国家的强大实力和威胁，原本试图在东西方间奉行积极中立政策的埃及总统纳赛尔不得不最终倒向苏联。在纳赛尔看来，美国是以色列的后台，美国拼凑巴格达条约组织是为了制衡中东地区激进的阿拉伯民族主义力量和苏联势力，美国同以色列一样都是阿拉伯人的敌人。继埃及之后，叙利亚、伊拉克等激进的阿拉伯国家出于制衡以色列的目的，也先后倒向了苏联的怀抱。此外，伊斯兰革命前的伊朗和沙特等海合会国家为制衡来自激进阿拉伯国家的威胁，也力图与美国发展联盟关系。冷战后，由于美国一度独霸中东，中东国家与域外大国联盟的传统制衡色彩变淡，其制衡的强度也大为削弱。不过，2011 年之后特别是 2015 年俄罗斯重返中东后，这种制衡的强度又转而呈现加大之势，这充分体现在当前伊朗、以色列和沙特等海合会国家之间的关系中。

第三节　案例分析
——海合会国家与以色列关系

鉴于学术界较少关注海合会国家与以色列之间的关系尤其是较少关注双方关系中的制衡因素，因而本节以此为案例进行分析。近年来，伴随美俄地缘博弈加剧、中东地缘格局重新洗牌和中东传统热点问题相对降温，以色列与海合会国家关系迅速改善，双方加强在安全、情报等领域的沟通与协作。这一关系有助于美国在中东"退中有进"、重塑中东地缘政治格局，并对中东和平进程起到某种助推作用。

一、海合会国家与以色列关系改善的动因

（一）美俄地缘博弈加剧

自 2011 年叙利亚危机爆发尤其是 2015 年俄罗斯出兵叙利亚以来，美俄在中东地区的地缘博弈加剧，俄进美退态势日益明显。然而，美

国近年在中东战略收缩更多是一种战略调整，并不代表美国要退出中东。因此，为了保护在中东的传统权益，美国在战略收缩的同时，需要让中东盟友承担更大的责任和义务，尤其是加强盟友的横向联合，以制衡反美势力。鉴于此，美国近年尤其乐见并极力推动沙特等海合会国家与以色列加强彼此交往，从而为双方关系的改善起到某种推波助澜的作用。

（二） 中东地缘格局重新洗牌

自"阿拉伯之春"爆发以来，伊朗趁乱加速开展核研发活动，与沙特争夺地缘政治真空，推进教派政治，地区影响力不断攀升。中东地缘政治格局重新洗牌，日益分裂为逊尼派国家和什叶派国家两大对立集团。伊朗既是最强硬的反以色列国家之一，又是以沙特为首的逊尼派集团的对立方什叶派集团的领导者。而且，伴随美俄两国在中东地区的一退一进，以美国为国家安全强大后盾的以色列和沙特等海合会国家出于制衡伊朗等地区激进势力的考虑，便逐渐加强了彼此之间的战略协调与沟通，致使双方关系逐渐改善。需要指出的是，尽管特朗普在伊核问题上的态度趋于强硬，但在应对伊朗、真主党等各种激进势力的挑战等方面，以色列与海合会国家仍需寻求自助，加强安全合作。

（三） 中东传统热点问题相对降温

长期以来，中东地缘政治格局的一大特点是阿拉伯国家与以色列的对抗，致使海合会国家与以色列关系的发展始终受到阿以问题的掣肘。然而，近年伴随伊朗威胁的上升，中东地区日益分裂为支持伊朗势力与反对伊朗势力两大阵营，导致巴勒斯坦这一地区传统热点问题转而降温。伊朗加快核研发进程，不仅被阿拉伯国家特别是逊尼派阿拉伯国家领导人视为一种威胁，而且引起这些国家民众的不满和担忧。例如，2011 年民意调查显示，阿拉伯国家尤其是海合会国家的民众普遍对伊朗核研发问题持消极看法。[1] 另据一项调查结果，当今阿拉伯年轻人仅将巴以冲突列为中东国家面临的八大挑战中的第七位。[2] 这种地缘政治格局和民意背景显然有益于海合会国家与以色列关系改善。

（四）经济合作空间较大

除了共同的亲美外交等传统因素之外，以色列与海合会国家改善关系也符合双方的经济利益。海合会国家长期是以色列在中东地区的第三大贸易伙伴，且前者一直希望得到以色列在安全、农业灌溉、海水淡化等方面的先进技术。考虑到海合会国家近年的经济改革，双方经济合作的动力和潜力更为巨大。近年双方经济交往较为典型的一个例子是 2015 年阿联酋向以色列购买价值可观的"鹰眼"监控系统和网络安全软件。[3]

二、海合会国家与以色列关系的演变

相对那些前线阿拉伯国家来讲，海合会成员国与以色列既不毗邻，又无重大利益冲突，因而双方之间的关系相对缓和得多。需要指出的是，由于以色列一直寻求与海合会国家改善关系，因而双方关系的变化主要取决于后者的态度。迄今为止，双方关系大体上经历了五个阶段。

（一）象征性敌对（1948—1967 年）

1967 年之前，意识形态上，海合会国家虽然反对犹太复国主义，但他们面临的主要威胁来自激进阿拉伯民族主义的挑战。但慑于来自阿拉伯世界的"软制衡"威胁，该时期沙特等海合会国家在发生阿以

---

① Yoel Guzansky, "Israel and the Arab Gulf States: From Tacit Cooperation to Reconciliation?", *Israel Affairs*, Vol. 21, No. 1, 2015, p. 141.

② Clive Jones and Yoel Guzansky, "Israel's Relations with the Gulf States: Toward the Emergence of a Tacit Security Regime?", *Contemporary Security Policy*, Vol. 38, No. 3, 2015, pp. 409-410.

③ 同②，第 409 页。

战争时，也不得不象征性地向前线兄弟国家派遣少量部队，并在 1956 年和 1967 年中东战争时对那些亲以色列国家实行成效并不明显的有限石油禁运。① 不过，这一时期，海合会国家从未与以色列直接交战，双方关系主要处于象征性的敌对姿态。

（二）"实质性"对抗（1967—1979 年）

1967 年第三次中东战争，阿拉伯国家惨败，标志着激进阿拉伯民族主义的失败，沙特转而取代埃及成为阿拉伯或伊斯兰世界和巴勒斯坦民族事业的领导者。出于应对来自阿拉伯世界"软制衡"的挑战、平息国内外激进反以力量的不满和增强国际声望等因素的考虑，沙特等海合会国家采取了一系列反以措施。首先，第三次中东战争结束后，1967 年 9 月 1 日，包括沙特和科威特在内的阿盟正式接受了苏丹决议，即对以色列实行不和解、不承认、不谈判的"三不政策"。其次，在 1973 年第四次中东战争爆发后，沙特等阿拉伯产油国对美国等亲以色列国家拿起了"石油武器"，致使西欧国家在阿以问题上不再一味追随美国的立场，甚至对美以关系也产生一定冲击。再次，一定程度上出于平息国内的政治反对派和凸显自己的阿拉伯国家身份的目的，沙特和其他几个海湾小国不断对以色列进行舆论指责，并向前线阿拉伯国家和巴勒斯坦人提供经济援助。例如，1974 年，沙特倡议石油生产国每年向前线阿拉伯国家和巴解组织提供 25 亿美元的经济援助。② 最后，第三次中东战争后，海合会国家与其他阿拉伯国家一道，在原有直接经济制裁基础上，又对以色列实行间接经济抵制，即禁止和那些与以色列有贸易往来的公司及同这些公司有贸易往来的公司做生意。

可见，如果说第三次中东战争之前以色列与这些海湾阿拉伯君主国之间的敌对尚属于象征性的，那么，这次战争之后双方间的对抗便具有了某种"实质性"色彩。不过，虽然双方之间存在外交上的某种

---

① Gawdat Bahgat, *Israel and the Persian Gulf*, Gainesville：University Press of Florida, 2006, p. 124.

② 同①，第 126 页。

禁忌，且敌对氛围相对浓厚，但这并没有严重妨碍彼此之间在某些领域尤其是低政治领域的交往。例如，在整个20世纪70年代，以色列不断向阿曼提供有关海水淡化、滴灌等方面的技术援助，尽管是非公开的。①

（三）变相承认（1979—1990年）

众所周知，1979年发生的埃及与以色列签订和约、苏联出兵阿富汗、伊朗伊斯兰革命及1980年的两伊战争等事件，大大改变了中东地缘政治格局，并对沙特等海湾阿拉伯君主国构成新的诸多安全威胁与挑战。尽管沙特曾反对埃以之间这种双边和谈模式，甚至加入阿拉伯国家联合反对埃及的行列，但为应对这些新的挑战尤其是来自伊朗的舆论指责和革命输出的威胁，沙特当时的王储法赫德·本·阿卜杜勒·阿齐兹于1981年的一次采访中，向媒体公布了著名的"法赫德计划"。根据该计划，沙特提出，在以色列从1967年占领的所有阿拉伯领土上撤出、巴勒斯坦实现建国后，以色列将能够与邻国实现和平共处。② 这等于含蓄地承认以色列，而那时只有埃及承认了以色列。因此，该计划不可避免地遭到那些激进派阿拉伯国家的反对。结果，沙特为了实现阿拉伯国家在对以色列问题上的一致，对"法赫德计划"的部分条款作了修改。于是，在1982年阿拉伯国家首脑会议上通过的是该计划的修订版，即将原来的"由阿拉伯国家保证中东各国和平相处"改为"由联合国保证中东各国和平相处"。

不过，在1989年阿盟第四次特别首脑会议上，阿盟首次承认把联合国安理会第242号和第338号决议作为全面解决阿以争端的基础。这意味着包括沙特等海湾阿拉伯君主国在内的阿盟最终给予以色列间接承认。不过，需要一提的是，尽管这一时期沙特对以色列的政策发

---

① Uzi Rabi and Chelsi Mueller, "The Gulf Arab States and Israel since 1967: From 'No Negotiation' to Tacit Cooperation", *British Journal of Middle Eastern Studies*, Vol. 44, No. 4, 2017, p. 578.

② 同①，第133页。

生如此大的变化，但以色列仍视沙特为某种潜在的威胁力量。例如，以色列极力阻止美国里根政府向沙特提供当时最先进的侦察机。① 可见，这些海湾阿拉伯君主国对以色列态度的转变，主要在于两个原因。其一，为了更好地制衡伊朗的威胁和挑战。其二，伴随埃以和平的实现和以埃及为首的阿拉伯激进势下降，阿拉伯世界中的"软制衡"力量日益变弱。

（四）逐步松动（1990—2011 年）

此时期，由于海湾战争爆发、巴解组织支持伊拉克入侵科威特、奥斯陆和平进程启动、2003 年伊拉克战争后伊朗日渐崛起等诸多因素，阿拉伯规范和认同及"软制衡"的传统力量进一步减弱，海合会国家与以色列之间长期的对立关系逐步松动。首先，在 1993 年《奥斯陆协议》签署后，多数海合会国家不顾阿盟与部分阿拉伯国家反对，正式取消了对以色列的间接经济抵制。尽管海合会国家官方宣布继续保留对以色列的直接抵制，但阿曼和卡塔尔并未按此执行，两国积极与以色列开展经济交往。例如，1996 年，以色列总理西蒙·佩雷斯访问阿曼和卡塔尔期间，双方就以色列分别在马斯喀特和多哈设立贸易代表处事宜达成一致，且卡塔尔决定在特拉维夫开设贸易代表处。②

其次，官方高层接触、交往增多。例如，1994 年 12 月以色列总理伊扎克·拉宾访问阿曼，这是以色列首脑首次正式访问海湾国家。③ 2003 年，以色列外长西尔万·沙洛姆和卡塔尔外长哈马德·本·贾西姆进行了一次秘密会晤。④ 2010 年 5 月，以色列工业、贸易和劳工部

---

① Uzi Rabi and Chelsi Mueller, "The Gulf Arab States and Israel Since 1967: From ' No Negotiation' to Tacit Cooperation", *British Journal of Middle Eastern Studies*, Vol. 44, No. 4, 2017, p. 582.

② 同①,第 584 页。

③ 同①。

④ Yoel Guzansky, " Israel and the Arab Gulf States: From Tacit Cooperation to Reconciliation?", *Israel Affairs*, Vol. 21, No. 1, 2015, p. 136.

部长本雅明·本·埃利泽访问卡塔尔。[1] 最后，2002 年，沙特在 1981 年"法赫德计划"的基础上，提出新的"阿拉伯和平倡议"，倡议中谈及阿拉伯国家与以色列实现关系正常化的内容。尽管最终以色列并未将此倡议作为阿以和谈的有效基础，但以色列也从未完全拒绝该倡议。该倡议的提出无疑是对以往"三不政策"的重大转变，标志着海合会国家与以色列关系实现了某种新的突破。当然，这个时期，海合会国家与以色列间的关系仍受到阿以和平进程主要是巴以和平进程的干扰。例如，2000 年 9 月，第二次"因提法达"爆发后，在沙特等国的压力下，阿曼、卡塔尔先后关闭了以色列在本国的贸易代表处。[2]

（五）持续改善（2011—2022 年）

2011 年以来，伴随"阿拉伯之春"爆发、伊朗核问题凸显和美国从伊拉克撤军，中东地缘政治图景再次发生变化，新形势下海合会国家与以色列出于制衡伊朗等考虑，逐渐改善关系。首先，随着地区形势发展尤其是"阿拉伯之春"爆发，沙特、巴林等国与以色列之间的交往逐渐浮出水面。这方面的典型事例包括：2015 年，阿联酋热情接待了以色列向国际可再生能源机构派驻的外交级别代表团，该机构总部位于阿布扎比[3]；2016 年，沙特退役将军安瓦尔·本·马吉德·本·安瓦尔·奥斯基与以色列一些政府官员和议员在耶路撒冷举行了会谈，与奥斯基同行的还有一支由沙特学界和商界众多精英组成的代

---

① Yoel Guzansky, " Israel and the Arab Gulf States: From Tacit Cooperation to Reconciliation?", *Israel Affairs*, Vol. 21, No. 1, 2015, p. 136.

② Clive Jones and Yoel Guzansky, "Israel's Relations with the Gulf States: Toward the Emergence of a Tacit Security Regime?", *Contemporary Security Policy*, Vol. 38, No. 3, 2015, p. 405.

③ Uzi Rabi and Chelsi Mueller, " The Gulf Arab States and Israel since 1967: From ' No Negotiation' to Tacit Cooperation", *British Journal of Middle Eastern Studies*, Vol. 44, No. 4, 2017, p. 591.

表团①；2016 年，巴林外长哈立德·本·艾哈迈德·阿勒哈利法在推特上发文对以色列前总统西蒙·佩雷斯的去世表示哀悼；在 2017 年卡塔尔断交事件发生后，以色列一改以往的低调做法，公开站在沙特等国一方；2018 年 3 月，沙特王储穆罕默德·本·萨勒曼访美期间，同美国右翼犹太组织进行了罕见的跨信仰对话；2018 年 3 月，沙特还开放领空首准印航赴以航班过境，等等，不一而足。

尤其值得一提的是，自 2020 年 8 月以来，在美国的积极斡旋下，阿联酋、巴林先后与以色列实现关系正常化或正式建交。另外，以色列总理贝内特分别于 2021 年 12 月和 2022 年 2 月访问阿联酋和巴林。这是 2020 年双方关系正常化以来，以方访巴的最高级别官员，也是以色列总理首次访问阿联酋。

其次，海合会国家对以政策逐渐趋同。长期以来，海合会成员国对以政策存有较大差异。近年来，伴随地区形势变化，海合会国家在对伊朗构成的地区挑战和核威胁上日益达成一致共识，致使它们与以色列的伊朗政策也达到了历史上最接近的程度，海合会国家（除卡塔尔外）纷纷改善与以色列之间的外交关系。

最后，双方在安全、情报等领域的沟通与协作得到加强。例如，2015 年 6 月，沙特退役将军安瓦尔和前以色列驻联合国大使多尔·戈尔德在参加华盛顿举行的一次外交会议期间，就伊朗威胁问题进行了交流和磋商②；同年，阿联酋和以色列参加了包括两国在内的一次联合军事演习③；2017 年 6 月，沙特和阿联酋等海合会国家指责卡塔尔支持恐怖主义活动，并要求卡塔尔与作为以色列两个敌对方的伊朗和哈

---

① Uzi Rabi and Chelsi Mueller, "The Gulf Arab States and Israel since 1967：From 'No Negotiation' to Tacit Cooperation", *British Journal of Middle Eastern Studies*, Vol. 44, No. 4, 2017, p. 590.

② 同①。

③ 同①，第 591 页。

马斯断绝联系[①]。据称，在巴林倡议下，海合会会议已于 2016 年通过将真主党列入恐怖组织名单的决议。此外，海合会国家与以色列双方国防部高级官员之间已经开通热线，就伊朗核威胁等问题进行沟通。

三、海合会国家与以色列关系的影响

以色列与海合会国家均是中东舞台上的重要角色，双方关系的大幅改善具有多重影响。

（一）符合美国在中东战略利益

特朗普入主白宫以后，美国继续进行战略中心东移，从中东进行战略收缩。然而，为维护美国在中东的战略利益，美国必须让地区盟友承担越来越多的责任。综观整个中东地区，以色列和沙特无疑是支撑当前美国中东战略的两大支柱，因而美国一直乐见且积极推动以色列与海湾阿拉伯君主国关系加强。这样，美国既可以顺利从中东"抽身"，恢复传统的"离岸平衡手"角色，又可以保护乃至扩大其在该地区的战略利益，达到"退中有进"的效果。

（二）重塑中东地缘政治格局

"阿拉伯之春"发生以来，中东地缘政治格局的一个突出特征就是，中东国家日益分裂为以沙特为首的逊尼派阵营和以伊朗为首的什叶派阵营，从而赋予中东政治以鲜明的教派色彩。以色列与海合会国家关系改善，将成为冲击当前中东政治格局的第三种力量，且会加剧原有这两大阵营的对立。可见，自埃及总统纳赛尔时期以来，中东地缘政治图景发生了重大变化，即以色列与海合会国家间关系改善及作为中东地区传统政治主题的巴勒斯坦问题降温。

---

① Uzi Rabi and Chelsi Mueller, "The Gulf Arab States and Israel Since 1967: From 'No Negotiation' to Tacit Cooperation", *British Journal of Middle Eastern Studies*, Vol. 44, No. 4, 2017, p. 591.

（三）助推中东和平进程

在阿以关系史上，当前以色列与阿联酋、巴林、沙特等海合会国家关系的改善是继埃以戴维营和谈、马德里和会以来的又一次里程碑式的事件。尽管双方关系改善的主要动力并非缘于或主要不是缘于要实现双边关系正常化和促进巴以和谈，但这种改善本身就是阿以关系发展的一大表现，且客观上有可能对巴以和谈起到一定助推作用。因为，伴随海合会国家与以色列双方关系的改善，海合会国家不仅有可能为某些巴以联合项目提供资金支持，进而帮助巴勒斯坦实现经济稳定，而且以色列的政权安全亦会有所增强，从而有益于促使巴以双方在和谈中软化立场。而且，海合会国家与以色列双方关系的这种改善，也可以为巴以和谈提供一个有利的和平大环境。

四、以色列与海合会国家关系的有限性

尽管以色列与海合会国家双边关系改善的态势日益明显，但受各种因素的影响，整体上看，这种关系的热度和持续性均较为有限。

（一）阿拉伯规范与认同

长期以来，阿拉伯或伊斯兰规范与认同一直在阿拉伯国家内部关系及外部关系中起着不容忽视的作用。尽管冷战后泛阿拉伯主义和泛伊斯兰主义在当今中东国际关系中的作用已大打折扣，但其仍在一定程度上制约着尤其像海合会国家这样有着浓厚伊斯兰传统的国家的对以政策。来自阿拉伯或伊斯兰规范与认同的制约力量，使得沙特等海合会成员国为避免招致国内和阿拉伯世界民众的指责和开罪于国内外激进势力，倾向于同以色列发展相对隐蔽的合作关系，并不时就巴以问题等发表谴以言论。沙特便一再宣称，只要巴以和谈没有取得重大

突破，与以色列关系正常化便是不可能的。① 这些海合会成员国在发展与以色列的关系时，不得不顾及国内外阿拉伯民众的呼声，不能不考虑阿拉伯规范与认同的力量，不得不在各种利益诉求间寻求平衡点。

（二）制衡的特性：功利性与易变性

近年来，以色列与海合会国家双方关系的改善，有着制衡伊朗等外部威胁的明显动机。然而，制衡行为本身具有较强的功利性与易变性。因此，伴随双方面临的共有外部威胁程度的减弱或威胁主体的变更，双边关系中制衡因素的作用也必然下降，从而不可避免地对双方关系造成影响。事实上，通过变换盟友来制衡外部威胁，是以色列一直以来惯用的外交手段或策略。历史也证明，这些海合会国家尽管担忧伊朗掌握地区霸权，但它们对伊朗的政策并非一成不变，而是在对抗与和解之间不时摆动。因此，如果有必要，沙特等海合会国家也可能以同伊朗的妥协、和解来换取国家安全。

（三）"冷和平"

目前，尽管以色列与海合会国家均有改善双边关系的战略意图和实践，阿联酋和巴林还先后与以色列实现了关系正常化，但受各种因素的影响，双方关系将长期带有一定的"冷和平"色彩。就以色列来说，其对于同沙特等海合会国家实现真正意义上的关系正常化或真正的和平尚存有怀疑，缺乏必要信心。这不仅因为沙特等国曾长期敌视以色列，而且还在于以色列对与埃及、约旦和解后的"冷和平"关系非常失望。就海合会国家来讲，它们怀疑以色列与巴勒斯坦实现和解的诚意与动机，且视巴以问题为地区动荡之源。因此，海合会国家希望看到巴以和谈的具体成效，并认为以色列的妥协是巴以和谈继续的必要前提。同时，如前所述，海合会国家在改善与以色列关系时，不得不考虑阿拉伯世界的民意和激进势力等因素。另外，需要指出的是，

---

① Yoel Guzansky, "Israel and the Arab Gulf States: From Tacit Cooperation to Reconciliation?", *Israel Affairs*, Vol. 21, No. 1, 2015, p. 142.

以色列和海合会国家尤其是沙特在保持彼此间这种更符合双方战略利益的关系问题上，曾经或仍将存有较大共识与默契。

综上，以色列与海合会国家双方关系虽有改善，但仍具有一定脆弱性和变数，其未来走向很大程度上取决于巴以和平进程、海合会国家的威胁认知、阿拉伯世界内部政治及地区局势等诸多因素。毋庸置疑，海合会国家尤其是沙特外的五国均是典型的弱国，均面临各种国内外挑战和压力，尤其是诸多颇为严峻的内部问题。因此，它们需要在种种实际利益与压力间努力寻求某种全方位的平衡，它们与以色列的关系只是这种复杂的平衡系统中的一个方面而已。① 近期来看，以色列与海合会国家的关系仍将保持固有的双重性和过渡性特征，即一方面双方没有实现完全的关系正常化或真正的和平，另一方面又积极地保持和加强彼此间的交往。

小 结

相较于阿拉伯国家间关系、非阿拉伯国家间关系中的制衡来讲，阿拉伯国家与非阿拉伯国家关系中的制衡现象更为复杂。一方面，阿拉伯国家与非阿拉伯国家关系中的制衡受到阿拉伯国家关系中的"软制衡"因素影响，同时与阿拉伯国家的硬实力密切相关。另一方面，阿拉伯国家与非阿拉伯国家之间的制衡受到非阿拉伯国家关系中的"硬制衡"因素影响。此外，阿拉伯国家与非阿拉伯国家关系中的制衡也与美国、苏联（俄罗斯）等大国在中东舞台上的制衡行为存有关联。不过，阿拉伯国家与非阿拉伯国家之间的制衡主要属于"硬制衡"，即要么进行军备竞赛，要么组建联盟。因此，阿拉伯国家与非阿拉伯国家关系中的制衡强度较高，其对中东国际关系的冲击也较大。例如，前线阿拉伯国家与以色列之间的持续"硬制衡"和多次"热战"就是

---

① Elisheva Rosman-Stollman, "Balancing Acts: The Gulf States and Israel", *Middle Eastern Studies*, Vol. 40, No. 4, 2004, p. 204.

这方面的典型例子。相较而言，阿拉伯国家之间的制衡更多受到彼此间的敌对认知、阿拉伯或伊斯兰认同或规范，以及军事安全等因素的影响。

第四章　非阿拉伯国家关系中的制衡因素

相对来讲，中东非阿拉伯国家关系中的制衡因素尽管不如阿拉伯国家与非阿拉伯国家关系中的制衡因素那么突出，但前者仍受到制衡因素的影响。需要指出的是，这里讲的制衡，并不是单纯指非阿拉伯国家彼此之间的制衡，也指这些非阿拉伯国家在制衡外部威胁或权力方面存在共同利益，从而对他们之间的关系嬗变产生了影响。

第一节　制衡的动因

一、认知、认同与规范因素

从认知、认同和规范的角度看，以色列、土耳其、伊斯兰革命前的伊朗等非阿拉伯国家关系中的制衡因素，可以从两个方面进行理解。首先，以色列等非阿拉伯国家与阿拉伯国家之间的负向认知和认同。在现代民族国家建立以前，犹太人、波斯人、土耳其人与阿拉伯人之间均有过不同程度的不友好乃至敌对经历，甚至一方统治过另一方，导致彼此之间形成了负向的认知和认同模式。这种负向的认知和认同对后来以色列、伊朗、土耳其等非阿拉伯国家与阿拉伯国家之间的交往产生了较大的消极后果，并对非阿拉伯国家之间的关系包括制衡行为产生影响。在以色列、伊朗和土耳其看来，中东地缘政治的一个鲜明特点就是数量众多的阿拉伯国家占据着某种支配地位，且这些阿拉伯国家推崇着传统的伊斯兰国际关系理念与规范。这些理念与规范同伊斯兰革命前的伊朗、以色列和土耳其推崇的现代国际关系理念与规范显得有些格格不入，尤其是在泛阿拉伯主义与泛伊斯兰主义盛行的冷战时期，双方在认同与规范上的差异直接影响着彼此对外部威胁的理解和对制衡对象的判定。

其次，以色列等非阿拉伯国家之间正向的认知和认同。以色列与土耳其均奉行亲西方的外交路线，分享共同的西方价值观，彼此间有强烈的认同感。即便进入 21 世纪后，土耳其外交日益表现出"东转"的势头，但土以两国仍分享着一定的正向认知、认同和共同规范。伊斯兰革命前的伊朗也奉行亲西方外交，推崇西方文明，从而促使伊朗与以色列之间形成了某种正向的认知和认同。

二、利益因素

从利益角度看，以色列、土耳其、伊斯兰革命前的伊朗等非阿拉伯国家关系中的制衡因素，可以从两个方面来分析。首先，以色列等非阿拉伯国家与阿拉伯国家之间存在利益冲突。其中，以色列与阿拉伯国家主要是前线阿拉伯国家在领土、资源和安全等方面存在难以调和的利益矛盾。伊斯兰革命前的伊朗与不同的阿拉伯国家在争夺地区霸权、政治安全等方面也存在较为突出的利益冲突，但伊斯兰革命后的伊朗与以色列之间的利益冲突日益变大。土耳其虽然与阿拉伯国家之间的利益冲突相对不是很突出，但与叙利亚等国在水资源划分、库尔德等问题上也存有一定的利益冲突。

其次，以色列等非阿拉伯国家间的利益共性。以色列与土耳其、伊斯兰革命前的伊朗三国间在发展友好关系乃至"准联盟"关系方面存在较大的利益一致性。这种友好关系在一定时期内既有助于增强三国在中东地区的影响力，消除其在该地区的孤独感，一定程度上避免被边缘化，也有助于对抗来自某些阿拉伯国家的威胁和挑战。

整体上看，以色列、伊朗、土耳其等非阿拉伯国家间不同时期内存在不同程度的正向认知、认同和较大的利益共性，且这些非阿拉伯国家均与阿拉伯国家间存有不同程度的负向认知、认同及利益冲突。同时，这些非阿拉伯国家彼此间分享着某些共同的规范，但其同阿拉伯国家间又存有较大的规范差异。这导致很长一段时期内以色列、土耳其和伊朗把阿拉伯国家主要是激进的阿拉伯国家视为主要外部威胁与制衡对象，却拉近了与这些非阿拉伯国家之间的距离，乃至结成制衡联盟。不过，在伊朗伊斯兰革命爆发后，伊朗与以色列的制衡联盟关系逐渐让位于制衡对手的关系，这与冷战后土耳其与以色列一度结成更为紧密的制衡联盟恰恰相反。

第二节　土耳其与以色列

无论对欧洲还是对中东来说，土耳其与以色列都有一种"外来者"或"另类"之感。① 与此同时，土以两国均长期实行亲西方政策。共同的"外来者"身份认同与外交偏好使得土耳其和以色列双方长期保持着相对友好的关系，虽然 21 世纪以来，土以关系疏远甚至一度跌入谷底，但两国均不希望双方关系完全破裂。应该说，影响土以关系的因素是多方面的，但不可否认的是，制衡的需求也是影响两国关系的一个重要因素。以色列发展与土耳其的友好关系特别是联盟关系，旨在制衡前线阿拉伯国家等敌对势力；土耳其保持与以色列的密切关系，则意在制衡伊朗和叙利亚等国的威胁和影响力。

一、土以关系走近

1923 年，土耳其共和国建立，以凯末尔为首的统治精英进行了一

---

① 谢立忱：《认同视角下的土耳其对外政策》，载《西亚非洲》,2011 年第 9 期,第 37 页。

系列西方化改革，其基本目标就是为土耳其构建一种包括西方认同在内的新的身份认同。现代土耳其国家构建的一个突出特征就是尽力消除土耳其新国家身份中的伊斯兰因素，弱化过去土耳其与伊斯兰教之间的关联。这意味着土耳其会尽量疏远同中东伊斯兰国家（主要是阿拉伯国家）的关系，对中东地区事务尽量保持一种低调的不介入姿态。

整体上看，冷战时期，土耳其一直较为重视发展与以色列的关系，但却较少主动采取措施发展和改善与中东阿拉伯国家之间的双边或多边关系[①]。土耳其是第一个承认以色列的伊斯兰国家，为此不惜冒得罪整个阿拉伯世界的风险。20世纪50年代，土耳其与以色列双边关系获得重大发展。例如，1951年，土耳其与西方国家一道谴责埃及禁止以色列船只自由通过苏伊士运河的决定，这引起了埃及的严重抗议，并加剧土埃关系的恶化。[②]再如，土耳其允许以色列在土耳其境内任何地方包括土耳其与阿拉伯国家交界地区设立领事馆，这显然有助于以色列收集有关阿拉伯国家的各种情报。[③]

值得一提的是，20世纪50年代后期，在以色列的积极倡导和推动下，土耳其、以色列和伊朗还结成了所谓的"北三角联盟"，这标志着土以两国关系获得重大提升。20世纪70年代末，伴随伊朗伊斯兰革命爆发，"北三角联盟"最终瓦解，但土以两国间的传统友好关系得以继续。20世纪80年代后期，双方情报和贸易等领域的合作持续加强。冷战结束后，土以关系进一步升温，进而结成"准联盟"。整个20世纪90年代，土以两国高层互访频繁，经贸、军事等各领域合作更加密切。1996年，土耳其与以色列签订《土以军事合作协议》。此外，1991年到2000年间，土以双边贸易额增长了数十倍之多。

受阿以冲突的影响，土耳其与以色列双边关系的发展也并非始终

---

① Henri J. Barkey, *Reluctant Neighbor：Turkey's Role in the Middle East*, Washington D. C. ：US Institute of Peace Press, 1996, p. 171.

② Yucel Bozdaglioglu, *Turkish Foreign Policy and Turkish Identity：A Constructivist Approach*, New York：Routledge, 2003, p. 144.

③ 同②，第143—144页。

一帆风顺。例如，1956 年，以色列出兵占领西奈半岛，土耳其一度召回了驻特拉维夫大使。不过，事后土耳其对以色列表示，这并不是土耳其对以色列的某种敌对行为，而是出于维持巴格达条约组织的存在。再如，20 世纪 70 年代，土耳其在阿以冲突上的亲以色彩一度变弱。然而，这只是土耳其在阿以之间寻求某种平衡的结果，即使在两国关系最冷淡的年代，双方也仍保持着秘密交往。可见，整个冷战时期，土耳其与以色列均颇为重视发展与对方的友好关系。

理论上讲，深厚的文化和历史联系应该有助于土耳其与中东阿拉伯国家发展关系，但事实并非如此，土耳其反而与以色列一度发展起了甚为密切的关系。导致这种情况的原因是多种多样的，除了土耳其国内政治与社会的发展变化外，还包括土阿双方在历史上形成的负向认知和误解，以及土以之间的正向认同和共同战略利益取向。

正如赫尔曼与菲斯凯勒指出的，国家形象研究对于国际关系理论研究来讲，不失为一种有价值的研究方法和路径。[1] 因为国家形象能够塑造和影响国家行为体的政治态度与行为。[2] 形象，即对行为体的主观认知、情感与评估结构。[3] 所谓国家形象理论，简单而言，就是指一国的政治精英和民众对其他国家的印象。[4] 人们在童年形成的印象会成为后来他们看待彼此的棱镜。同样，属于不同民族、种族、教派和意识形态组织的群体在早期阶段接受和形成的印象，也会成为他们后来审

---

[1] Richard K. Herrmann and Michael P. Fischerkeller, "Beyond the Enemy Image and Spiral Model: Cognitive - Strategic Research after the Cold War", *International Organization*, 1995 (Summer), p. 415. Quoting Yucel Bozdaglioglu, *Turkish Foreign Policy and Turkish Identity: A Constructivist Approach*, New York: Routledge, 2003, p. 112.

[2] Noel Kaplowitz, "National Self - Images, Perception of Enemies, and Conflict Strategies: Psychopolitical Dimensions of International Relations," *Political Psychology*, 1990, p. 42. Quoting Yucel Bozdaglioglu, *Turkish Foreign Policy and Turkish Identity: A Constructivist Approach*, New York: Routledge, 2003, p. 112.

[3] K. E. Boulding, "National Images and International Systems," *The Journal of Conflict Resolution*, Vol. 3, No. 2, 1959. 转引自季乃礼:《国家形象理论研究述评》，载《政治学研究》，2016 年第 1 期，第 104—113 页。

[4] 季乃礼:《国家形象理论研究述评》，载《政治学研究》，2016 年第 1 期，第 104—113 页。

视彼此的一种棱镜。早期经历会产生对自我和他者积极的或消极的印象，进而影响行为体的行为。由此推知，历史上土耳其人与阿拉伯人对彼此形成的印象，则成为双方后来看待彼此的棱镜。

土耳其人与阿拉伯人的关系可以追溯到公元九世纪，即土耳其人离开中亚迁入中东。从皈依伊斯兰教到现代土耳其共和国成立，土耳其人与阿拉伯人共同相处了千年之久，其中阿拉伯人受到土耳其人的统治达 400 年。长期的共处，使得土耳其人和阿拉伯人不可避免地对对方形成了某些印象和认知。在漫长的历史交往中，这些形象或印象不断地被后人接受，并被某些事件所强化，从而对后来的土阿关系产生重大影响。在奥斯曼帝国时期，很大程度上得益于伊斯兰教这一共同纽带，土耳其人与阿拉伯人共同相处了数百年。然而，19 世纪末 20 世纪初，伴随民族主义的到来，土耳其人和阿拉伯人不再从宗教而是从民族的角度审视彼此，致使双方间固有的文化差异日益凸显。

美国外交人员 1952 年在阿拉伯国家与伊朗进行的一项调查显示，阿拉伯人和波斯人对土耳其人充满了怨恨与不信任。[1] 叙利亚、黎巴嫩、伊拉克和埃及等民族主义国家称土耳其人是"压迫者"和"殖民主义者"，宗教意识浓厚的阿拉伯民众和政府则视土耳其人是伊斯兰教的"变节者"。[2] 由于奥斯曼帝国数百年的统治历史，阿拉伯人往往基于对土耳其人的"野蛮的帝国主义者"的印象来处理阿拉伯国家与土耳其共和国的关系。许多阿拉伯人认为，对伊斯兰文明破坏最为严重的阿巴斯王朝时期的蒙古人，从种族上讲属于突厥人。[3] 从这一角度上讲，阿拉伯人将土耳其人视作"入侵者""最坏的敌人"，以及"阿拉

---

① George McGhee, *The US - Turkish - NATO Middle East Connection*, New York: St. Martin Press, 1990, p. 187. Quoting Yucel Bozdaglioglu, *Turkish Foreign Policy and Turkish Identity: A Constructivist Approach*, New York: Routledge, 2003, p. 113.

② Kemal Karpat, "Images of Turks and Arabs in School Textbooks", *Studies on Turkish - Arab Relations*, 1987, p. 17. Quoting Yucel Bozdaglioglu, *Turkish Foreign Policy and Turkish Identity: A Constructivist Approach*, New York: Routledge, 2003, p. 113.

③ Yucel Bozdaglioglu, *Turkish Foreign Policy and Turkish Identity: A Constructivist Approach*, New York: Routledge, 2003, p. 113.

伯文明的毁坏者"。① 甚至到今天，许多阿拉伯人仍对土耳其人持有这样一种印象，即土耳其人是"野蛮的好战者"，土耳其民族是一个"专横、野蛮、自大而又落后的民族"。② 相反，阿拉伯人则认为自己是一个擅长艺术、有着丰富的精神内涵的民族。在阿拉伯国家和土耳其国内有很多学者和外交人员承认，阿拉伯人对土耳其人的这种传统印象仍持续影响着今天的阿土关系。

许多阿拉伯人反感、厌恶土耳其人的另一个原因在于，他们认为土耳其人"不是好的穆斯林，毕竟他们是后来才皈依伊斯兰教的"③。在保守的阿拉伯人看来，奥斯曼帝国晚期和土耳其共和国初期的世俗化改革证明土耳其人已经背弃了伊斯兰教。许多阿拉伯人尤其视土耳其的世俗主义为一种对伊斯兰文化与忠诚的背叛，他们认为土耳其已主动割断了过去与伊斯兰教的联系，而选择了西方化的、世俗化的生活方式。当土耳其进行世俗化改革的时候，阿拉伯人正利用伊斯兰宗教的力量从事反抗帝国主义的民族运动。这种鲜明的对比，进一步强化了阿拉伯人对于土耳其人"背离伊斯兰教"的印象。以至于许多年以后，在沙特的无线电广播中，仍可以听到对世俗化的土耳其共和国的谴责之声，并把凯末尔称为"伊斯兰教的敌人"。④

另一方面，历史上土耳其人对阿拉伯人的认知也具有明显的负向性。由于在奥斯曼帝国军队服役期间的不良表现，土耳其人认为阿拉伯人是无组织、无纪律的。⑤ 同时，在土耳其人看来，阿拉伯人善于搞阴谋活动，是不值得信任的，伊斯兰教法统治下的阿拉伯国家既落后，

---

① Yucel Bozdaglioglu, *Turkish Foreign Policy and Turkish Identity*：*A Constructivist Approach*, New York：Routledge, 2003, p. 113.

② 同①。

③ 同①。

④ Meltem Muftuler, "Turkey：A New Player in Middle Eastern Politics", *Mediterranean Quarterly*, 1995, p. 114. Quoting Yucel Bozdaglioglu, *Turkish Foreign Policy and Turkish Identity*：*A Constructivist Approach*, New York：Routledge, 2003, p. 114.

⑤ 同①，第114页。

又不文明。① 土耳其人对于自己在西化道路上取得的成绩深感自豪。雪上加霜的是，奥斯曼帝国 1916 年爆发的反对土耳其人统治的"阿拉伯大起义"，进一步强化了土耳其人对于阿拉伯人不值得被信任的传统印象，土耳其人把阿拉伯人的这次大起义视为一种叛国行为。对于土耳其人来说，他们对具有共同宗教信仰的阿拉伯人站在异教敌人一边的行为尤其感到失望。"阿拉伯大起义"对后来的土阿关系产生了巨大而深远的影响。例如，土耳其共和国前总统杰拉勒·拜亚尔指出，"土耳其不打算与阿拉伯人（阿拉伯民族）重新确立密切关系，因为后者曾在土耳其人后背上捅了一刀。"② 即使到今天，很多土耳其人仍对阿拉伯人的"背叛"记忆犹新。有鉴于此，在很长一段时期里，土耳其冷淡处理同阿拉伯国家的关系，尽量不介入中东事务，便不足为奇了。

　　与土耳其同阿拉伯国家之间的这种负向认知相反，共同的身份认同和利益取向有力地拉近了土耳其与以色列之间的距离，促进了两国"准联盟"的最终形成。在土耳其和以色列看来，它们在欧洲和中东都属于"外来者"。相同的"外来者"身份认同使土耳其曾长期重视发展与以色列的关系，也使以色列把土耳其视为本地区可结盟的一大力量。

　　首先，中东地区的"外来者"。虽然土耳其在宗教信仰上与中东阿拉伯国家存有共性，但双方在文化、政治与种族等方面的区别是显而易见的，这种显著差异导致土耳其长期以来有一种"另类"之感。土耳其认为，自己是一个在盛行威权统治的中东地区追求世俗化与民主化的"异类分子"。不过，在中东地区，土耳其也并非真的形单影只。以色列不但与该地区的阿拉伯国家关系不睦，而且与阿拉伯人在种族、政治、宗教等方面也存有巨大差异，因而以色列也成了该地区的一个

---

　　① Yucel Bozdaglioglu, *Turkish Foreign Policy and Turkish Identity: A Constructivist Approach*, New York: Routledge, 2003, p. 114.

　　② Philip J. Robins, *Turkey and the Middle East*, New York: Council on Foreign Relations Press, 1991, p. 19.

"另类"。共同的"另类"之感或身份认同无助于土以两国与中东阿拉伯国家关系走近，却有助于拉近土以双方关系，乃至结成"准联盟"。在土耳其看来，除了自己之外，以色列便是该地区唯一的西方文明国家。

长期以来，自视为中东地区"外来者"的土以两国都高度推崇西方文明，自视为西方文明成员和世俗的民主国家。土以两国有着较为强烈的欧洲认同感，因为土耳其在地理上与欧洲临近，且历史上与欧洲有着千丝万缕的关系，而以色列则很多居民恰恰来自欧洲。[1] 这种共同的欧洲认同感经常被土耳其和以色列两国用于自己同阿拉伯国家的比较。土耳其与以色列认为，它们推崇的根植于欧洲文化与历史的国际行为准则与价值观并不被中东阿拉伯国家认同。[2] 这种自我认知使土耳其和以色列自感较之其他中东国家更为文明，也促使两国积极通过发展同北约、欧盟与美国的关系寻求最终加入西方文明大家庭。[3]

土以两国共有的这种认知无疑进一步削弱了双方对中东地区的认同。两国深刻意识到，在这个盛行威权统治、阿拉伯国家处于支配地位的中东地区，它们既不被接受，也不受欢迎，从而进一步铸成了土以在心理上的共同情感纽带，即相同的"外来者"认知。[4] 相同的"外来者"身份认同无形中拉近了土耳其与以色列双方的距离，导致以色列成为战后土耳其在该地区唯一一直保持相对友好关系的国家。虽然双方关系也并非一直亲密无间，甚至曾多次出现降温乃至恶化，但整体上保持了长期友好态势。尽管在发展与以色列的关系时，土耳其难免招致阿拉伯国家的不满和反对，面临着较大压力，然而土耳其一

---

① Anat Lewin, "Turkey and Israel: Reciprocal and Mutual Imagery in the Media, 1994 - 1999", *Journal of International Affairs*, Vol. 54, No. 1, 2000, p. 246.

② Philip J. Robins, *Turkey and the Middle East*, New York: Council on Foreign Relations Press, 1991, p. 82.

③ 同①，第251页。

④ Alan Makovsky, "Israeli-Turkish Relations: A Turkish 'Periphery' Strategy?", in Henri J. Barkey, *Reluctant Neighbor: Turkey's Role in the Middle East*, Washington D. C.: US Institute of Peace Press, 1996, p. 169.

直不为所动，自始至终保持和以色列密切的外交联系，且土以双方关系在 20 世纪 90 年代得到进一步提升，结成更为亲密的"准联盟"。

其次，欧洲的"外来者"。虽然土以两国长期以西方文明成员自居，但两国充其量只能说在经济上融入了欧洲，在政治上与文化上尚游离于欧洲之外，并没有被欧洲接纳。可见，土以双方不但在中东地区属于"外来者"，在欧洲同样属于"外来者"，这导致土以更加"惺惺相惜"。

对土耳其而言，保持和以色列的友好关系，既有助于消除孤独感，强化世俗国家身份、西方文明成员形象及民族自尊心，也有利于减少欧洲对土耳其外交政策伊斯兰化的担心。土耳其认为，自己与以色列之间的合作主要基于以色列确认土耳其持有西方认同。反过来，这种合作也有助于证实土耳其的西方认同。土耳其和以色列之间的友谊一定程度上依赖于后者对前者作为西方文明世界的有效成员与民主国家的认同。[1] 如 1997 年 9 月，以色列外交部任命奥斯曼帝国史专家埃胡德·托莱达诺为新任驻土耳其大使，遭到土耳其的拒绝，因为此人先前攻击土耳其曾实行种族灭绝政策。[2] 再如，1998 年 1 月，以色列议会前议长丹·蒂雄在一次演讲中指出，土耳其不是一个民主国家，引起土耳其的强烈反应，并演变成两国之间的一起外交事件。[3]

总而言之，欧洲"外来者"的身份认知使得土耳其为了完全融入欧洲，极为重视本国的世俗和民主国家形象，并希望通过发展同以色列的友好关系来凸显、强化这种国家形象。因此，土耳其事实上将以色列看作本国融入西方世界的一扇窗。[4] 当然，土耳其相对于欧洲的这种"外来者"身份也使得它不能完全割裂和中东阿拉伯国家之间的

---

[1] Anat Lewin, "Turkey and Israel: Reciprocal and Mutual Imagery in the Media, 1994–1999", *Journal of International Affairs*, Vol. 54, No. 1, 2000, p. 257.

[2] Yucel Bozdaglioglu, *Turkish Foreign Policy and Turkish Identity: A Constructivist Approach*, New York: Routledge, 2003, p. 151.

[3] 同[2]。

[4] 同[1]，第 247 页。

关系。

土以两国重视发展与对方的关系，也有着重大的国家利益考量。对土耳其而言，发展与以色列的关系，有利于制衡外部威胁，并可以获得以色列的技术特别是军事技术支持，还可以利用在美国强大的犹太游说势力影响美国对土政策，等等，不一而足。对以色列来讲，发展与土耳其的关系，有助于本国摆脱地区孤立处境、改善地缘安全状况等。然而，土以保持友好关系特别是在20世纪90年代关系明显升温，不仅加深了两国与阿拉伯国家的矛盾，形成或加强了伊朗与叙利亚的"准联盟"，而且也在一定程度上恶化了两国与欧盟国家的关系，并引起国内的强烈反应。① 尽管存在各自的利益考虑，但这种利益考虑一定意义上也与两国各自的认同密切相关。例如，20世纪90年代，土耳其提升与以色列的关系也有出于应对国内伊斯兰教复兴和防止本国对外政策伊斯兰化的考虑。因为，土耳其国内政治和对外政策的伊斯兰化将减弱乃至消除以色列对土耳其的"外来者"身份认同。

总之，长期以来，土耳其和以色列之间的正向认知和认同，无形中大大拉近了土以两国的距离，影响了两国对地区形势和外部威胁的看法，为两国关系中的制衡因素奠定了重大的认知和认同基础，使得两国在20世纪大部分时间里一直保持着较为友好的关系。作为中东地区和欧洲的"外来者"，两国分享着相同的欧洲价值观和认同，均处于地理或政治上的边缘地位，彼此同情。共同认知使土耳其将以色列看作是自己在中东地区唯一可靠的联盟对象，以色列也把土耳其看作是可以依赖的一大战略力量，从而促成了两国关系的不断发展。

从制衡角度看，在冷战时期，两国关系中的制衡因素主要体现为以色列利用同土耳其的友好关系制衡前线阿拉伯国家。进入20世纪90年代，土以关系中的制衡因素进一步凸显，即土以两国在制衡伊朗与叙利亚问题上具有了越来越大的共识和利益契合性。正是在这一背景

---

① Bulent Aras, "Turkish-Israeli-Iranian Relations in the Nineties: Impact on the Middle East", *Middle East Policy*, Vol. 7, No. 3, June 2000, p. 162.

下，土以两国进而建立起更为密切的安全战略合作关系或"准联盟"关系。

二、土以关系一度走冷

21世纪以来，土以在巴勒斯坦等地区问题上的分歧日益增大，利益与战略目标的契合性变小，双边关系的竞争性逐渐显现，认同度逐渐下降，从而削弱了两国关系中制衡因素的传统认知和认同基础，致使两国关系一度走冷。

就以色列而言，随着中东和平进程发展和伊拉克萨达姆政权倒台，其面临的安全压力趋向缓和，土耳其在以色列对外关系中的地位有所下降。土耳其与伊朗、叙利亚、巴勒斯坦哈马斯和黎巴嫩真主党等敌视以色列的国家或团体发展关系，更加引起以色列的不满。土耳其国内政治与对外政策的伊斯兰化不可避免地减弱乃至消除了以色列对土耳其的"外来者"身份认同。

就土耳其而言，事实上，欧洲"外来者"身份也导致土耳其不能真正割裂同中东阿拉伯国家之间的关系。早在图尔古特·厄扎尔时代（1983—1993年），土耳其的传统亲西方外交便出现松动，厄扎尔当时实行的是东西方兼顾的对外政策。不过，直至正发党在土耳其上台，土耳其才基本完成这种外交调整，愈加重视与中东伊斯兰国家的交往。土耳其的这种外交转向既与正发党的伊斯兰色彩、国家的伊斯兰文化属性有关，也同土耳其对新形势下自身多元身份的全新认知存有关联。

伴随土以对各自国家利益和外交目标的认识差异增大，传统认同基础削弱，双边关系逐渐降温。土以关系首先因2000年开始的第二次"因提法达"降温。2002年，第二次"因提法达"引发的以色列镇压，造成大量巴勒斯坦人丧生。对此，土耳其总理比伦特·埃杰维特宣称，沙龙对巴勒斯坦人的政策无疑是"大屠杀"。[①] 无独有偶，2004年，土

---

① 李秉忠：《土耳其与以色列关系恶化的原因及其启示》，载《现代国际关系》，2011年第12期，第29—30页。

耳其总理埃尔多安对以色列暗杀哈马斯精神领袖亚辛的恶劣行径进行严厉谴责，称其是"恐怖主义"。[①] 几个月后，埃尔多安指责以色列的加沙政策属于"国家主导的恐怖主义"。[②] 虽然这一时期双边关系尚未发生根本性改变，但却为两国关系的进一步恶化埋下伏笔。

2008 年 12 月，以色列炮击加沙事件导致土耳其对以色列的负面认知快速上升，因为事件发生时，正积极充当叙以和谈调解人的土耳其却全然不知。2009 年的达沃斯论坛上，土耳其总理埃尔多安与以色列总理佩雷斯发生争吵，不欢而散。雪上加霜的是，2010 年 5 月底，以色列安全部队武力拦截了驶往加沙地带的土耳其籍国际人道主义救援船只"蓝色马尔马拉海"号，致使 8 名土耳其公民与 1 名美籍土耳其人丧生。[③] 事后，土以双方针锋相对、互不相让。以色列拒不同意向土方道歉，并召回驻土耳其军事顾问且严词警告本国游客前往土耳其的风险。土耳其召回驻以大使，要求以色列大使限期离境，宣布与以色列外交关系降格至二秘级，中止双方一切军事协议。至此，土以关系跌入谷底。

不过，传统的正向认知和认同特别是共同的西方认同有助于推动两国关系缓和。同时，土以在维护中东地区稳定、应对叙利亚危机导致的安全挑战等方面存有共同利益和相似观念。再加上土以关系破裂并不符合美国的利益，因此美国起到了一定的黏合剂作用。另外，土耳其与以色列均不希望双方关系彻底破裂，均具有改善双边关系的意愿，且都付诸了某些行动。事实上，即使在"蓝色马尔马拉海"号事件发生后，土以两国间的经济、政治和军事交往并未完全终止。例如，土以两国商界继续执行已达成的合同；土军方仍在接收以方的无人侦察机与攻击机；土耳其正发党在 2011 年年中的全国选举中获胜后，以

---

① 李秉忠:《土耳其与以色列关系恶化的原因及其启示》,载《现代国际关系》,2011 年第 12 期,第 30 页。

② 同①。

③ 孟湘君:《土耳其以色列未就袭船达成一致 拒签联合国报告》,http://www.chinanews.com/gj/2011/07-07/3163758.shtml。

总理内塔尼亚胡在第一时间向埃尔多安及其领导下的正发党表达了祝贺。尤其值得一提的是，2013 年 3 月 23 日，土耳其总理埃尔多安在中部城市埃斯基谢希尔表示，以色列承诺将在改善巴勒斯坦人道主义状况方面和土耳其进行合作，土耳其已经接受以色列总理内塔尼亚胡针对"蓝色马尔马拉海"号事件所做的道歉。埃尔多安同时强调，内塔尼亚胡是道歉而非表示"遗憾"，因而他代表土耳其接受了内塔尼亚胡的道歉。① 这是土耳其总理第一次公开承认以色列因"蓝色马尔马拉海"号事件向土耳其正式道歉。

事实上，随着形势变化，在美国的斡旋与协调下，土以关系一度缓和。然而，好景不长，特朗普上台后，以色列迁都耶路撒冷事件和美土关系日益紧张，以及土以双方在地区战略上的重大分歧特别是近年两国围绕东地中海天然气能源展开的地缘政治博弈，致使土以两国关系再度降温。

可见，进入 21 世纪后，土以彼此负向认同度和利益非契合度一度达到历史新高，致使两国关系中传统制衡因素的认知和认同基础日益削弱，导致双方关系整体保持降温态势。

第三节　伊朗与以色列

伊朗与以色列双边关系的重要分水岭是 1979 年的伊朗伊斯兰革命。伊斯兰革命导致伊朗的身份认同发生重大变化，导致两国间安全利益冲突日益凸显，促使两国迅速走向对立。因此，尽管国家利益是影响两国关系的一个重要因素，但国家认同也是一个不容忽视的因素。抛却国家认同尤其是伊朗国家认同这一因素，伊朗与以色列关系的剧变将无法得到合理解读，因而本节对两国关系演变的动因分析，将相

---

① 王晓萌：《土耳其接受以色列在拦截土救援船事件上的道歉》，http://www.china.com.cn/international/txt/2013-03/24/content_28339944.htm。

对侧重伊朗方面。从制衡视角看，伊朗与以色列的关系大致分为三个时期。

一、"蜜月"时期

1948 年以色列建国到 1979 年伊朗伊斯兰革命爆发，是两国关系最为密切的时期。其间，以色列重要领导人本-古里安、梅厄、贝京、达扬、佩雷斯、拉宾等都先后到访伊朗①，双方在政治、经济和军事等领域展开了全面的密切合作。

1950 年 3 月 6 日，伊朗内阁决定给予以色列事实上的承认。从 20 世纪 50 年代中期起，以色列开始向伊朗提供军事装备，此后伊朗不断从以色列获得军事援助。同时，1956 年，在以色列情报机关摩萨德的帮助下，伊朗组建了国家安全情报组织萨瓦克。萨瓦克成立后，便与以色列摩萨德及美国中情局之间进行长期密切合作。例如，伊朗常派遣本国情报人员与军官去以色列进修、学习。1957 年，尼姆罗迪开始担任以色列驻伊朗武官，进一步促进了伊以间的军事交往。② 1960 年，以色列外交部长顾问罗文·希洛访问伊朗后，伊朗决定与以色列建立全面外交关系。③ 到 1961 年，以色列先后帮助伊朗训练了大约 400 名炮兵、伞兵与飞行员。④ 1962 年 9 月 23 日，以色列与伊朗双方就以色列帮助伊朗检修空军飞机发动机事宜达成协议。⑤伊以安全战略合作领域也不断扩展，一度发展到核领域。1975 年，在伊朗试图依靠美德核技术发展核武器的计划失败后，转而与以色列达成了代号为"鲜花工程"的联合开发核计划。根据该计划，伊朗留学生可以到以色列迪纳莫核反应堆进行相关培训，伊朗和以色列将共同进行核武器的

---

① 王新龙：《以色列与伊朗的恩怨情仇》，载《当代世界》，2007 年第 4 期，第 18 页。

② 章波：《巴列维时期伊朗和以色列战略关系的成因》，载《西亚非洲》，2007 年第 2 期，第 30 页。

③ 同②，第 31 页。

④ 同②。

⑤ 同②。

研发。[①] 后来，由于伊朗伊斯兰革命爆发，该计划以失败告终。

　　除了军事领域，伊朗和以色列两国在经济领域的交往也不断加强。以色列通过帮助伊朗进行农业、军工方面的建设，提升伊朗对抗纳赛尔的阿拉伯民族主义等外部威胁的实力，伊朗则为遭受阿拉伯国家严厉经济禁运的以色列提供石油，增强以色列抗衡前线阿拉伯国家的能力。这一时期，伊以双方贸易额达到每年2.5亿美元。[②] 自20世纪50年代至伊朗伊斯兰革命爆发前，伊朗一直是以色列主要的石油供应国。其中，1959年至1971年间，伊朗满足了以色列80%—90%的原油需求。[③] 1976年，伊朗仍向以色列供应了75%的石油。[④]

　　伊朗和以色列在政治上也进行密切合作。例如，为了牵制、制衡伊拉克，伊朗和以色列积极资助和武装伊拉克的库尔德人，摩萨德常常通过萨瓦克将武器装备提供给伊拉克的库尔德人。再如，伊朗配合以色列将伊拉克国内的犹太人转往以色列，等等，不一而足。

　　这样，到20世纪60年代末，伊朗—以色列战略轴心便逐渐形成，伊以战略联盟的形成对中东地缘政治产生了重大影响。在美国的支持下，伊以联盟进而扩展为由以色列、土耳其、伊朗、埃塞俄比亚四国家组成的松散联盟，联合起来制衡苏联和阿拉伯民族主义的挑战与威胁。

　　这一时期，伊朗与以色列之所以能够形成密切的战略联盟关系，首先在于两国之间的正向认知与认同。具体来讲，波斯人和犹太人对阿拉伯人的负向认知，伊朗的反帝国主义认同和波斯认同，以及两国的西方认同与伊朗国内穆斯林的什叶派认同，赋予了伊朗与以色列在

---

　　① 陈肇祥：《以色列曾帮伊朗造核弹设计图纸装满集装箱》，载《环球时报》，2006年11月2日第13版。转引自吕满文：《伊朗与以色列由"热"变"冷"的关系探析》，载《史学月刊》，2012年第10期，第133页。

　　② Uri Bialer，"Fuel Bridge Across the Middle East-Israel，Iran，and the Eilat-Ashkelon Oil Pipeline"，*Israel Studies*，Vol. 12，No. 3，p. 55. 转引自何志龙，靳友玲：《巴列维时期伊朗与以色列的关系》，载《暨南学报（哲学社会科学版）》，2009年第2期，第233页

　　③ 王新龙：《以色列与伊朗的恩怨情仇》，载《当代世界》，2007年第4期，第18页。

　　④ 同③。

制衡来自激进阿拉伯国家等外部威胁方面的强大认同基础。历史上，波斯民族与阿拉伯民族的关系长期不睦，不时兵戎相见，而巴勒斯坦地区的犹太人与阿拉伯人在以色列建国前便冲突不断，这使波斯人、犹太人与阿拉伯人之间形成了一种负向的认知，却有助于后来伊朗和以色列之间形成正向的认知和认同。伊朗虽然是伊斯兰国家，但波斯人的民族主义意识尤其强烈，其最终选择信仰什叶派就是一个佐证。而且，以巴列维国王为首的统治精英们把世俗化、现代化和西方化作为发展方向，推崇伊朗伊斯兰化前的波斯文化，推行政教分离的国策，尽力削弱伊斯兰教在伊朗的地位，削弱宗教领袖的影响。巴列维王朝的政策和倾向不仅增强了伊朗的波斯属性或认同，削弱了其伊斯兰属性或认同，而且强化了伊朗的西方认同。而以色列一向以西方文明成员自居，推崇西方的文明价值观。伊朗和以色列之间的这种正向的认知和认同，无形中拉近了两国的距离，影响着两国对利益的认知和判断以及联盟或制衡对象的选择，从而为双方关系的密切发展奠定了基础。

其次，两国地缘战略利益与安全战略高度契合。战后，伴随苏联向中东地区的渗透扩张及以纳赛尔为首的阿拉伯民族主义盛行，伊朗和以色列的地缘安全环境均不容乐观，两国面临共同威胁和挑战。为制衡来自激进阿拉伯国家的威胁，伊朗希望与以色列结成"外围"联盟。与此同时，处于敌对的阿拉伯国家包围圈中的以色列也希望通过与伊朗这样的"外围"国家建立联盟，来打破阿拉伯国家的封锁，摆脱地区孤立和"安全困境"。于是，伊朗和以色列便不谋而合，两国在支持伊拉克的库尔德人反政府势力、协助伊拉克犹太人移民以色列和帮助伊朗提升军事力量等问题上进行了日益密切的战略合作，共同制衡来自苏联、激进阿拉伯国家的威胁。伊朗巴列维国王便曾对以色列驻德黑兰大使奥利·鲁波纳尼谈道，伊朗和以色列联盟的一个重要原因，就是要使以色列成为伊拉克或其他阿拉伯国家进攻伊朗的一个牵制因素。[①] 20世纪70年代初，埃及在外交上逐渐转向西方，并与伊朗复交，但伊拉克仍是伊朗和以色列的共同威胁，伊朗和以色列在制衡伊拉克方面仍有共同的战略利益。

然而，伊朗境内存在势力强大的伊斯兰什叶派，且伊朗与其他伊斯兰国家共有的超国家的伊斯兰认同也不可避免地对以色列与伊朗的战略合作关系产生一定限制甚至破坏。例如，伊朗早在1950年3月便在事实上承认了以色列，但由于国内强大的伊斯兰什叶派保守势力反对及来自伊斯兰世界的压力，伊朗迟迟反对以色列向伊朗派驻外交人员，致使两国建立正式外交关系的努力受阻。再如，1952年年初，伊朗被迫关闭了本国驻以色列领事馆等。因此，伴随伊朗国内宗教势力占上风、1979年年初巴列维政权倒台，伊以关系中制衡因素的认同基础受到严重削弱，双方战略利益分歧凸显，双方关系迅速恶化。

二、"冰冻"时期

从伊朗伊斯兰革命到冷战结束的这段时期，伊朗与以色列关系急转直下、由热转冷，但不是完全的"冰冻"状态，冷中仍有热。伊斯兰革命后，霍梅尼提出了"不要西方，不要东方，只要伊斯兰"口号，称以色列是与美国、苏联、巴列维并列的"大撒旦"，视以色列为一个"肿瘤"，宣称务必将以色列从中东地区清除，否则以色列将摧毁整个伊斯兰世界。

霍梅尼这种反犹太复国主义思想在伊朗伊斯兰共和国宪法中有着鲜明的体现，反对以色列也是伊朗伊斯兰共和国的立国基础。当然，霍梅尼的这种反以思想显然不仅仅是停留在口头上，而有着具体的行动。例如，1982年以色列入侵黎巴嫩的战争爆发后，伊朗派出500名革命卫队成员到黎巴嫩与以色列作战。[②] 再如，伊朗还积极扶植黎巴嫩真主党与以色列进行对抗。毫无疑问，伊斯兰革命后的伊朗外交政策

---

① 何志龙：《20世纪伊朗与以色列关系评析》，载《世界历史》，2007年第4期，第93页。
② 同①，第96页。

中，伊斯兰因素明显上升，这是导致伊以关系逆转的重大因素。同时，伊朗固有的反帝国主义认同也使得伊朗把美国和苏联均视为"大撒旦"，从而消除了伊以关系中的美国因素或西方认同因素。不过，这一时期伊朗与以色列出于国家安全利益的考虑，作为一种权宜之计，两国仍保持着秘密武器交易。根据法国《世界报》报道，两伊战争初期，以色列向伊朗出口了大量武器，占伊朗总进口的80%。[1] 仅1981年7月，伊朗和以色列便达成了一项价值1.35亿美元的军火交易。[2] 此后五年多时间里，两国又达成了价值2.5亿美元的军火交易。[3]

表面上看，此时期的伊以双边关系似乎有些让人捉摸不透，伊朗在公开发表反以言论的同时，又私下与以色列进行秘密军火交易。实际上，这种现象的背后体现了伊朗和以色列两国一定的制衡动机。就伊朗来讲，输出伊斯兰革命的激进外交导致伊朗与阿拉伯世界、美国等西方国家空前交恶，致使严重依赖美式武器装备的伊朗无法再从美国获得武器和配件，而两伊战争初期伊朗又遭受失利。正是在这种情况下，为扭转战局，制衡来自苏联、伊拉克等激进阿拉伯国家的威胁，伊朗不得不寻求以色列的军事援助。就以色列而言，伊朗伊斯兰革命后，面对伊朗的反目，以色列外交决策者认为，以色列不能失掉伊朗这一战略伙伴，因为伊朗发挥制衡阿拉伯人的作用。[4] 两伊战争初期，伊朗的失利增大了以色列对伊拉克取胜的担忧。以色列伊朗问题专家蒙纳什·阿米尔谈道的："如果伊拉克获胜，萨达姆·侯赛因势必将登上扩张主义与泛阿拉伯主义领袖的宝座，这无疑将对以色列造成直接

---

① 何志龙：《20世纪伊朗与以色列关系评析》，载《世界历史》，2007年第4期，第96页。

② 同①。

③ 杰克·安德森：《再次给伊朗提供武器》，载《华盛顿邮报》，1986年4月30日。转引自何志龙：《20世纪伊朗与以色列关系评析》，载《世界历史》，2007年第4期，第96页。

④ 加利·西科：《十月惊雷：伊朗的美国人质与罗纳德·里根的总统竞选》，北京：时代出版社，1992年版，第63页。转引自何志龙：《20世纪伊朗与以色列关系评析》，载《世界历史》，2007年第4期，第94页。

的军事威胁。"① 不言而喻，两伊战争期间，以色列之所以积极向伊朗提供美式武器，督促美国向伊朗提供武器，甚至不惜出动战机摧毁伊拉克的核反应堆，其主要战略动机就是希望以此削弱对手伊拉克的力量，并使伊拉克与伊朗深陷战争泥沼，相互制衡。两伊战争结束后到海湾战争爆发前，以色列对伊朗仍坚持传统的"外围战略"思维。

可见，此时期，很大程度上由于伊朗身份认同变更，伊朗与以色列双方战略利益发生错位，除了秘密的武器交易外，双边关系基本处于"冰冻"状态。

三、公开对抗时期

冷战后，伴随昔日共同敌人（苏联、阿拉伯民族主义、伊拉克）的消失或削弱，伊朗与以色列在制衡外部威胁方面的利益契合度进一步下降，致使双方从"冰冻"走向公开对抗。伊朗认为，海湾战争结束后，美国没有将萨达姆赶下台，反而保留了萨达姆政权，用意是让伊拉克制衡伊朗，以此保持中东地区均势。另外，在伊朗看来，美国与以色列为了遏制、孤立伊朗，故意将伊朗排除在中东和平进程之外，而阿以和谈有悖伊朗地缘政治经济利益。这无疑强化了伊朗的反帝反以、伊斯兰认同意识。因此，为了制衡美国霸权和以色列中东地区霸权，马德里中东和会召开后，伊朗便加大了反以宣传，高举反以大旗，号召对以色列发动圣战，支持哈马斯和真主党袭击以色列，并拉拢阿拉伯激进势力，反对中东和平进程。例如，1993 年巴以签署《奥斯陆协议》后，伊朗总统拉夫桑贾尼对巴解组织进行了强烈指责，称其"对巴勒斯坦人民犯下了卖国罪"，该协议的签署将"造成伊斯兰世界的分裂"；② 2005 年 10 月，伊朗总统内贾德声称，要把以色列国家从

---

① 丹尼尔·格夫罗:《一场结束不了的战争?》,载《耶路撒冷邮报》,1987 年 4 月 17 日。转引自何志龙:《20 世纪伊朗与以色列关系评析》,载《世界历史》,2007 年第 4 期,第 95 页。

② 何志龙:《20 世纪伊朗与以色列关系评析》,载《世界历史》,2007 年第 4 期,第 98 页。

地图上抹掉;① 得益于伊朗的援助，哈马斯在 2001—2008 年间，先后向以色列发射了近万枚火箭弹，造成上千名以色列人伤亡。② 再如，为了打击以色列，伊朗领导人内贾德还公开否认纳粹"大屠杀"历史，称其是子虚乌有的。

另外，伊拉克战争爆发后，利用什叶派主导伊拉克政权的契机，伊朗着力打造"什叶派新月"，积极构建"反以联合阵线"，从地缘上对以色列形成半包围态势，弥补与以色列之间的军事实力差距。"什叶派新月"的范围包括伊朗、伊拉克、黎巴嫩真主党、叙利亚，以及沙特和巴林等海湾国家的什叶派，这些国家或势力均具有相对强烈的反以意识。可见，伊以对抗对中东地缘政治格局产生了重大影响，致使以色列同伊斯兰激进势力的矛盾日益突出，甚至有取代阿以矛盾之势，转而成为当前中东地区的一大矛盾。

与此同时，为了打破以色列的核垄断，2005 年内贾德上台后，伊朗积极进行核技术研发活动，引起以色列的担忧和抗议，双方甚至以战争相威胁。例如，2006 年 5 月，以色列前总理、外交部长佩雷斯曾公开声称"伊朗也是可以从地图上被抹去的"③。再如，2008 年 10 月，伊朗伊斯兰革命卫队总司令贾法里曾宣称，如果以色列胆敢侵犯伊朗的利益，以色列国土将变得不安全，因为伊朗导弹的射程可覆盖整个以色列。④

最后，伊朗还通过推进本国军事现代化和加强与俄罗斯的军事合作，来增强对以色列实力的制衡。例如，2008 年 10 月 28 日，伊朗宣

---

① 孙德刚:《以色列与伊朗关系评析》,载《现代国际关系》,2009 年第 5 期,第 26 页。
② 同①,第 31 页。
③ Nazila Fathi, "Israel is as Friends? Iran Legislators Say No", *New York Times*, August 14, 2008;孙德刚:《以色列与伊朗关系评析》,载《现代国际关系》,2009 年第 5 期,第 26 页。
④ Mel Frykberg, "Surrounded on All Sides, Israel's Wars of Attrition Heat up", *Middle East*, No. 393, October 2008, pp. 12 –13.

布在阿曼湾贾斯克建成一个新的海军重要基地。① 此外，伊朗还试图通过与日本、中国、印度等大国开展能源外交，"软制衡"以色列，但由于这些国家与以色列之间均有着较为密切的经贸往来，加之美国等因素的存在，致使伊朗的能源外交并未取得预期的效果。

从认知和认同角度讲，可以说，自 2005 年内贾德出任伊朗总统以来，伊朗一再发表质疑甚至否定纳粹"大屠杀"历史的言论，激发了犹太民族根深蒂固的生存焦虑和威胁认知，也刺激了犹太民族认同，从而加大了伊朗核研发对以色列的威胁认知，进而导致以色列在伊朗核问题上的强烈反对立场，甚至宣称不惜对伊朗动武。"大屠杀"记忆是当代犹太民族集体认同建构的核心要素之一，也是以色列理解其与外部世界关系的棱镜。它塑造了以色列战略文化中的关键特征：恐惧与攻击共存，倾向于从最坏处着想，注重和依赖军事权力，倾向于发动先发制人打击来应对生存性威胁等。因此，它使以色列将伊朗核项目解读成对以色列生存构成"大屠杀"式威胁的因素。从实力角度讲，作为海湾军事强国和中东什叶派核心的伊朗，由于自身实力不断攀升，已不再是以色列制衡激进阿拉伯国家的利器和战略盟友，反而成为以色列谋求中东地区领导权或霸权的最大潜在障碍。很大程度上讲，当前伊朗与以色列的冲突属于地区霸权国与霸权挑战国之间的冲突，并一定程度上涉及美国谋求霸权与伊朗反对美国霸权之间的斗争。

面对伊朗的挑战与威胁，以色列也针锋相对，不仅尽力配合美国主导的中东和谈战略与制衡伊朗的政策，防止伊朗与阿拉伯国家改善关系乃至结成战略联盟，孤立和排挤伊朗，而且大肆宣扬伊朗威胁论，尽力"妖魔化"伊朗，改善与海合会国家之间的关系，并宣称必要时不排除对伊朗实施先发制人。例如，以色列总理拉宾便称伊朗为"黑

---

① Nazila Fathi, "Iran Opens Naval Base near Shipping Routes for Persian Gulf Oil", *New York Times*, October 29, 2008. 转引自孙德刚：《以色列与伊朗关系评析》，载《现代国际关系》，2009年第 5 期，第 30 页。

色谋杀政权",伊朗在中东制造了"极为强烈的伊斯兰冲击波";① 佩雷斯宣称"伊朗比希特勒更加危险""伊朗伊斯兰共和国是恐怖主义、宗教激进主义以及颠覆主义的中心";② 2008 年 11 月,以色列在希腊以东海域举行了一次模拟打击伊朗核设施的大规模军事演习,这次演习中,以色列出动了 100 架 F-5 与 F-6 战斗机。③

这一时期,伊朗与以色列的关系既不同于伊朗伊斯兰革命前的战略盟友,也有别于伊朗伊斯兰革命至冷战结束前的恶言相向,而表现为政治、军事、外交、经济及意识形态等领域的全面对抗,双方彼此制衡的强度较高,因而在军事上的竞争和对抗也较为激烈。例如,据报道,2018 年 5 月,叙利亚境内的伊朗军队向以色列控制的戈兰高地发射了多枚火箭弹,作为报复,以军随后也发射导弹攻击了数十个伊朗在叙利亚的军事目标,致使伊朗与以色列关系空前紧张,尽管最终并未引发两国间的战争。后来,受新冠肺炎疫情和美国打压的影响,虽然伊朗和以色列两国力量对比的天平倒向了后者,但因担心特朗普下台后伊以之间的这种权力平衡将转向有利于伊朗,以色列对伊朗频频出手,不仅继续致力于袭击叙利亚境内的伊朗目标,而且暗杀伊朗高官和核科学家,致使两国关系剑拔弩张。可见,从制衡角度看,战后伊朗与以色列关系的嬗变大体上经历了从最初的制衡联盟到最终的制衡对手的演变轨迹。

第四节　案例分析——以色列的"外围战略"

阿拉伯世界内部盛行的"软制衡"现象在促使阿拉伯国家不断进行合作与争斗的同时,也对非阿拉伯国家间的关系产生一定影响。不

---

① 何志龙:《20 世纪伊朗与以色列关系评析》,载《世界历史》,2007 年第 4 期,第 99 页。
② Trita Parsi, "Israel-Iranian Relations Assessed: Strategic Competition from the Power Cycle Perspective", *Iran Studies*, Vol. 38, No. 2, 2005, p. 263.
③ Mel Frykberg, "Attack on Iran not Ruled Out", *Middle East*, No. 394, 2008, p. 30.

过，在中东非阿拉伯国家尤其是以色列、土耳其和伊朗三国关系中，起主要作用的是"硬制衡"因素。需要指出的是，这里讲的"硬制衡"并非单纯指这三国彼此之间的制衡，也涉及"硬制衡"因素对三国关系的影响。"软制衡"在导致阿拉伯国家内斗的同时，也有助于阿拉伯国家主要是前线国家合作反以。

历史上，犹太民族是一个长期流离失所、多灾多难的民族，以色列国家的诞生也并未立即改变其多舛的命运。为了应对来自敌对阿拉伯国家的挑战，维护自身安全，以色列自建国后积极寻求与中东地区的非伊斯兰国家和非阿拉伯国家或少数民族，以及那些地理位置远离阿以冲突中心的阿拉伯国家，发展关系乃至组建联盟。这便是由以色列首位总理戴维·本-古里安构思的"外围战略"。随着地区形势变化，以色列"外围战略"的涵盖对象和理念也有所调整。大体上讲，以色列"外围战略"可以分为传统"外围战略"和新"外围战略"（或称"外围战略 2.0"）。

需要说明的是，尽管这部分内容主要讲的是非阿拉伯国家关系中的制衡因素，但为了便于分析和保持问题的完整性，在具体分析中，也部分涉及以色列与阿拉伯国家之间的关系。

一、传统"外围战略"

冷战时期，以色列传统"外围战略"曾长期成为以色列一大外交议题。以色列政界关于该战略的讨论早在以色列建国初期便已出现，但 20 世纪 50 年代以后，该战略才上升到政策层面。以色列传统"外围战略"思想形成于 20 世纪 50 年代，盛行于 20 世纪六七十年代，结束于 20 世纪 90 年代。[①] 根据这种传统"外围战略"，所谓"外围"伙伴主要包括三类国家或民族：与前线阿拉伯国家或阿拉伯核心国家（1977 年以前）相毗邻的非阿拉伯或非伊斯兰国家；中东地区的非阿

---

① Rob Geist Pinfold and Joel Peters, "The Limits of Israel's Periphery Doctrine: Lessons from the Caucasus and Central Asia", *Mediterranean Politics*, Vol. 24, No. 4, 2019, p. 3.

拉伯或非穆斯林少数群体；地处中东地区边缘、为应对阿拉伯民族主义的威胁或出于国内和地区原因寻求与以色列发展关系的阿拉伯国家。① 从这种意义上讲，传统"外围"伙伴国家具体包括非阿拉伯国家的伊朗、土耳其及埃塞俄比亚；摩洛哥、阿曼、也门和苏丹等阿拉伯国家；非国家层面的埃塞俄比亚基督徒、中东库尔德人、南苏丹人和黎巴嫩马龙派等。

（一）传统"外围战略"的背景与原因

20 世纪 50 年代，以色列根据当时面临的客观形势和主观认知，提出"外围战略"。

第一，地缘政治环境。就地缘政治环境或客观形势来讲，以色列建国伊始便面临着极其严峻的地区孤立和安全形势。1948 年 5 月 15 日，以色列在宣布建国的第二天，便遭到了埃及等前线阿拉伯国家的联合进攻。尽管以色列得以险中取胜，但这次战争暴露了以色列国家严重缺少战略纵深的弊端，充分显示了以色列在中东地区的孤立无援，并凸显了争取地区盟友和大国援助对其保证自身生存和安全的重要性。尤其是到 20 世纪 50 年代下半叶，伴随埃及总统纳赛尔在阿拉伯世界政治威望与日俱增，以及纳赛尔倡导的泛阿拉伯主义意识形态在中东地区迅速传播和广泛蔓延，以色列的被包围感、孤独意识和安全焦虑被大大强化。因此，面对周边敌对阿拉伯国家的封锁和包围，以色列为摆脱地区孤立和"安全困境"，有效制衡敌对阿拉伯国家联合力量，不得不尽可能地寻求地区盟友，尤其是同那些和以色列存在共同安全威胁认知的国家确立联盟。

第二，主观认知。早在圣经时代，希伯来人为了确保国家生存，便积极寻求与强国建立联盟，希伯来人已经可以娴熟地运用大国战略。事实上，依赖地区或世界强国来谋求自身的生存和安全，已成为流淌

---

① Yossi Alpher, *Periphery: Israel's Search for Middle East Allies*, London: Rowman & Littlefield, 2015, p. xviii.

在犹太民族血液中的一种根深蒂固的东西。这也已得到包括本-古里安在内的以色列政要和决策者的普遍认同。这种基于自身经历的历史学习和经验心得，为以色列建国后实行"外围战略"奠定了重大的认知基础。

同时，这种"外围战略"也与犹太复国主义者对19世纪以来的欧洲政治现实和现实主义权力政治思想的理解与认知存有密切关联。很大程度上讲，"外围战略"思想源于19世纪欧洲政治家们的世界观，即权力政治。权力政治所体现的权力、生存和自助逻辑，也恰恰是"外围战略"思想所强调的。整个18世纪和19世纪，均势理论是欧洲外交家信奉的重要政治哲学。欧洲盛行的这种均势政治现实和思想，以及国际联盟在促进欧洲乃至世界和平、防止国际冲突方面的失败，极大地影响了犹太复国主义领导人的世界观和外交理念，进而形塑以色列的国家战略或安全文化。相较于威尔逊的理想主义，犹太复国主义思想家或领导人更倾向于接受具有悲观色彩的权力政治思想。制衡不仅是国家行为体应对显著威胁的一种举措，还是一种外交哲学。

另外，这种"外围战略"也是本-古里安等以色列政要和决策者对以色列建国后面临的地区和国际政治现实的主观解读的产物。本-古里安等以色列政要认为，纳赛尔领导下的阿拉伯邻国不会与以色列实现和解，他们会继续致力于毁灭以色列。[①] 在本-古里安看来，由于共同面临来自阿拉伯民族主义的挑战和威胁，伊朗、库尔德人等都可以成为以色列联合的现成力量。本-古里安指出，与伊朗、土耳其等势力建立联盟关系，将增大以色列在美国等西方国家眼中的战略价值，进而更好地维护本国安全。[②]

总之，历史经历、现实政治和传统现实主义均势思想深刻影响和形塑了以色列决策者的主观认知：为了摆脱地区孤立和有效制衡来自

---

① Yossi Alper, *Periphery: Israel's Search for Middle East Allies*, London: Rowman & Littlefield, 2015, p. 4.

② 同①，第3页。

阿拉伯国家的直接威胁，战胜对手，赢得生存，以色列必须成为中东的领导者尤其是军事霸主。因而以色列不仅要加强本国的军事力量，还要积极与中东地区的非阿拉伯国家和少数民族组建联盟。①

（二）传统"外围战略"的表现

以色列传统"外围战略"的对象主要包括非阿拉伯国家、"外围"阿拉伯国家和非阿拉伯或非穆斯林群体等。

第一，非阿拉伯国家。在中东非阿拉伯国家中，以色列与土耳其和伊朗一度结成一种"准联盟"关系，这是以色列"外围战略"取得的一大成绩。三国间这种关系被称为"北三角联盟"，形成于1956—1958年间，终止于1979年伊朗穆罕默德·礼萨·巴列维政权的倒台。不过，在1979年伊朗伊斯兰革命后，以色列与土耳其的战略合作关系仍断断续续地存在，直到21世纪初以后，双方关系才日益恶化。以色列与土耳其、伊朗结成这种"准联盟"关系，显然具有制衡敌对的阿拉伯国家的意图。这种关系的形成原因主要包括两个方面：正向认同与战略利益。

就正向认同来讲，历史上波斯人、犹太人、土耳其人与阿拉伯人之间的恩怨或敌对经历造成的负向认知，为当代伊朗、以色列、土耳其与阿拉伯国家之间的负向认同奠定了重大的认知基础，并有力促进了伊朗、以色列与土耳其之间正向认同的形成。同时，伊斯兰革命前的伊朗、土耳其和以色列均持有较为强烈的西方认同，并奉行亲西方外交。共同的身份与观念认同无形中强化了伊朗、土耳其和以色列三国彼此之间的亲近感和合作意识，以及对地区形势和国家利益的判断和解读。就战略利益来说，作为中东地区的"外来者"，伊斯兰革命前的伊朗、土耳其和以色列不同程度面临激进的阿拉伯民族主义和苏联等的威胁，在制衡这些威胁方面，共同的战略利益成为三国联合的重

---

① Jean-Loup Samaan, *Israel's Foreign Policy Beyond the Arab World*：*Engaging the Periphery*, New York：Routledge Taylor & Francis Group, 2018, pp. 19-21.

大利益基础。

如前所述，以色列宣布建国后的第二天，便遭到埃及等阿拉伯国家的联合进攻。1956 年，以色列与阿拉伯国家再次发生战争。不到十年里，以色列与阿拉伯国家便发生了两次大规模战争。尽管在这两次战争中，以色列最终均获得了军事上的胜利，但来自以纳赛尔为代表的激进阿拉伯民族主义的威胁却没有减少，且埃及、叙利亚和苏联之间的军事联系日益紧密，因而以色列深深感到自身所处地缘政治环境的险峻和本国安全的脆弱。

鉴于此，为有效制衡来自激进阿拉伯国家及苏联的威胁，本-古里安决定实施地区联盟战略，即"外围战略"。本-古里安最初的计划可谓雄心勃勃，正如他给艾森豪威尔的信中所谈道的："这是为了建造一道阻遏泛阿拉伯主义的'堤坝'，同时将以色列变为西方在中东地区的核心战略合作伙伴"。[1] 按照本-古里安的设想，以色列、土耳其和伊朗将组建一个战略三角联盟，三国将就可能来自阿拉伯世界的所有共同威胁进行定期协商和情报分享。1957 年 6 月，本-古里安命令国家情报机构摩萨德的首任负责人鲁文·希洛分别同时与土耳其、伊朗及埃塞俄比亚的官方使节举行会谈，以确定与这三国开展军事和情报合作的具体形式和议程。[2] 1958 年 7 月 14 日，伊拉克发生军事政变，亲西方的伊拉克政权被颠覆，这进一步增大了伊朗、以色列及土耳其对来自激进的阿拉伯国家威胁的担忧，进一步明确了"三国联盟"的核心战略目标，即制衡"阿拉伯威胁"。在这种情况下，本-古里安在给伊朗巴列维国王的信函中具体提出了"外围战略"，即以色列、土耳其、伊朗及埃塞俄比亚结成非阿拉伯国家联盟，以制衡来自激进的阿

① Jean-Loup Samaan, "The Renaissance of Israel's Periphery Doctrine: A Comparative Analysis", in Tore T. Petersen ed., *Israel in a Turbulent Region: Security and Foreign Policy*, London and New York: Routledge, 2019, p. 279.

② Haggai Eshed, *Reuven Shiloah: The Man Behind the Mossad*, New York: Frank Cass, 1997, p. 17.

拉伯国家和苏联的威胁与挑战。① 巴列维国王认为,"外围战略"符合伊朗的国家利益,因而在回函中对本-古里安的提议表示欣然接受。②

同年,在以色列的大力倡议和推动下,以色列、伊朗和土耳其三国的安全情报组织(以色列的摩萨德、伊朗的萨瓦克、土耳其国家安全局)成立了一个非官方论坛,并初步达成了铁三角协定。1958 年 9 月,三方召开第一次会议,就纳赛尔的地区战略和苏联在中东的渗透与扩张所带来的挑战和威胁达成共识,并将一致应对这种挑战和威胁作为优先考虑事项。三方甚至对中东地区进行了责任区划分,例如伊朗主要负责收集关于沙特和科威特等海湾君主国、伊拉克和摩洛哥的情报。此后,三国之间常常通过会议等形式,加强彼此在针对阿拉伯国家和苏联方面的情报、安全及反间谍等领域的合作。具体来讲,三国间的合作主要包括以色列积极帮助伊朗、土耳其等国训练军队,向两国出售武器,三国就"阿拉伯威胁"问题进行战略对话等。

相比之下,在 1979 年以前的"北三角联盟"关系中,以色列与伊朗的合作较为密切。伊朗在 1950 年便给予以色列以事实上的承认,并在耶路撒冷设立了总领事馆。同时,伊朗还默许运载伊拉克犹太人的飞机越过伊朗领空前往以色列。而且,伊朗还是当时中东地区唯一向以色列提供石油的国家,且石油数量相当可观。伊朗与以色列之间的军事人员交流和政治高层互访频繁。例如,在 20 世纪 60 年代,以色列军方几乎每位总参谋长均访问过伊朗,伊朗军方几乎所有的将军都访问过以色列,有些伊朗军官甚至多次访问以色列,伊朗战争装备部副部长访问以色列的次数高达 100 多次,且伊朗有数百位军官先后受到以色列的培训。③ 这一时期,伊朗大量从以色列购置军火,伊朗是以色

---

① 何志龙、靳友玲:《巴列维时期伊朗与以色列的关系》,载《暨南学报(哲学社会科学版)》,2009 年第 2 期,第 232 页。

② Haggai Eshed, *Reuven Shiloah: The Man Behind the Mossad*, New York: Frank Cass, 1997, p.17.

③ 章波:《巴列维时期伊朗和以色列战略关系的成因》,载《西亚非洲》,2007 年第 2 期,第 30 页。

列最重要的军火市场，年进口额一度高达五亿美元之多。① 如前所述，伊以还开辟了新的合作领域，即加强两国在核研发方面的合作。总之，在美国的支持下，出于制衡共同威胁的战略考虑，以色列、土耳其、伊朗一度结成了"准联盟"，尽管该联盟相对松散。

需要指出的是，埃塞俄比亚也是以色列"外围战略"中的一个重要棋子，但为了便于分析，关于两国关系的内容将放在下文的"外围"阿拉伯国家部分，虽然埃塞俄比亚不是阿拉伯国家。

第二，"外围"阿拉伯国家。为打破前线阿拉伯国家的包围和封锁，以色列一度积极寻求与摩洛哥、阿曼、也门和苏丹等"外围"阿拉伯国家发展关系。其中，比较具有代表性的就是以色列摩萨德在20世纪50年代中期积极寻求组建的"南三角联盟"，即以色列和埃塞俄比亚、苏丹。"南三角联盟"致力于加强彼此针对叙利亚、伊拉克、埃及等国在情报方面的合作，显示三国在埃及南部投射力量的能力。对于以色列来讲，这不仅可以威胁埃及在尼罗河流域的权益，还有助于保证来自伊朗的进口能源安全通过曼德海峡和红海，顺利抵达以色列南部的埃拉特港。

然而，相比"北三角联盟"，"南三角联盟"缺少稳定性。例如，早在1954年，苏丹便与以色列确立了这种"联盟"关系，但1958年后，苏丹一度退出该"联盟"。此后，两国关系整体上趋于恶化，只有1984—1985年间恢复短暂联系。不过，以色列与埃塞俄比亚的关系相对持久，且在情报和安全方面密切合作。20世纪六七十年代是两国关系极为密切的时期，以色列国防军帮助埃塞俄比亚训练部队。双方关系的一个基石是埃塞俄比亚对伊斯兰邻国的担忧，埃塞俄比亚尤为担心来自埃及的威胁，视埃及为敌手，因为后者不时煽动埃塞俄比亚国内穆斯林、介入20世纪60年代的也门内战及尼罗河水争端等。然而，

---

① Bishara A. Bahbah, Israel's Private Arms Network, *MERIP Middle East Report*, January - February 1987, p. 11. 转引自何志龙、靳友玲:《巴列维时期伊朗与以色列的关系》,载《暨南学报（哲学社会科学版）》,2009年第2期,第234页。

1973 年第四次中东战争爆发后，埃塞俄比亚与以色列双方关系骤然破裂。此后，两国关系长期趋于平淡，仅保持一定的秘密交往。

相对而言，以色列与摩洛哥的关系是颇为独特的。作为阿拉伯国家，摩洛哥成为以色列了解和接触阿拉伯世界的一个窗口，这是任何其他"外围"盟友都无法替代的。1963 年以后，两国高层密切联系，以色列高层与摩洛哥哈桑二世国王之间也接触频繁。可以说，没有哪个"外围"国家的领导人如此信任以色列。这很大程度上缘于以色列曾帮助摩洛哥对抗得到埃及支持的阿尔及利亚，成功挽救了哈桑二世政权。

同时，摩洛哥境内也存在一股强大的亲以势力。摩洛哥 40%的人口是柏柏尔人，尤其是柏柏尔人中的激进分子深信他们曾是犹太人："在我们成为穆斯林以前，我们是基督徒；在我们成为基督徒以前，我们是犹太人；只有犹太人是和平者，其他民族都是征服者。"① 除了一度帮助摩洛哥对抗阿尔及利亚外，以色列还向摩洛哥提供法式坦克和战斗机等军事武器，协调摩洛哥与肯尼亚之间的关系，进而扩大以色列在非洲或阿拉伯世界的战略空间。像其他"外围"阿拉伯国家一样，以色列与摩洛哥的关系也难免受到阿以问题包括第四次中东战争的掣肘或冲击。不过，整体上以色列与摩洛哥的关系相对稳定和融洽。1976 年以后，对以色列来讲，摩洛哥的重要价值已由扩大外交空间、抗衡前线阿拉伯国家的一枚棋子变为促进埃以和谈及阿以和谈的中间人。1976—1977 年间，哈桑二世国王在埃及与以色列双方之间积极斡旋，成功为 1977 年埃及总统萨达特的耶路撒冷之行铺平了道路。事实上，没有了埃及这个最强劲的对手，以色列具有了更大的制衡前线阿拉伯国家的资本。相比之下，以色列与阿曼之间的关系并不突出。

与摩洛哥等"外围"盟友不同，以色列同也门（民众）之间相对缺少直接联系与接触。在以色列与也门两国关系史上，一个颇具代表

---

① Yossi Alper, *Periphery: Israel's Search for Middle East Allies*, London: Rowman & Littlefield, 2015, pp. 25-26.

性的事例是 1964 年以色列军事介入也门内战（1962—1967 年），援助也门国内的保皇派或君主派对抗埃及支持下的共和派。如同中东其他国家一样，也门也是埃及总统纳赛尔输出阿拉伯民族主义的对象。对于以色列来讲，介入也门内战的主要目的就是使埃及军队深陷远离埃以前线的也门泥沼。

除此之外，以色列还想达到两个目标：其一，一个温和的也门政权的存在可以确保以色列在曼德海峡的自由通行权；其二，借机了解埃及军队的装备和战斗力情况。作为一种结果，1967 年第三次中东战争爆发时，埃及尚有三分之一的军队待在也门，以色列在埃以前线上对抗的是一支虚弱的、"缺乏道义"的埃及军队。[1] 可见，以色列对也门的军事介入是一次一举多得的行动。而在此期间，以色列只需向也门国内的保皇派空投一些军事装备与物资，且这些装备和物资还得到了沙特的经费支持，尽管沙特并不知晓这些经费的具体去向。

第三，非阿拉伯或非穆斯林群体。除了努力争取"外围"阿拉伯国家和非阿拉伯国家之外，以色列也积极与埃塞俄比亚基督徒、中东库尔德人、南苏丹人和黎巴嫩马龙派等非阿拉伯、非国家群体发展关系。这些次国家群体往往与所在国家的阿拉伯人关系并不友好，甚至是敌对的。通过支持这些少数族群，以色列旨在达到制衡其所在国家以及前线阿拉伯国家的力量的战略目标。

（1）中东库尔德人。中东地区的库尔德人主要聚居在伊拉克、伊朗、叙利亚和土耳其四国交界地区，这些库尔德人有着相对强烈的自治乃至独立的政治诉求。相比之下，以色列主要致力于发展同伊拉克北部库尔德人的联盟，尤其看中穆拉·穆斯塔法·巴尔扎尼领导下的伊拉克库尔德武装力量"自由斗士"组织。在以色列看来，这种联盟不仅是"北三角联盟"框架下的伊以两国间情报合作的关键，而且库尔德"自由斗士"有能力对伊拉克军队形成某种困扰或牵制，从而一

---

[1] Yossi Alpher, *Periphery*：*Israel's Search for Middle East Allies*, London：Rowman & Littlefield, 2015, p. 37.

定程度上有助于减轻以色列在阿以前线的军事压力。

相对而言,以色列与伊拉克北部库尔德人的"蜜月期"主要在 20 世纪 60 年代,这一时期以色列是他们的主要支持者。1963 年 6 月,摩萨德领导人梅尔·阿密特与萨瓦克领导人哈桑·巴拉万在巴黎进行了会面。[①] 其间,阿密特试探性地向巴拉万提出关于加强以色列与伊拉克库尔德人关系的建议。巴拉万的回答出乎阿密特的意料:"伊拉克库尔德人的叛乱是一个难得的契机,1958 年伊拉克君主制被推翻后,伊朗尤为担心伊拉克的强大。"[②] 于是,阿密特和巴拉万很快就以色列向伊拉克库尔德人提供援助、加强伊朗与以色列之间的战略协调等问题达成共识。

20 世纪 60 年代,以色列向伊拉克库尔德人主要是"自由斗士"提供了可观的支持与援助,不仅帮助他们训练军队,而且向他们提供包括火箭炮在内的军事装备。20 世纪 60 年代后期,以色列军事、医疗和通讯队或小组经常出入伊拉克库尔德斯坦地区。应该说,在一定时期和一定程度上,以色列与伊拉克库尔德人之间的这种联盟关系确实有助于拖住更多的伊拉克军队,增强以色列制衡阿拉伯对手的力量。然而,我们不能夸大这种联盟及其作用,因为伊朗在支持伊拉克库尔德人的同时,必然要考虑本国库尔德人问题。换句话讲,伊朗要避免因伊拉克库尔德人的斗争诱发本国库尔德人反抗。正如穆罕默德·礼萨·巴列维曾对阿密特所讲的:"我们要的是星星之火,而非燎原大火。"[③]

相对而言,在支持伊拉克库尔德人问题上,伊朗更为关注的是来自伊拉克的直接威胁,而不是来自阿拉伯世界的挑战。例如,巴拉万便曾对阿密特指出:"支持伊拉克库尔德人是一个好主意,因为伊朗非

---

① Yossi Alpher, *Periphery: Israel's Search for Middle East Allies*, London: Rowman & Littlefield, 2015, p.52.

② 同①,第 52—53 页。

③ 同①,第 53 页。

常担忧来自伊拉克的威胁。"① 因此，以色列和伊朗双方在支持伊拉克库尔德人的动机上存有较大差异。前者主要将其作为削弱乃至制衡伊拉克和阿拉伯对手的长期战略，而后者则仅视其为制衡伊拉克威胁的权宜之计。

在这种背景下，20 世纪 70 年代中期，鉴于敌我力量悬殊，也为从根本上解决库尔德问题，在阿尔及利亚的斡旋下，伊拉克于 1975 年 3 月与伊朗签订了关于解决两国边界争端的《阿尔及尔协议》，伊拉克在阿拉伯河河界划分问题上对伊朗作出了妥协。显然，伊朗最大的谈判筹码就是伊拉克库尔德人问题。因此，作为一种让步和回报，伊朗转而停止与以色列在伊拉克北部库尔德人问题上的战略合作。

（2）黎凡特少数民族。早在犹太复国主义时期，伊休夫便很重视与黎凡特地区的少数民族发展关系。当然，当时犹太人并没有所谓的"外围战略"，甚至没有"外围"这样的概念。而且，最先提出"少数民族联盟"思想的也并非犹太人，而是黎巴嫩的马龙派神职人员。对于当时的犹太复国主义者来说，与黎凡特少数民族发展关系是犹太人对抗日益上升的阿拉伯民族主义的一种手段。而对于黎巴嫩马龙派等少数群体而言，由于宗教等原因，他们对居于主体地位的阿拉伯逊尼派深怀不满甚至敌意，因而他们也乐于同犹太人建立联系。久而久之，这种联系逐渐具有了文化、军事、情报、经济和外交意义。同时，这种联系也在犹太人中培育和强化了一种观念，即中东地区非阿拉伯或非穆斯林少数民族的自治或独立将有助于迫使那些逊尼派阿拉伯国家承认犹太人的民族自决权。

在黎凡特地区的少数民族中，以色列与黎巴嫩马龙派的关系相对密切。1948 年以色列建国后，时任总理戴维·本-古里安极力想控制黎巴嫩南部的利塔尼河，因而积极发展与黎巴嫩马龙派的关系，不断

---

① Yossi Alpher, *Periphery*: *Israel's Search for Middle East Allies*, London: Rowman & Littlefield, 2015, p. 58.

向后者提供武器。当时，本-古里安担心埃及总统纳赛尔组建统一的反以阿拉伯阵线，因而在1954年2月27日写给摩西·夏里特总理的信中强烈表达了以色列对马龙派在黎巴嫩掌权的支持。[1] 因为在本-古里安看来，黎巴嫩是阿盟中最薄弱的环节。本-古里安认为，马龙派在黎巴嫩上台执政，将会得到基督教世界的强力支持。[2] 然而，夏里特虽然赞同以色列继续向马龙派提供援助，但反对以色列对黎巴嫩进行直接的军事介入。不过，本-古里安的这种想法，后来得到以色列外交部长阿里埃勒·沙龙和总理梅纳赫姆·贝京的支持。沙龙认为，以色列有能力使黎巴嫩变成一个马龙派统治下的友好国家。[3] 这不仅可以在以色列北部建立一个缓冲区，而且能借机消除黎巴嫩这个巴勒斯坦人的反以基地。于是，以色列不断加大对马龙派的资金支持和武器援助。在1975年至1982年间，以色列共向马龙派提供了价值1.18亿美元的军事援助，且有1300人在以色列接受军事培训。[4] 一定程度上基于以色列与马龙派之间的联盟关系，1982年，以色列发动了黎巴嫩战争，从而将双方关系推向了顶峰。然而，好景不长，这场战争爆发后，以色列与马龙派彼此之间的罅隙日益加深，双方越走越远。不过，在马龙派看来，沙龙是他们的英雄，正是沙龙把叙利亚势力从黎巴嫩赶了出去，否则他们只能与叙利亚结盟。

（3）苏丹南方人。由于以色列与苏丹关系的恶化，从1969年开始，以色列转而与苏丹南方人尤其是南方的阿尔亚尼亚游击队保持秘密往来。后者为反对加法尔·尼迈里政府的政策，积极寻求外界的支持。在以色列看来，苏丹南方人问题和伊拉克库尔德人及黎巴嫩马龙派问题一样，均属于阿拉伯世界内部的少数民族或教派的权益问题。因此，以色列积极帮助南苏丹人训练军队，并提供武器和其他军事物

---

[1] Yossi Alpher, *Periphery: Israel's Search for Middle East Allies*, London: Rowman & Littlefield, 2015, p.46.

[2] 同[1]。

[3] 同[1]，第46—47页。

[4] 同[1]，第47页。

资。除了所谓道义上的原因，以色列援助有着深刻的现实政治考虑。

　　首先，通过成功获得肯尼亚、乌干达和埃塞俄比亚等国在援助苏丹南方问题上的支持，有力扩展了以色列在非洲的外交空间。其次，伴随以色列和苏丹关系的恶化，在苏丹南方地区维持这样一支强大的军事力量，有助于减少苏丹在苏伊士运河和红海地区对以色列（包括肯尼亚和埃塞俄比亚）的威胁。最后，保持阿尔亚尼亚游击力量的存在，可以使埃及对白尼罗河水安全问题产生担忧，尽管这种担忧并非必要。因为无论从地缘政治还是实际操作角度讲，要改道或阻断流经苏丹南方地区进入埃及的尼罗河水几乎都是不可能的。不过，埃及视尼罗河为本国的民族生命线，因此，埃及往往会夸大以色列与苏丹南方游击队的密切关系对埃及水安全构成的威胁。总之，以色列通过发展与苏丹南方游击队的关系，使埃及产生正被以色列从侧翼包围的威胁之感。

　　到 1972 年，以色列这种努力获得了较大成效。这一年，由于军事上的不断失利，尼迈里总统同意苏丹南方实行自治，为后来苏丹的分裂和一个摆脱阿拉伯人统治的南苏丹的独立奠定了基础。2011 年，苏丹分裂，南苏丹共和国正式成立。当年以色列帮助训练的年轻军官，成了南苏丹军队中的将军。

　　作为一项国家大战略，在一定时期内，传统"外围战略"有助于以色列制衡前线阿拉伯国家的挑战和威胁，摆脱地区孤立。但是，1973 年阿拉伯产油国的"石油武器"促使这些"外围盟友"逐渐减少了与以色列的联系，1979 年的伊朗伊斯兰革命更是直接埋葬了土伊以"北三角联盟"。加之冷战后中东和平进程一度获得蓬勃发展，传统敌对势力苏联也"寿终正寝"。所有这些，致使以色列传统"外围战略"的重要价值不断下降、日趋式微，最终以色列主动放弃了这一战略。

二、新"外围战略"

　　"阿拉伯之春"爆发使以色列所处中东地缘政治环境一度恶化，增大了以色列政府的担忧。学术界在评论以色列对这场剧变的反应时，更多强调以色列的静观其变或被动应对。但事实上，以色列很快便采取了一系列应对措施，其外交展现出新动向。其中一个重要动向是，以色列积极加强与中东、高加索等"外围"国家的关系，努力寻找新盟友，以色列"外围战略"重新复苏，即新"外围战略"。

"阿拉伯之春"发生后，以色列与沙特阿拉伯、阿塞拜疆、保加利亚、克罗地亚、阿联酋、希腊、塞浦路斯、罗马尼亚、塞尔维亚、黑山、马其顿、南苏丹、苏丹等周边国家的关系均得到不同程度的发展。其中，阿塞拜疆和以色列关系显著改善，即便土耳其与伊朗不断要求阿塞拜疆疏远以色列。例如，阿塞拜疆和以色列在 2012 年达成一笔相当可观的武器交易，创造了两国军火贸易的历史新高。① "阿拉伯之春"爆发前，以色列同土耳其的"宿敌"希腊之间的关系整体处于不冷不热的状态，但"阿拉伯之春"爆发之后，希腊与以色列双边关系迅速改善。例如，2013 年 8 月，希腊、以色列与塞浦路斯三国就保护东地中海天然气资源、实现希以塞之间的电网连接、提高海水淡化技术等方面的合作事宜达成了协议。再如，2013 年 9 月，希腊与以色列举行了首次政府成员会议。会议期间，希腊和以色列就扩大和加强两国在旅游文化交流、情报分享、公共安全等领域的合作事宜进行了广泛的交流和深入的探讨，最终双方签署了十项相关合作协议。②

与此同时，以色列的新"外围战略"还扩展至更远的东亚、南亚国家。"阿拉伯之春"发生后，以色列的地缘安全环境一度急剧恶化，加之美国面对中东地区危机时应对不力，致使以色列日益"向东看"。在亚洲各国中，近年来综合国力和国际地位持续上升的中国和印度成为以色列"东向"外交的两个重要对象，双方关系发展势头良好。就

---

① Elnur Ismayilov, "Israel and Azerbaijan: The Evolution of a Strategic Partnership", *Israel Journal of Foreign Affairs*, Vol. 7, No. 1, 2013, p. 72.

② Amichai Magen, "Comparative Assessment of Israel's Foreign Policy Response to the 'Arab Spring'", *Journal of European Integration*, Vol. 37, No. 1, 2015, p. 125.

中国和以色列双边关系发展来讲，两国贸易额已从建交时的五千万美元增加到 2013 年的上百亿美元，中国是以色列在亚洲的第一大贸易伙伴和全球第三大贸易伙伴。[1] 印度和以色列关系也不断改善，合作领域涉及经贸、战略、防务与安全等，特别是两国在经贸领域的合作获得了长足发展。例如，2011 年，印以两国贸易额突破了 50 亿美元大关[2]，2012 年则增长到 60 多亿美元[3]。当前，印度已成为以色列在亚洲地区的第二大贸易伙伴[4]，以色列则是印度在西亚的第四大贸易伙伴[5]。

一定程度上讲，"阿拉伯之春"爆发后，以色列之所以转而推行新"外围战略"，一方面在于昔日盟友纷纷翻脸，另一方面则缘于地中海盆地、南欧、高加索等地区有关国家希望借助以色列谋取更大的战略利益和安全。伴随中东地区的日益动荡与西方传统影响力的下降，这些国家和以色列对于美国在中东地区战略收缩、伊朗地区影响力攀升、土耳其外交"东转"和恐怖主义在中东扩散等产生的种种挑战与威胁存有较大共识，颇为欣赏以色列在情报、技术、经济等领域取得的重要成就，均把以色列看作是一个有价值的战略合作对象。另外，以色列的外交"东转"既同美国在中东地区的战略收缩有关，也与全球地缘政治重心东移有关。

总体上看，以色列实施新"外围战略"，有着深刻的制衡动机。

（一）新"外围战略"的背景与原因

其一，中东地区秩序变更。"阿拉伯之春"爆发之前，中东地区旧安全秩序相对有益于以色列，甚至某种程度上可以说以色列是旧安全

---

[1]　王震：《以色列正在向亚洲"靠拢"》，载《世界知识》，2015 年第 1 期，第 57 页。

[2]　Nicolas Blarel, *The Evolution of India's Israel Policy: Continuity, Change, and Compromise Since 1922*, New Delhi: Oxford University Press, 2015, p. 317.

[3]　同[1]，第 56 页。

[4]　王晋：《浅析 1992 年后印度与以色列的关系》，载《东南亚南亚研究》，2014 年第 4 期，第 13 页。

[5]　同[2]，第 336 页。

秩序的最大受益者。在旧安全秩序下，以色列是中东地区军事实力最强大的国家，其动用武力的能力也是最强的，并充当着西方在该地区的"民主旗帜"。同时，以色列还先后同昔日对手埃及、约旦等国实现和解，虽然没有实现真正的全面和平，而只是"冷和平"。

但是，"阿拉伯之春"爆发后，中东地区出现了巨大的权力真空，致使各国之间的权力争夺与联盟具有了全新的动力与契机，[①] 导致该地区旧安全秩序发生重大变更，给以色列带来诸多挑战。第一，昔日盟友纷纷变脸，边境安全形势日益恶化。穆巴拉克下台后，无论是先前的埃及过渡政府，还是后来的穆斯林兄弟会穆尔西政府，均改变了穆巴拉克时期埃及的平衡外交及对以色列的温和外交政策，转而接近哈马斯、支持巴勒斯坦加入联合国、改善同伊朗的关系，导致埃及和以色列双边关系骤降到双方实现和解以来的最低点。这不但对埃及与以色列的长期和平和战略合作关系构成空前挑战，而且对中东地缘政治结构产生巨大冲击，致使该地区原有的温和—激进力量平衡被打破，地区旧秩序发生重大变更。

无独有偶，"阿拉伯之春"发生之后，以色列的另一个地区盟友土耳其为实现地区"大国梦"，转而打"以色列牌"，就2010年发生的"蓝色马尔马拉海"号事件和解除加沙封锁等问题大做文章，对以色列不依不饶，致使双方战略利益出现巨大错位，发生严重外交危机。[②] 在以色列独立到埃及穆巴拉克政权倒台这段时间，以色列至少可以同土耳其、伊朗和埃及三国中的某一国建立"联盟"或"准联盟"关系。但是，"阿拉伯之春"后，对于以色列来说，不仅埃及和土耳其这两大地区盟友先后变脸，而且伊朗利用"阿拉伯之春"的战略契机，趁势扩大"什叶派地区势力"，抓紧研发核技术，拉近或增强同埃及和土耳其这两大以色列昔日"盟友"的关系，所有这一切恶化了以色列周边

---

① Tami Amanda Jacoby, "Israel's Relations with Egypt and Turkey During the Arab Spring: Weathering the Storm", *Israel Journal of Foreign Affairs*, Vol. 7, No. 2, 2013, p. 37.

② 同①，第35页。

的地缘政治环境，致使以色列为更好地确保自身安全和既得利益，制衡种种尚不十分明确的威胁与挑战，不得不在中东乃至更广泛地区寻找新的联合力量。

同时，伴随"阿拉伯之春"的爆发，埃及和叙利亚等以色列周边国家出现政局动荡，这些周边国家对本国边境地区的主观或客观控制能力下降，种种激进组织和非政府武装趁势崛起，竞相填补西奈半岛、戈兰高地等地的"权力或安全真空"，各种激进分子、恐怖分子以这些地区为基地不时潜入或袭击以色列，致使以色列对边境安全更加担忧。例如，按照2013年8月以色列某情报安全机构的评估，仅西奈这一地区就存有大约15个"圣战"组织，这些组织普遍把以色列视为主要敌人。[①] 有学者甚至指出，"阿拉伯之春"后乘势崛起的各种激进组织正改变着包括以色列及周边国家在内的地缘战略区域的威胁与挑战的性质[②]，"西奈半岛正变成可能最终吞噬埃以约三国间和平的黑洞"[③]。雪上加霜的是，在叙利亚、黎巴嫩、约旦等国也陆续出现了努斯拉阵线、阿卜杜拉·阿扎姆旅等各种本土萨拉菲"圣战"组织，这些"圣战"组织组成了一个新的所谓"萨拉菲新月带"，引起了以色列的巨大担忧。[④] 因为这些激进组织或恐怖组织所在地区往往临近以色列，所以这些组织要对以色列进行渗透与袭击乃至发射火箭弹均并非难事。在这种情况下，以色列固有的地区孤立意识和安全焦虑进一步强化，促进了以色列"外围战略"的复兴。

第二，泛阿拉伯或泛伊斯兰地区秩序。"阿拉伯之春"以来，伊斯兰势力趁势在中东一些国家上台或意欲上台。这些伊斯兰势力往往有

---

① Yehudit Ronen, "The Effects of the 'Arab Spring' on Israel's Geostrategic and Security Environment: The Escalating Jihadist Terror in the Sinai Peninsula", *Israel Affairs*, Vol. 20, No. 3, 2014, p. 306.

② 同①，第315页。

③ 同①，第311页。

④ 谢立忱、崔晓娟：《"阿拉伯之春"后以色列外交的新动向》，载《新疆社会科学》，2017年第6期，第120页。

着共同的价值观、政治抱负及相对强烈的反犹倾向，并普遍缺少政治经验。在"阿拉伯之春"变成所谓"阿拉伯之冬"尤其是 2013 年以前，伴随伊斯兰势力在中东诸国的得势或崛起，中东地区秩序呈现出越来越突出的泛阿拉伯或泛伊斯兰色彩。① 相较于阿拉伯国家的民主转型，以色列更担忧的是伊斯兰势力很可能会劫持民主。在以色列看来，前者虽然会削弱以色列在西方眼中的所谓"民主孤岛"价值和地位，并有助于拉近阿拉伯国家与美国之间的关系，疏远以色列与美国的关系，但后者会严重恶化以色列的地缘政治环境。因为伊斯兰势力一向具有较为强烈的反以意识，他们一旦上台，很可能对以色列实行更为敌对的政策。对此，内塔尼亚胡曾谈道："虽然我们愿意见到阿拉伯国家实现民主化，然而，现在的形势是这些国家正日益被反以色列、反西方、反民主和反自由的伊斯兰潮所吞没。"②

所以，"阿拉伯之春"爆发后，当美国等西方国家对中东阿拉伯国家的民主化前景持乐观看法时，以色列很多评论家却持相反观点，他们更倾向于把这场席卷阿拉伯世界的剧变称为"阿拉伯之冬"或"伊斯兰之冬"，而非"阿拉伯之春"。③ 但是，以色列的中东"外来者"身份大大限制了其对这场剧变的干预能力，因而为避免过度刺激阿拉伯世界的反以情绪，避免引火烧身，以色列对这场剧变整体采取了"静观其变"和尽量不卷入的态度。当然，这不代表以色列毫无作为，实际上，面对这场剧变，以色列不时地进行"选择性介入"，并积极在中东及邻近地区寻求新的盟友，以应对这场动荡带来的种种威胁和挑战。

其二，美国中东战略调整。"阿拉伯之春"发生时，正逢美国奥巴马政府意图实现美国战略重心东移的转折期。为更好地应对这场剧变

---

① Philipp O. Amour, "Israel, the Arab Spring, and the Unfolding Regional Order in the Middle East: A Strategic Assessment", *British Journal of Middle Eastern Studies*, Vol. 43, No. 1, 2016, p. 5.

② A. Murat Agdemir, "The Arab Spring and Israel's Relations with Egypt: A View from Turkey", *Israel Journal of Foreign Affairs*, Vol. 10, No. 2, 2016, pp. 1-2.

③ Amichai Magen, "Comparative Assessment of Israel's Foreign Policy Response to the 'Arab Spring'", *Journal of European Integration*, Vol. 37, No. 1, 2015, p. 117.

对美国中东乃至全球战略带来的挑战，顺利实行"亚太再平衡"战略，继续主导中东事务，美国对阿拉伯国家的民主转型采取了支持的立场和政策，而且还接触向来敌视以色列的伊斯兰势力。奥巴马曾在 2011 年指出，美国以往依赖中东威权主义国家谋求自身利益的中东政策本身存在缺陷，美国在中东的长远利益一定程度上取决于该地区国家民主化的实现。① 正因如此，"阿拉伯之春"发生后，美英与欧盟一度对这场剧变采取支持的态度和立场。② 与此同时，美国在巴以问题上也不再对以色列过于迁就，而是对其不断施加压力。作为美国在中东地区的"铁杆"盟友，以色列一度难以释怀，因为美国的种种做法明显不利于以色列的国家利益。以色列意识到，一旦阿拉伯国家实现民主化，自身的"民主样板"价值将受到削弱，乃至荡然无存。更为糟糕的是，中东地区的温和势力将明显削弱，激进势力则显著增强，而后者往往敌视以色列。鉴于此，为更好地应对美国中东战略和全球战略调整带来的各种新的、潜在的或现实的威胁和挑战，增强自身制衡中东各种激进势力的能力，以色列在中东外围乃至更广泛地区努力寻求新的盟友。

（二）新"外围战略"典型案例——阿塞拜疆与以色列"战略合作关系"

就地域范围来讲，以色列新"外围战略"较之传统"外围战略"要广阔得多，涉及除中东外的高加索、中亚、东亚、南亚、欧洲等广阔地区。其中，以色列与阿塞拜疆关系的发展较为引人注目，阿塞拜疆成为以色列新"外围战略"实践的一个典型对象。近年来，阿塞拜疆和以色列两国关系明显升温，双方高层互访不断，政治、经济、军事等各领域来往日益密切。这在一定程度上是由于两国均存在制衡伊朗的动机。

---

① Imad Salamey, "Post - Arab Spring: Changes and Challenges", *Third World Quarterly*, Vol. 36, No. 1, 2015, p. 119.

② 同①。

其一，制衡动机。长期以来，阿塞拜疆与以色列两国的地缘政治环境不容乐观。就阿塞拜疆而言，其与邻国的关系往往相对紧张。例如，阿塞拜疆和亚美尼亚之间的领土纠纷一直没有得到很好的解决，双方围绕领土纠纷经常发生争吵和冲突。更为糟糕的是，在纳戈尔诺-卡拉巴赫（以下简称"纳卡"）冲突中，亚美尼亚得到了俄罗斯价值10亿美元的军火。[①] 在阿塞拜疆看来，如果没有俄罗斯的军事援助，亚美尼亚很难在纳卡战争中获胜。俄罗斯这一强大后盾的存在，特别是俄罗斯与亚美尼亚两国的结盟，使得阿塞拜疆很难对亚美尼亚发动新的战争。

除了亚美尼亚，阿塞拜疆和伊朗之间的关系也长期不睦。主要原因在于：第一，伊朗始终把阿塞拜疆看作是本国领土完整的一大威胁。主要居住在伊朗西北部地区的阿塞拜疆人是伊朗的第一大少数民族，其人口约为1500万—2000万人，约占伊朗总人口的四分之一。[②] 因此，伊朗一直担心阿塞拜疆会利用伊朗国内的阿塞拜疆人这股强大力量，破坏伊朗的国家稳定和统一，威胁伊朗的领土完整。而在伊朗这个以波斯人为主体民族的国家，阿塞拜疆人认为自己受到了民族歧视，连基本的民族语言权都没有获得，因而这些阿塞拜疆人有时也进行反抗。2006年5月，伊朗境内数以千计的阿塞拜疆人举行示威游行，要求获得基本的种族语言文化权。[③] 第二，在1992—1994年间爆发的纳卡战争中，伊朗向亚美尼亚提供了重要的油气资源，双方进而结成亲密关系。伊朗的这一援助行为引起阿塞拜疆的强烈不满，后者对此耿耿于怀。第三，阿塞拜疆和伊朗之间存在里海海域边界划分争端。里海蕴藏着丰富的石油等资源，但重要的碳氢化合物资源掌握在阿塞拜

---

① Oğuzhan Göksel, "Beyond Countering Iran: A Political Economy of Azerbaijan - Israel Relations", *British Journal of Middle Eastern Studies*, Vol. 42, No. 4, 2015, p. 668.

② Emil Souleimanov, Maya Ehrmann and Huseyn Aliyev, "Focused on Iran? Exploring the Rationale Behind the Strategic Relationship Between Azerbaijan and Israel", *Southeast European and Black Sea Studies*, Vol. 14, No. 4, 2014, p. 474.

③ 同②，第481页。

疆手里，这引起伊朗的不满。为争夺里海资源，伊朗坚称里海沿岸各国包括伊朗均享有 20% 的领海权，这加剧了阿塞拜疆的担忧。第四，阿塞拜疆认为，伊朗始终没有放弃输出革命，企图利用阿国内的亲伊势力颠覆其政权。

就以色列而言，自 1948 年建国以来便长期处于阿拉伯世界的包围之中，地缘政治环境恶劣。冷战时期，以色列和阿拉伯国家先后发生五次大规模战争，小规模的军事摩擦和冲突不计其数。冷战后，随着中东和平进程的启动和发展，以色列的地缘政治环境获得较大改善，但以色列与伊拉克、伊朗等国的关系仍然紧张，其与叙利亚、黎巴嫩等国仍未实现和平，且与埃及、约旦之间的和平也只是"冷和平"。进入 21 世纪以来，以色列昔日盟友先后翻脸，老对手伊朗的地区影响力却持续攀升，以色列边境安全形势趋于恶化。长期恶劣的周边环境和地区孤立状态使得以色列对本国安全尤为敏感，迫切希望加强对外交往，获得国际社会普遍承认。

相似的地缘政治环境增大了以色列和阿塞拜疆两国间的正向认同、良性认知和利益共契性，且两国对丁后"阿拉伯之春"时期美国在中东地区的战略收缩、伊朗地区权力或影响力的攀升、土耳其外交政策的"东转"和激进特征，以及恐怖主义在中东地区的扩散等产生的消极后果存有诸多共识，从而促使两国不断加强联系与合作。一定程度上是出于应对伊朗威胁的考虑，以色列积极致力于发展与阿塞拜疆的"战略合作关系"。以色列希望利用阿塞拜疆和伊朗相邻这一重要地缘政治价值，收集有关伊朗的各种军事情报，通过增强阿塞拜疆的军事力量，建立能够应对伊朗的军事屏障。

与此同时，中东地区日益动荡，西方国家的地区影响力下降，基于战略利益特别是安全利益考虑，阿塞拜疆也希望继续发展和提升同以色列之间的友好关系。通过发展与以色列的"战略合作关系"，阿塞拜疆既可以在纳卡问题上得到以色列的援助和支持，还能够借助以色列一流的军事装备与技术提升本国军事实力，促进实现军事现代化，提高应对周边国家安全威胁的能力。阿塞拜疆还希望借助美国犹太人力量平衡美国国内的亚美尼亚人势力，进而影响美国在纳卡争端等问题上的态度和政策。

需要指出的是，以色列与阿塞拜疆之间的战略合作并不能显著增强两国制衡伊朗的能力，且阿塞拜疆制衡伊朗的意图弱于以色列。然而，相似的地缘政治环境、制衡伊朗等周边国家威胁与挑战的共同动机，仍有力促进了以色列和阿塞拜疆两国走近。

其二，表现。第一，高层互访不断，政治交往频繁。早在 1997 年，以色列总理内塔尼亚胡便对阿塞拜疆进行了访问。尽管这是一次非正式访问，但在两国关系史上仍具有重要意义，标志着双方关系开始迈入一个新阶段。进入 21 世纪以后，以色列和阿塞拜疆政治交往日益频繁，高层互访不断。2007 年，以色列外长齐皮·利夫尼访问阿塞拜疆。2009 年 7 月，以色列总统西蒙·佩雷斯对阿塞拜疆进行了访问。访问期间，佩雷斯声称："我们全力支持阿塞拜疆的领土完整。"① 同时，佩雷斯还表达了希望扩大双方在安全、外交、能源等多个领域合作的意愿。佩雷斯还强调指出，应将保持阿塞拜疆领土完整作为解决纳卡争端的前提和基本原则。② 以色列外交部长阿维格多·利伯曼分别于 2010 年、2012 年、2014 年三次出访阿塞拜疆。2012 年 4 月，利伯曼访问阿塞拜疆时，恰逢阿塞拜疆和以色列建交 20 周年。其间，利伯曼和阿塞拜疆总统伊利哈姆·阿利耶夫就伊朗等问题交换意见，并达成诸多共识。访问期间，双方还表示两国将就外交人员互免签证、深化教育合作和经济合作等事宜签署协议。2013 年 4 月，阿塞拜疆外长埃尔马·马梅德亚罗夫对以色列进行了访问。③ 2016 年，内塔尼亚胡再次对阿塞拜疆进行了访问。2014 年和 2018 年，以色列先

---

① Elnur Ismayilov, "Israel and Azerbaijan: The Evolution of a Strategic Partnership", *Israel Journal of foreign Affairs*, Vol. 7, No. 1, 2013, p. 71.

② 同①，第 70 页。

③ Marat Grebennikov, "Skating on Thin Ice: Israel's Strategic Partnership with Azerbaijan in the South Caucasus", *Israel Journal of Foreign Affairs*, Vol. 9, No. 3, 2015, p. 430.

后有两位国防部长访问了阿塞拜疆。

第二，经贸合作日益密切。在政治交往日益密切的同时，以色列和阿塞拜疆在经贸领域的合作也蓬勃开展。相比之下，能源是以色列和阿塞拜疆双边合作的重要领域。早在 1991 年，以色列便开始从阿塞拜疆进口石油。到 2002 年，以色列成为阿塞拜疆第二大石油进口国，该年，以色列从阿塞拜疆进口的石油占阿塞拜疆整个石油出口的六分之一。[①]"阿拉伯之春"发生后，阿塞拜疆逐渐成为以色列的第二大石油供应国，仅次于俄罗斯，以色列石油进口的 40% 一度来自阿塞拜疆。[②] 同时，到 2005 年，以色列已从 2000 年阿塞拜疆的第十大贸易伙伴变为第五大贸易伙伴。以色列外长利伯曼称，2012 年，以色列和阿塞拜疆双边贸易额达到了 40 亿美元。[③] 2012 年，阿塞拜疆国家石油公司首次在以色列油田从事石油钻井作业，这也是该公司首次在境外从事此类石油生产作业。[④] 同年 8 月，以色列与阿塞拜疆签署了一项农业合作协议草案。[⑤] 农业是以色列国内最大的产业之一，也是阿塞拜疆重要产业，因而两国在农业领域存在较大的合作空间。

第三，军事安全合作不断加强。据报道，纳卡战争期间及战后，以色列向阿塞拜疆提供军火。2005 年，阿塞拜疆和以色列达成一项协议，根据协议，以色列将向阿塞拜疆提供一批先进武器。[⑥] 2009 年，阿塞拜疆和以色列就在阿塞拜疆生产以色列"豹"式（Israel Namer）

① Oğuzhan Göksel, "Beyond Countering Iran: A Political Economy of Azerbaijan-Israel Relations", *British Journal of Middle Eastern Studies*, Vol. 42, No. 4, 2015, p. 666.

② Emil Souleimanov, Maya Ehrmann and Huseyn Aliyev, "Focused on Iran? Exploring the Rationale Behind the Strategic Relationship between Azerbaijan and Israel", *Southeast European and Black Sea Studies*, Vol. 14, No. 4, 2014, p. 478.

③ Rob Geist Pinfold and Joel Peters, "The Limits of Israel's Periphery Doctrine: Lessons from the Caucasus and Central Asia", *Mediterranean Politics*, Vol. 24, No. 4, 2019, p. 13.

④ 同②。

⑤ 同①。

⑥ Elnur Ismayilov, "Israel and Azerbaijan: The Evolution of a Strategic Partnership", *Israel Journal of foreign Affairs*, Vol. 7, No. 1, 2013, p. 72.

装甲运兵车事宜达成一致意见。① 2011 年，以色列一家航空公司在阿塞拜疆建立了一个军用无人机工厂。② 2012 年 2 月，阿塞拜疆和以色列达成一项总价值高达 16 亿美元的军火协议，这是阿塞拜疆历史上单笔交易额最大的军火协议。③ 按照协议，以色列将向阿塞拜疆提供各种高端军事技术与先进军事武器，具体包括无人机、防空与导弹防御系统、搜索雷达系统等，并帮助阿塞拜疆训练军队。④ 2016 年，阿塞拜疆从以色列购进了价值 50 亿美元的军火。⑤ 同时，两国在安全领域也展开密切合作。

其三，前景。21 世纪以来，虽然阿塞拜疆和以色列双边关系取得了长足发展，逐渐确立起某种"战略合作关系"，但受制衡等因素影响，双边关系尚存在一定变数与局限性。

第一，以色列的"外围战略"。以色列建国后，为制衡来自前线阿拉伯国家等外部挑战与威胁，打破地区孤立、改善恶劣的地缘政治环境，一直注重在外围寻找盟友。然而，以色列自身实力有限，加上有关地区及全球局势瞬息万变，致使以色列"外围战略"本身存在难以克服的瓶颈。因此，未来阿塞拜疆和以色列双边关系既会受到以色列和前线阿拉伯国家间关系的影响，也会在一定程度上受到以色列和其他"外围"国家关系的制约，还将受到中东和邻近地区及全球局势的影响，从而导致阿塞拜疆和以色列两国"战略合作关系"存在变数。需要指出的是，以色列的新"外围战略"本身具有"对冲"色彩，也在一定程度上增大了未来以色列与阿塞拜疆关系走势的不确定性。

---

① Elnur Ismayilov, "Israel and Azerbaijan: The Evolution of a Strategic Partnership", *Israel Journal of foreign Affairs*, Vol. 7, No. 1, 2013, p. 72.

② Emil Souleimanov, Maya Ehrmann and Huseyn Aliyev, "Focused on Iran? Exploring the rationale behind the strategic relationship between Azerbaijan and Israel", *Southeast European and Black Sea Studies*, Vol. 14, No. 4, 2014, p. 482.

③ 同②，第 480 页。

④ 同③。

⑤ Rob Geist Pinfold and Joel Peters, "The Limits of Israel's Periphery Doctrine: Lessons from the Caucasus and Central Asia", *Mediterranean Politics*, Vol. 24, No. 4, 2019, p. 14.

第二，阿塞拜疆的"平衡外交"。虽然阿塞拜疆把以色列视为中东地区一个相对可靠的、有价值的战略合作伙伴，但阿塞拜疆显然并未选择向以色列一边倒，而是力图在伊朗和以色列之间实现平衡，即奉行"平衡外交"。实际上，阿塞拜疆的这种"平衡外交"属于对冲战略范畴。

首先，阿塞拜疆具有制衡伊朗的动机，并在应对伊朗威胁等方面和以色列进行了一定程度的战略合作，但同时，阿塞拜疆又与伊朗保持着适度交往，并尽量消除伊朗的怀疑和不信任。例如，2016 年，以色列和阿塞拜疆达成一项武器交易，之后阿塞拜疆国防部长随即访问了伊朗。① 而且，尽管阿塞拜疆较为重视与以色列发展关系，并在制衡伊朗问题上和以色列存在较大共识，但阿塞拜疆尽力避免同伊朗发生正面对抗。毕竟，阿塞拜疆和伊朗两国具有漫长的边界线，且阿塞拜疆在纳卡等问题上需要伊朗的支持。另外，尽管阿塞拜疆和伊朗的双边贸易额并不可观，但双方均表现出加强经济合作的意愿，且阿塞拜疆日益倾向于对伊朗等南部国家进行能源外交。②

其次，巴勒斯坦问题成为制约阿塞拜疆和以色列双边关系进一步深化的瓶颈。长期以来，为避免过度刺激伊朗等伊斯兰国家的"反以神经"，阿塞拜疆在巴勒斯坦建国、"入联"、"定都"和犹太人定居点等相关问题上坚决反对以色列的既定立场和政策，且阿塞拜疆对以色列在本国设立大使馆一直持保留意见，这自然令以色列感到不悦。

可见，无论是以色列的"外围战略"，还是阿塞拜疆的"平衡外交"，均具有一定的制衡色彩，二者在推动双边关系不断深化的同时，也为两国关系的走向增添了一定变数。如同以色列与其他"外围"国家的关系一样，以色列与阿塞拜疆的"战略合作关系"具有典型的

---

① Rob Geist Pinfold and Joel Peters, "The Limits of Israel's Periphery Doctrine: Lessons from the Caucasus and Central Asia", *Mediterranean Politics*, Vol. 24, No. 4, 2019, p. 15.

② Murad Ismayilov, "Power, Knowledge, and Pipelines: Understanding the Politics of Azerbaijan's Foreign Policy", *Caucasus Survey*, Vol. 2, No. 1-2, 2014, p. 94.

"非公开化"特征。正像阿利耶夫总统所指出的："阿塞拜疆和以色列双边关系好比一座冰山，其十分之九隐藏在水面之下。"① 不过，短期来看，受制衡伊朗威胁的战略需要等因素影响，阿塞拜疆和以色列间的"战略合作关系"有望继续保持，虽然战略合作的程度可能会有所改变。

三、以色列"外围战略"的评价

由于中东及全球政局处于变化之中，因而以色列传统"外围战略"与新"外围战略"在战略逻辑、动机、目标及成效等方面既存在一定共性，又有较大差异。同时，"外围战略"自身固有瓶颈削弱了其成效。

（一）共性

传统"外围战略"与新"外围战略"在战略逻辑、目标、动机和成效等方面存有较大共性。

其一，战略逻辑。首先，以色列"外围战略"的一个简单逻辑就是，敌人的敌人可能成为我的朋友。传统"外围战略"将埃及、叙利亚、约旦和黎巴嫩等阿拉伯邻国视为对手，而把地理位置相对较远的伊朗、土耳其和埃塞俄比亚等国视作潜在的盟友。新"外围战略"则将伊朗、叙利亚和真主党等视为对手，而将制衡这些敌人的国家或势力看作朋友。这种战略思维逻辑强化了以色列的地区孤立意识，并促使以色列在对外关系上采取了简单的敌友划分模式。其次，现实主义权力政治思想认为，一国为了生存和安全，不得不寻求自助，尤其要制衡那些具有威胁性的实力强大的敌对国家。以色列不相信联合国能够解决阿以争端，极力增强自身军事力量，积极谋求与那些有着共同威胁认知的国家或势力合作，以制衡共同的敌对力量。例如，来自激进的泛阿拉伯主义的威胁，促使以色列和土耳其、伊朗、埃塞俄比亚、

---

① Murad Ismayilov, "Power, Knowledge, and Pipelines: Understanding the Politics of Azerbaijan's Foreign Policy", *Caucasus Survey*, Vol. 2, No. 1-2, 2014, p. 94.

中东库尔德人等势力联合起来，即采取了外部制衡的方式。正如佩雷斯指出的，正是来自埃及的威胁，促成了以色列与伊朗、土耳其这两个非阿拉伯国家的联合，三国试图通过联盟改变地区权力分布，遏制泛阿拉伯主义的扩散，制衡所谓新"阿拉伯哈里发"的威胁。[①] 这种威胁既源于纳赛尔具有威胁性的言论，也基于埃及实际的军事力量。再如，对 21 世纪土耳其日益增强的实力和愈益积极乃至激进的地区外交的担忧，使得以色列和希腊、塞浦路斯的关系升温，乃至结成"准联盟"。同样，基于对来自伊朗威胁的共识，以色列和沙特等海合会国家改善关系。最后，通过权宜性的合作，极力培养长远的共同利益和关系纽带。以色列旨在通过与土耳其、沙特等潜在盟友开展情报共享、联合军事训练和经济合作等方式，将临时合作关系变为长久的盟友关系。

其二，战略动机与目标。无论是传统"外围战略"，还是新"外围战略"，以色列的一大战略动机和目标都是要通过与潜在"外围"盟友发展关系，制衡来自前线阿拉伯国家和非国家行为体的挑战与威胁，摆脱国际孤立、消除孤独感，改善地缘政治环境。

其三，战略成效及区域影响。整体上看，传统"外围战略"和新"外围战略"在减轻以色列的地区孤立和安全威胁、提升以色列地区影响力、冲击地缘政治权力结构等方面，均具有不同程度的成效。首先，改善以色列地区孤立状态、制衡外部威胁。例如，在传统"外围战略"下，20 世纪 50 年代的伊土以"北三角联盟"有助于改善以色列的地缘孤立，制衡"阿拉伯威胁"。而新"外围战略"时期，希塞以三国"准联盟"形成，有利于以色列对土耳其进行"软制衡"。

其次，传统"外围战略"和新"外围战略"均缺乏长久有效性。长期以来，尽管以色列付出了诸多努力，但传统"外围战略"和新"外围战略"均没有成功将那些潜在的结盟力量变成真正的、持久的盟友。例如，虽然巴列维时期的伊朗被认为是所有传统"外围"国家中

---

① Jean-Loup Samaan, *Israel's Foreign Policy Beyond the Arab World: Engaging the Periphery*, New York: Routledge Taylor & Francis Group, 2018, p. 24.

同以色列安全关系最密切的国家，但伊朗也拒绝公开承认两国之间的军事合作。而且，伴随伊朗伊斯兰革命的爆发，伊朗和以色列的战略联盟关系宣告破裂。因此，虽然以色列的"外围战略"有助于推动以色列和"外围"国家基于共同威胁展开安全合作，并促进双方在能源等其他领域的交往，但这些合作本身具有一定的权宜性。可见，传统"外围战略"和新"外围战略"本身均具有不持续性特征，只是程度不同。究其原因，这主要在于以下几点。

第一，整体上看，以色列和潜在盟友之间在安全等领域的有限合作，并非必然促进双方关系的进一步深化和发展。例如，尽管近年来以色列与海合会国家在安全等领域加强合作，但双方交往的深度与广度有限。第二，以色列与潜在盟友间的合作并非必然导致该盟友重新考虑或降低与以色列敌国间的关系。例如，尽管近来印度与以色列的关系一路升温，但这并没有影响印度对伊朗的温和政策及印度对巴勒斯坦的支持。第三，以色列与这些潜在盟友之间的权宜性合作难以促使双方实现重大国家利益的交织和重叠，尤其是结成公开的制衡联盟，双方关系有着较大的脆弱性与回弹性。例如，虽然近年来以色列与阿塞拜疆的安全合作不断加强，阿塞拜疆也可能谋求制衡伊朗的权力，但并不想与伊朗发生直接对抗，并没有共享以色列对伊朗的公开敌意。第四，面对具有更大地缘政治和全球政治影响力的国家，以色列可能愿意甚至立即牺牲其与"外围"国家之间密切的双边关系。因此，以色列的"外围战略"在制衡外部敌人和摆脱以色列地缘孤立等方面缺乏长久的有效性。第五，传统"外围战略"和新"外国战略"均产生了一定的区域影响。例如，在传统"外围战略"时期，以色列与"外围"国家特别是土耳其和伊朗结成的"北三角战略联盟"，一定程度上塑造了以色列、伊朗、土耳其和阿拉伯世界四大力量在中东的权力博弈格局。再如，在新"外围战略"时期，伴随希腊、塞浦路斯和以色列（一定程度上包括埃及）成功"抱团"，土耳其和"北塞浦路斯共和国"及利比亚的横向联合，东地中海地缘政治结构的"两极化"

色彩开始显现。

其四，"外围战略"中的美国因素。由于"外围"国家往往希望通过以色列提升自己与美国之间的关系，且两次"外围战略"均与美国中东战略存在较大契合度，因而无论是传统"外围战略"还是新"外围战略"，美国均在其中起到一定的助推作用。例如，美国在劝说土耳其人、埃塞俄比亚人和伊朗人加入以色列的传统"外围战略"方面发挥了重要作用。1958年8月1日，艾森豪威尔让国务卿约翰·福斯特·杜勒斯向本-古里安转达了美国对"外围战略"的支持。[①] 艾森豪威尔不仅口头上对以色列的"外围战略"表示支持，而且很快采取了实际行动。当时美国国务院指示美国驻埃塞俄比亚、土耳其和伊朗的大使，积极督促所在国加入以色列的"外围战略"。[②] 美国情报部门和国防部也实际参与了包括在伊朗进行的联合军演和培训计划等在内的有关合作项目。[③]

美国之所以积极支持以色列的传统"外围战略"，不仅出于增强以色列安全等考虑，也基于遏制激进的泛阿拉伯主义势力和苏联在中东扩张的需要。到20世纪50年代中期，艾森豪威尔政府越来越担心苏联在中东的渗透、扩张，以及激进的泛阿拉伯主义影响力上升，加上美国精心组建的巴格达条约组织愈益证明其并不能有效维护美国在该地区的利益。美国认为，支持以色列的"外围战略"有助于促进美国在中东乃至全球的利益。事实上，传统"外围战略"的倡导者从一开始便有意将该战略与美国的中东利益挂钩，以期获得美国对以色列自身战略价值的重视及对该战略的支持。传统"外围战略"的设计者鲁文·希洛亚深知，美国政府相信该"外围战略"将有助于增加美国在

---

① Jean‐Loup Samaan, "The Renaissance of Israel's Periphery Doctrine: A Comparative Analysis", in Tore T. Petersen ed. *Israel in a Turbulent Region: Security and Foreign Policy*, London and New York: Routledge, 2019, p. 282.

② 同①。

③ 同①。

中东的影响力，如果能够促使美国参与其中，该战略的成效将显著增强。[①] 本-古里安在给艾森豪威尔的信中特意强调指出，以色列旨在通过"外围战略"组建一个能够有助于抵制苏联通过埃及向中东扩张的国家集团。[②] 显而易见，本-古里安有意将纳赛尔的泛阿拉伯主义与苏联扩张相挂钩，以使美国确信其与以色列存有共同利益，进而促使美国支持以色列的"外围战略"。后来的事实证明，本-古里安等人的这种做法是颇具成效的。

在新"外围战略"中，美国积极推动海合会国家与以色列关系的改善和发展。例如，《亚伯拉罕协议》的达成及以色列同苏丹、摩洛哥关系升温的背后，均有美国的推动。当然，需要指出的是，相较而言，美国在新"外围战略"中的作用并非总是那么显著和积极的。例如，在以色列发展与阿塞拜疆、希腊等国的关系问题上，以色列事先并没有同美国进行沟通。事实上，以色列与这些国家的走近一定程度上有违美国的地区战略。例如，伴随南苏丹和阿塞拜疆卷入当地冲突，美国对两国采取了不同程度的制裁措施，以保持自己与两国的距离。然而，以色列却不顾美国的禁运政策，坚持向阿塞拜疆出售武器。显然，这次以色列并无意通过新"外围战略"强化自身在美国眼中的战略价值。再如，以色列和希腊关系的升温也不符合美国支持以色列和土耳其提升双边关系的既定政策。在美国看来，土耳其和以色列是美国在中东地区的两大盟友，两国发展战略合作关系尤其是加强军事合作，有助于该地区的稳定和美国的战略利益。因此，在2010年土耳其和以色列发生外交危机后，美国积极斡旋，避免两国关系进一步恶化。同时，近年以色列与阿联酋、巴林、苏丹等国先后实现外交关系正常化的背后，虽也有美国的斡旋和美以孤立、遏制伊朗的意图，但美国的

---

① Jean-Loup Samaan, The Renaissance of Israel's Periphery Doctrine: A Comparative Analysis, in Tore T. Petersen ed. *Israel in a Turbulent Region: Security and Foreign Policy*, London and New York: Routledge, 2019, p.281.

② 同①。

动机是多方面的，因而这不能完全视作美国支持以色列新"外围战略"的典型表现。

（二）差异

由于不同时期面临的地缘政治环境不同，以色列传统"外围战略"与新"外围战略"的内涵、成效、战略逻辑和目标等方面存有不同程度的差异。

其一，内涵。"外围战略"内涵的变化，主要表现为"外围"与"中心"涵盖的地域范围的变化。就传统"外围战略"来讲，那些与以色列邻近的、敌对的埃及、叙利亚、约旦、黎巴嫩、伊拉克等阿拉伯国家构成了所谓的"中心"，而"外围"国家主要是指中东地区的非阿拉伯国家、非阿拉伯或非穆斯林少数民族，以及同样受到阿拉伯民族主义威胁或出于国内外原因希望与以色列发展关系的阿拉伯国家。

与传统"外围战略"的"阿拉伯中心"不同，新"外围战略"的"中心"主要是由伊朗、叙利亚、黎巴嫩真主党、哈马斯、伊拉克等什叶派国家或势力组成的，即"伊斯兰中心"或"什叶派中心"。需要指出的是，新的这个"中心"一定程度上还包括土耳其。所以，这个"中心"的力量并不是完全源于相同的什叶派信仰，还基于共同的反以意识形态。伴随"中心"的变化，新"外围战略"的"外围"不再局限于中东，而扩展到中亚、西欧、南亚、东亚等更为广泛的地区。另外，值得一提的是，以色列传统"外围战略"中的"外围"国家往往是那些亲美的国家，或者是美国在中东地区的盟友，因而以色列传统"外围战略"与美国的中东乃至全球战略存在较大的利益契合性。然而，新"外围战略"中的"外围"很大程度上已不再局限于美国在中东的盟友。可见，以色列"外围战略"涵盖的地域范围会随着地区及全球政治形势等的变化发生相应改变。

其二，成效和区域影响。相比较而言，传统"外围战略"的制衡成效和区域影响要比新"外围战略"显著。传统"外围战略"时期，以色列与伊朗、埃塞俄比亚、土耳其等国保持了较长时期的战略合作关系，在制衡共同威胁或敌对势力方面存有较大共识，甚至开展实质性合作。

新"外围战略"时期，尽管以色列与希腊、塞浦路斯、海合会国家、阿塞拜疆等发展起一定程度的战略合作关系，甚至结成某种"准联盟"，但这种"准联盟"的意义及其制衡核心威胁的效果不能与传统"外围战略"同日而语。同时，从对中东地缘政治权力结构的影响角度看，传统"外围战略"也比新"外围战略"的区域影响大。传统"外围战略"之所以比新"外围战略"的制衡成效和区域影响更显著，主要在于以下几个因素。

第一，新"外围"国家与传统"外围"国家相比，军事力量和政治影响力相对较弱，限制了新"外围战略"对地缘政治权力结构的影响，并减弱了以色列对核心威胁的制衡效果。毋庸置疑，当前的希腊、阿塞拜疆和南苏丹无法等同于之前的土耳其、伊朗和埃塞俄比亚在以色列"外围战略"中的重要战略价值，因为希腊、阿塞拜疆和南苏丹自身有限的实力和区域定位使得这些国家无法真正为以色列的安全利益服务，也无法实质性地增加以色列的军事力量和政治影响力。

其中，南苏丹可以说是所有新"外围"国家中最为脆弱的一个，以色列与南苏丹之间的军事合作仅能提高后者的军队战斗力，但显然无助于以色列军事力量的增强和安全利益的扩大。最初，关于南苏丹将成为以色列新"外围战略"中一个具有战略价值的国家的逻辑，似乎是正确的，因为同一个由信仰基督教和万物有灵论的少数民族构成的南苏丹发展关系，恰恰符合以色列的少数族裔联盟战略。而且，南苏丹在与喀土穆分离后，与苏丹很快就发生冲突，这为以色列制衡伊朗在非洲的影响力提供了某种契机。因为苏丹是一个传统亲伊朗的国家，其军队多年接受伊朗伊斯兰革命卫队的培训。对于苏丹与伊朗之间的这种密切合作关系，以色列一直深表担忧。例如，以色列在2011年轰炸了位于喀土穆的一个仓库，据说该仓库当时储藏着将运往加沙

的伊朗军火。① 因此，早在 2011 年 7 月 10 日，以色列便率先对南苏丹
给予事实上的承认。随后，以色列和南苏丹迅速确立了外交关系。
2011 年年底，南苏丹总统萨尔瓦·基尔到访以色列。和其他双边关系
一样，以色列和南苏丹双方在农业、科技和基础设施等领域存有不同
程度的合作，但军售很快成为双边合作的一大内容。

　　然而，这个一度被认为有望成为以色列在东非地区的稳固盟友的
国家，很快便陷入了一场旷日持久的内战。非但如此，以色列日益发
现自己正在支持一个国际形象受到质疑的国家。2015 年，一份来自联
合国专家小组的报告指出，南苏丹当地部队正使用以色列的武器作战。
加之，南苏丹代表团对以色列的访问及以色列军火商在南苏丹首都朱
巴的存在等，都令以色列在国际上感到尴尬，并在以色列议会中引发
了关于以色列向南苏丹提供武器的争论。其中，左翼议员塔玛尔·赞
德伯格公开呼吁以色列停止向南苏丹出售军火。② 另外，伴随以色列与
苏丹实现外交关系正常化，南苏丹的战略价值进一步打折扣了。

　　由于阿塞拜疆和伊朗在纳卡争端和伊朗境内阿塞拜疆少数民族等
问题上的分歧与矛盾，阿塞拜疆可以被视为是以色列在制衡伊朗上的
一个有价值的合作伙伴。因此，早在 1991 年阿塞拜疆独立后不久，以
色列便与阿塞拜疆建立了联系。尤其是 2011 年"阿拉伯之春"以来，
以色列和阿塞拜疆关系明显升温。然而，阿塞拜疆国内政治也牵制阿
以合作。巴库素有"高加索的迪拜"之称，阿塞拜疆石油出口占出口
总额的 90%，其经济极易受到全球石油价格和本国石油储量等因素的
影响。例如，2010 年以来，阿塞拜疆石油储量减少及 2014 年全球石
油价格下跌，使阿塞拜疆经济受到冲击，货币贬值，社会不满现象随
之发生。另外，阿塞拜疆在与以色列交往的同时，也注重把握分寸，

---

　　① Jean-Loup Samaan, "The Renaissance of Israel's Periphery Doctrine: A Comparative Analysis", in Tore T. Petersen ed. *Israel in a Turbulent Region: Security and Foreign Policy*, London and New York: Routledge, 2019, p. 279.

　　② 同①，第 280 页。

尤其避免过度刺激伊朗，在以色列和伊朗之间搞对冲。

虽然希腊的国防开支高于北约国家的平均水平，但希腊无法取代土耳其在传统"外围战略"中扮演的重要角色。这不仅因为希腊自身的经济危机，还在于希腊与土耳其相比，在中东地区权力结构中的作用历来有限。因此，当土耳其官员被问及对于希腊和以色列发展关系的看法时，他们表现得不以为意。例如，土耳其的一位外交官曾表示："如果以色列希望通过希腊这样一个有着巨大经济和政治麻烦的国家来制衡土耳其，那么真正应该担心的将是以色列人，而不是我们土耳其人。"①

不难发现，由于缺少共同的外部威胁和战略偏好，阿塞拜疆、希腊和南苏丹等新"外围"国家不属于同一个安全复合体，这些国家往往各自参与着不同的区域竞争。② 虽然传统"外围战略"时期的土耳其、伊朗和埃塞俄比亚等"外围"国家之间也存在分歧，但它们都不同程度地面临着来自泛阿拉伯主义的威胁与挑战。因此，新"外围战略"时期，以色列与"外围"国家之间的关系更像是多个无关联的双边关系的集合，而传统"外围战略"时期以色列与"外围"国家之间的关系则具有明显的区域性特征，因而后者的制衡效果和区域影响也相对突出。

第二，昔日阿拉伯反以统一阵线瓦解，以色列自身军事投送能力增强，军事情报领域的合作不再是以色列与新"外围"国家双边关系的唯一基石，经济合作特别是能源领域的合作越来越成为双方交往的重要内容，这不可避免地削弱以色列新"外围战略"的制衡效力及区域影响。

总之，受地区及全球政治形势、以色列和"外围"国家的自身实

---

① Jean-Loup Samaan, "The Renaissance of Israel's Periphery Doctrine: A Comparative Analysis", in Tore T. Petersen ed. *Israel in a Turbulent Region: Security and Foreign Policy*, London and New York: Routledge, 2019, p. 281.

② 同①，第280页。

力及区域定位等因素的影响，新"外围战略"在制衡成效和区域影响等不及传统"外围战略"。

其三，逻辑与目标。虽然新"外围战略"仍有通过与"外围"国家组建联盟制衡外部威胁的战略逻辑和目标，但新"外围战略"的制衡色彩显然不像传统"外围战略"那么浓厚。事实上，在新"外围战略"时期，面对地区及全球局势变化带来的诸多不确定性，为尽可能降低战略风险，保持行动自由度和战略选项多样化，确保极端情况下本国利益也能得到最大限度的维护，"外围"国家及以色列往往倾向于选择具有一定制衡色彩的、灵活的、侧重竞争的对冲战略，而不是突出对抗的单一策略——制衡。

（三）固有瓶颈

以色列"外围战略"尤其是新"外围战略"有其自身固有的、难以克服的瓶颈。

其一，实力短板。毋庸置疑，实力是国家行为体缔结联盟和维系联盟的关键要素，因为实力直接关系到满足潜在盟友的利益诉求和提升其期望值的能力。从这种意义上讲，在其他相关因素不变的情况下，以色列能够满足对方的利益诉求和提升其期望值的能力越大，以色列与对方的关系越稳定和持久，"外围战略"的成效越显著，反之亦然。然而，无论是在中东，还是高加索地区，抑或是中亚地区，以色列的新"外围战略"均因遇到强有力的对手而成效锐减。例如，在高加索地区和中亚地区，以色列便遇到伊朗、土耳其和俄罗斯等强劲对手。虽然以色列的硬实力并不逊于伊朗和土耳其，但就伊朗和土耳其在这些地区的软实力来讲，以色列便相形见绌了。例如，乌兹别克斯坦、吉尔吉斯斯坦、土库曼斯坦、塔吉克斯坦和阿塞拜疆等都是伊斯兰合作组织成员，该组织力倡成员国应加强与巴勒斯坦的关系，减少与以色列的交往。

事实上，相较于伊朗和土耳其，以色列与哈萨克斯坦甚至阿塞拜疆的贸易往来并不密切。伊朗和土耳其是哈萨克斯坦重要的贸易伙伴，土耳其是阿塞拜疆重要贸易伙伴。而以色列对哈萨克斯坦和阿塞拜疆的进出口贸易额分别只占该国 2017 年进出口贸易总额的 0.31% 和 0.15%、2.2% 和 4.5%。① 在这些地区，以色列更加无法与俄罗斯进行竞争。在 2016—2019 年间，俄罗斯对塔吉克斯坦、吉尔吉斯斯坦的出口额分别占两国总进口额的 38% 和 24.8%，远高于以色列。② 虽然以色列积极向这些国家出售军事装备，但其数量远不及俄罗斯等国。例如，在 1992—2018 年间，以色列向土库曼斯坦出售的军火价值不到 100 万美元，而同一时期，俄罗斯和土耳其分别向土库曼斯坦提供了价值 3.7 亿美元和 4 亿美元的军事装备。③ 再如，即便作为以色列一大军事装备进口国的阿塞拜疆，其 85% 的军事装备也购自俄罗斯。④

其二，系统障碍。以色列"外围战略"的有效性还受到地区局势和全球格局等体系因素的影响和限制。以色列与中东、中亚、高加索等地区的这些国家在发展双边关系时，不可能不考虑当时的地缘政治形势。当地缘政治形势对双方关系发展产生有利影响或积极推动力时，以色列"外围战略"就会产生较好的成效。反之，便会受挫。例如，冷战结束初期，利用苏联解体的有利形势，以色列迅速发展起与中亚、高加索八国⑤在经济、政治、安全等领域的友好关系，以色列的"外围战略"初见成效。然而，进入 21 世纪以后，八国间爆发领土争端等地区冲突，美俄等域外势力在中亚、高加索地区争夺的加剧，这些地区国家原本希望通过以色列发展与美国关系的意愿减弱或消失，致使彼此间的战略利益分歧加大。因而，除个别国家外，以色列与这些国家

---

① Rob Geist Pinfold and Joel Peters, "The Limits of Israel's Periphery Doctrine: Lessons from the Caucasus and Central Asia", *Mediterranean Politics*, Vol. 24, No. 4, 2019, p. 14.

② 同①，第 11 页。

③ 同①，第 10 页。

④ 同①。

⑤ 指中亚的乌兹别克斯坦、吉尔吉斯斯坦、哈萨克斯坦、土库曼斯坦、塔吉克斯坦五国和高加索地区的亚美尼亚、阿塞拜疆与格鲁吉亚三国。

之间的关系整体趋冷，双方高层互访、新达成的合作协议寥寥无几。例如，2008年8月爆发的俄罗斯—格鲁吉亚战争期间，在俄罗斯的压力下，以色列最终停止了对格鲁吉亚的军事等援助，引起格鲁吉亚不满和抗议，致使以色列和格鲁吉亚的关系急转直下，格鲁吉亚甚至转而谋求与伊朗改善关系。再如，目前，尽管阿塞拜疆等国家与以色列的关系仍保持较高热度，但阿塞拜疆等国均避免与以色列双边关系过度"公开化"，均力图在美国、俄罗斯、伊朗、以色列和巴勒斯坦等国间寻求平衡，多面下注，以最大限度减少战略风险。这就不难解释阿塞拜疆在2016年和以色列达成一项新的军事装备交易后，其国防部长为何迅即访问了伊朗。

其三，"巴勒斯坦瓶颈"。长期以来，由于巴勒斯坦问题的存在，为避免过度刺激阿拉伯世界或伊斯兰世界的"反以神经"，避免过于开罪具有重大经济和政治能量的阿拉伯国家或伊斯兰国家，"外围"国家往往力图避免与以色列关系的过度"公开化"或"合法化"，而这恰恰是以色列"外围战略"的一大目标。当然，近年来，伴随巴勒斯坦问题在中东地区议程上的后置及其自身热度的降低，越来越多的国家倾向于同以色列实现关系正常化、"公开化"。例如，2020年，阿联酋、巴林等国便先后与以色列实现了外交关系正常化。然而，这并不意味着以色列"外围战略"中固有的"巴勒斯坦瓶颈"完全消除。

其四，双边关系缺乏多样性。以色列"外围战略"固有的逻辑、动机和目标，在很大程度上决定了以色列特别是传统"外围战略"时期的以色列相对侧重与"外围"国家发展军事、安全等高政治领域的关系，而不是低政治领域的交往特别是民间交往，致使以色列与"外围"国家之间的双边关系普遍缺乏多样性，制约了双方关系的进一步发展。虽然新"外围战略"时期以色列与"外围"国家的交往领域不断扩展，但军事情报合作仍是双方关注的一大焦点。

总之，相较于传统"外围战略"，新"外围战略"在地缘政治空间、目标和结果等方面具有更大的不确定性。假如将印度、中国等国家全部囊括进来，新"外围战略"涵盖的地域范围不可谓不辽阔。如果"外围"这个概念没有一个明确的地缘政治范围，可以无限扩大，那么所谓的"外围"和"中心"的提法便失去了实质意义。然而，这并不意味着以色列既定政策完全改变，更不代表"外围战略"消失。实际上，"外围主义"是一种基于地理的政治隐喻，是地缘政治环境的产物，它反映了以色列固有的地区孤独感，是以色列战略文化的体现。

小　结

相较于阿拉伯国家，非阿拉伯国家的安全威胁更多来自外部。非阿拉伯国家制衡对手更多依赖有形的物质资源，即使其制衡行为也受到认同、规范等非物质性因素影响。中东地区绝大多数国家是阿拉伯国家，只有以色列、土耳其、伊朗等少数非阿拉伯国家。这些非阿拉伯国家与阿拉伯国家不仅在政治体制、外交偏好等方面存有较大差异，而且双方存在历史恩怨和现实纠葛，加之阿拉伯或伊斯兰集体认同和规范的存在和流行，导致非阿拉伯国家的某种"外来者"情结。尤其是以色列为了更好地应对来自阿拉伯国家的威胁，在努力加强军备的同时，积极与土耳其、伊朗、库尔德人等非阿拉伯国家或民族发展关系、组建联盟。需要指出的是，土耳其和伊朗虽然是非阿拉伯国家，与阿拉伯国家之间也存有种种历史和现实矛盾，但它们与阿拉伯国家又同属伊斯兰国家。这决定了土耳其和伊朗两国与以色列之间的联盟包括制衡联盟受到伊斯兰认同因素的影响。

总体上看，非阿拉伯国家关系中的制衡受到认知、认同、规范、权力、威胁和利益等多种因素影响，以色列、伊朗和土耳其等国家间关系走向及制衡强度与这三个国家同阿拉伯国家间关系的发展密切相关。

第五章　大国在中东的制衡行为

　　中东地处三洲之界、五海之内，扼四峡一运河，是连接"三洲两洋五海"的通衢和世界的交通枢纽，地理位置得天独厚。中东尤其是海湾地区是世界上最重要的石油和天然气储藏和生产地区，号称"世界第一油库"。因而，该地区历来是兵家必争之地，是大国角逐的重要场所。同时，中东地区有着错综复杂的民族矛盾和扑朔迷离的宗教纠纷，为大国插手该地区事务提供了契机。

　　大国争夺中东势力范围的惯用手段是极力扶植亲己势力、制衡对手，力图取得独占优势。这种政策不可避免地使中东各国成为大国间制衡的棋子，给中东国际关系打上深深的"制衡"烙印。正如英国著名历史学家伯纳德·路易斯所谈道的，从拿破仑的远征军在18世纪末来到埃及之后，中东地区的历史发展就深深地受到欧洲列强利益、野心和行动的影响，而在其陷入危机之际，更是被欧洲列强的利益、野心和行动所主导。到了奥斯曼政权终于回天乏术、断气西归的时候，西方列强无疑已成为中东地区的新统治者，各帝国之间的敌对，也开始以一种更直接的新方式进行。[①]

　　一战以后，英法通过委任统治确立了它们在中东的主导地位。英

---

　　① 伯纳德·路易斯著,郑之书译:《激荡在辉煌的历史中:中东》,北京:中国友谊出版公司,2000年版,第455页。

国唱主角，法国当配角。二战后，美苏逐渐取代英法，成为中东舞台上的新秀。冷战后，美国一度一家独大，主导中东。21世纪以来，俄罗斯强势重返中东，加上国际政治格局多极化，中东似乎又回到大国激烈角逐的时代。表面上看，这些大国都为中东提供了类似奥斯曼帝国的架构和"防护罩"，但它们提供"防护罩"的目的是阻止其他势力进入中东，"防护罩"里的中东诸国自愿加入或不情愿卷入这些大国对抗之中，与大国一起从事着制衡的政治游戏。

第一节　大国"硬制衡"

20世纪以来的中东舞台上，"硬制衡"是大国常常采取的行为。

一、英国的制衡之术

早在16世纪，西方列强便将对外扩张的目光投向了中东地区。不过，西方列强的这种渗透和扩张遭到了阿拉伯游牧民族的激烈反抗，加之浩瀚沙漠的阻隔，因而一度受到阻遏。出于整体战略利益考虑，英国反对瓜分和肢解奥斯曼帝国，力图保持奥斯曼帝国在英国控制下的表面独立。[①] 然而，第一次世界大战爆发后，奥斯曼帝国加入同盟国阵营，英国改变了维持奥斯曼帝国表面独立和领土完整的既定政策，转而积极支持奥斯曼帝国境内阿拉伯人的独立运动。[②] 背地里却同法国签署了未来瓜分阿拉伯人土地的《塞克斯-皮科协定》（Sykes-Picot Agreement）。[③] 这样，伴随奥斯曼帝国在第一次世界大战隆隆炮声中的土崩瓦解，英国和法国变成了中东的主宰者。两国出于自身利益考虑，任意确定和划分中东各国的边界。总体上看，英国是两次世界大战之

---

① Zach Levey and Elie Podeh, *Britain and the Middle East*: *From Imperial Power to Junior Partner*, Brighton and Portland: Sussex Academic Press, 2008, p. 56.
② 同①。
③ 同①。

间中东舞台上的主角，势力范围包括阿富汗、伊朗、巴勒斯坦、外约旦、伊拉克、阿拉伯半岛、埃及及英埃苏丹等。这一时期的法国则充当配角，势力范围主要包括叙利亚和黎巴嫩。

毋庸置疑，英法两国只顾各自利益、不顾当地实际情况的随意划界行为，在初步确定中东各国疆界和推动中东现代民族国家形成的同时，为后来各国之间的纷争埋下了伏笔。英法两国为了便于日后控制，还在划分边界时刻意制造一些纠纷，力图使各国彼此制衡，自己从中渔利。巴林和卡塔尔、伊朗和阿联酋、叙利亚和土耳其等国间的边界争端，便是这方面的典型例子。相较法国，英国更热衷于采取"分而治之""合而治之"或拼凑"联邦"等伎俩，大搞制衡游戏，给中东各国带来了无休止的矛盾和冲突。阿富汗与巴基斯坦之间的普什图尼斯坦问题、塞浦路斯问题、库尔德问题、苏丹南北分治问题、伊朗和伊拉克之间的胡齐斯坦问题等，都和英国的"分而治之"伎俩密切相关。因此，有学者曾指出，英国要为当今中东地区的多数纷争和矛盾承担主要责任。

至今悬而未决的巴以冲突也与英国惯用的制衡政策有着密不可分的关系。一战发生之后，英国转而对犹太复国主义运动采取支持政策。1917年10月31日，在英国战时内阁会议上，英国外交大臣阿瑟·詹姆斯·贝尔福指出："目前，俄国与美国的绝大多数犹太人及世界其他地区的多数犹太人，均对犹太复国主义运动表示支持，所以，假如我们能够发表一个支持犹太复国主义的宣言，无疑将有利于我们在俄国与美国进行有益于我国的舆论宣传活动。"[1] 1917年11月2日，贝尔福发表了著名的《贝尔福宣言》："英王陛下政府赞成在巴勒斯坦建立一个犹太人的民族之家，并将尽最大努力促成这一目标。"[2] 1920年4月，英国从国际联盟获取了对巴勒斯坦的委任统治权。考虑到此时英

---

[1]　Zach Levey and Elie Podeh, *Britain and the Middle East: From Imperial Power to Junior Partner*, Brighton and Portland: Sussex Academic Press, 2008, p.52.

[2]　同[1]。

国对犹太复国主义的支持政策，英国取得这一委任统治权对于犹太复国主义运动的重大意义，不亚于《贝尔福宣言》。而且，英国还将《贝尔福宣言》写进了委任统治书。自此，英国便对确保犹太人在委任统治地上建立自己的民族之家负有不可推卸的责任与义务。[1] 英国将不得不面临兑现对犹太人的承诺与保护占巴勒斯坦人口多数的阿拉伯人合法权益的巨大难题。[2]

英国之所以采取这种亲犹立场和政策，与历史上大英帝国外交政策中的"均势与制衡"传统思想存在密切关联。具体来讲，包括两个重要原因。第一，二战前，英国中东外交政策的核心目标是确保英国在中东地区的主导地位，防止任何大国对中东的渗透，英国的地缘政治理念就是制衡。因此，随着德国在19世纪末和20世纪初强势崛起，并不断在中东地区渗透扩张，英国日益感受到德国对英国中东利益和海上霸权的威胁与挑战。为确保欧洲大陆的传统均势和大英帝国的霸权，必须阻止德国向中东这一具有重大地缘战略价值的地区渗透，确保英国对巴勒斯坦的统治成为重中之重。因为巴勒斯坦既是扼守苏伊士运河与红海的战略要地，也是苏伊士运河与黑海的屏障。对于英国来讲，控制巴勒斯坦这一战略要地不仅可以阻止德国对中东的渗透，还可以防止沙俄（苏联）的南下。另外，当时德国也在拉拢各国犹太人，因而英国要抢在德国之前发表一个有利于犹太人的宣言。第二，英国支持犹太复国主义运动，旨在使巴勒斯坦的阿拉伯人与犹太人之间达成某种均势，让他们鹬蚌相争，自己从中渔利。而且，相对于阿拉伯人而言，英国似乎认为犹太人更好控制和更加可信。

在20世纪初至以色列建国期间，英国的巴勒斯坦政策主要经历了从支持犹太复国主义的"扶犹抑阿"政策到实行"亲阿抑犹"两个不同阶段。整体上看，英国在巴勒斯坦的阿犹冲突上奉行的是"分而治

---

① Zach Levey and Elie Podeh, *Britain and the Middle East: From Imperial Power to Junior Partner*, Brighton and Portland: Sussex Academic Press, 2008, p. 52.

② 同①。

之"的制衡政策,只不过随着形势变化,其外交侧重点有所调整。无论如何,英国最初为制衡大国和阿拉伯人而采取的扶犹政策,为后来以色列建国和悬而不决的巴以争端、阿以争端埋下了伏笔,也为后来阿拉伯国家与以色列之间的相互制衡奠定了基础。

总之,同其他殖民国家相比,英国对中东国际关系的影响是较为显著的。在19世纪中叶至20世纪中叶,英国在中东舞台上扮演着多种角色。"制造边界"是其进行最恒久、最稳定的工作。[①] 特别是在20世纪中东政治版图的形成上,英国较其他欧洲国家发挥了更大作用。除了直接确立或者帮助确立了约旦、巴林、卡塔尔、阿联酋、伊拉克、科威特等现代中东国家,还对中东地区几乎所有边界的形成都发挥了不同程度的影响。[②] 但是,英国在制造中东各国边界和插手中东事务时,常常只顾及自身利益,且大搞制衡之术,因而不可避免地为后来该地区各国间的冲突和制衡埋下了重大伏笔。

二、美苏之间的"硬制衡"

二战后,中东地缘政治格局的重大变化之一就是美苏逐渐取代老牌殖民国家英法,成为中东政治舞台上的两大主宰。中东地区自身具有的传统地缘战略价值和日益凸显的能源价值,使其成为战后美苏激烈角逐的大舞台。美苏两个超级大国为最大限度地实现自己在该地区的扩张并遏制对方的扩张,针锋相对、屡试锋芒,纷纷扶植亲己势力,大搞军备竞赛和联盟体制。最初,为了插手中东事务、排挤英法,美苏在巴以分治、以色列建国问题上一度采取一致的支持立场。很快,在美苏激烈争夺下,中东逐渐分裂为两大对立集团,即亲苏阵营和亲美阵营。尽管随着形势发展,这两大阵营的成员结构也有变化,但冷战时期中东国际关系体系的这种"二元"对立结构是相对稳定的。

---

① Zach Levey and Elie Podeh, *Britain and the Middle East: From Imperial Power to Junior Partner*, Brighton and Portland: Sussex Academic Press, 2008, p. 22.

② 同①。

　　冷战时期，美苏在中东地区的这种制衡政策属于典型的"硬制衡"，主要体现在两个方面。第一，军备竞赛。美苏争夺中东的一个主要方式或手段就是竞相向中东地区的盟友提供军事援助，以此达到某种力量均势，遏制对手在中东的扩张。因此，整个冷战时期，美苏成为中东军火市场上旗鼓相当的对手，两国均力图实现本国在中东军火市场上的独占优势。① 基于抗衡苏联和拉拢中东亲美势力的需要，美国较早便向伊朗等盟友提供武器等军事援助，逐渐拉开了美国参与中东军备竞赛的序幕。到 1973 年以后，中东已成为美国对外军事销售的最重要市场。②

　　冷战时期，美国在中东地区的盟友和军事援助对象主要包括以色列、伊朗（1979 年伊斯兰革命前）等国。其中，以色列可以说是美国的"铁杆"盟友，是美国制衡激进的阿拉伯亲苏势力、遏制苏联向中东渗透的堡垒，因而得到的美国军事援助也是最大的。不过，以色列建国后到肯尼迪总统上台这段时期，美国将战略重心放在阿拉伯国家身上，没有把以色列视为重点争取对象，因而美国一度对以色列的各种军事要求要么置之不理，要么断然拒绝。肯尼迪总统入主白宫之后，随着美国在中东地区战略选择空间日益缩小，为更好地制衡激进的阿拉伯国家亲苏势力，遏制苏联对中东的扩张，美国积极扶持以色列，不断向其提供先进武器和军事贷款或赠款。肯尼迪政府时期，美国主要向以色列出售防御性武器。约翰逊政府时期，美国开始向以色列出售进攻性武器。里根总统时期，美国进而全面武装以色列，并将其吸纳进针对苏联的战略防御计划之中。在此期间，美国向以色列提供的各种军事援助不断增加。1976 年，以色列成为年度获得美国军事援助最多的国家。③ 1979 年，以色列从美国获得了高达 40 亿美元的军事援

---

① Graham E. Fuller, "The Middle East in US-Soviet Relations", *Middle East Journal*, Vol. 44, No. 3, 1990, p. 428.
② 张燕军:《二战后中东地区军备竞赛与军备控制研究》,北京:科学出版社,2017 年版,第 65 页。
③ Adam Powers, *United States-Israeli Relations*, New York: Novinka Books, 2002, p. 1.

助，当然其中有一部分是用来推动阿以和平进程的。[1] 到 20 世纪 80 年代中期，以色列每年从美国获得的援助（主要包括军事援助和经济援助）仍高达 30 亿美元。[2] 仅约翰逊总统时期，美国便向以色列出售了 $A-4$"天鹰"攻击机、$M-48$ 坦克与 $F-4$"鬼怪"战斗机等大量先进武器，使美国成为以色列最主要的武器供应商。[3] 另外，美国对以色列的军事援助还包括高尖技术转让及合作研发等。总之，除杜鲁门与艾森豪威尔时期之外，在其他总统任期，美国对以色列的种种军事要求常常大开绿灯。

以美国向以色列提供的军事贷款及赠款为标准，时至今日，美国向以色列提供军事援助主要经历了四个时期。1948—1958 年是第一个时期，美国对以色列的各种军事要求往往漠然视之，因而基本没有向以色列提供任何军事贷款，更不要说军事赠款了。1959—1973 年是第二个时期，美国转而向以色列提供军事贷款，而且贷款数额日益增多。1974—1984 年是第三个时期，美国向以色列提供的军事贷款数额大幅增加，还开始向以色列提供数额可观的军事赠款。1985 年至今属于第四个时期，美国向以色列提供的军事贷款几乎都变成了不需要偿还的赠款。据统计，1948—2003 年间，美国先后向以色列提供的军事贷款与赠款共高达 559.24 亿美元。[4]

除了以色列，伊斯兰革命前的伊朗也是美国在中东地区制衡苏联和激进的阿拉伯共和制国家势力的支柱。为了增强美国等西方国家在中东的势力，1953 年，在美英策划下，具有浓厚民族主义色彩的伊朗摩萨台政府倒台，穆罕默德·礼萨·巴列维得以重新掌握王权。当然，伊朗也视正在形成中的莫斯科—开罗关系为对波斯民族利益越来越大

① 李伟建等：《以色列与美国关系研究》，北京：时事出版社，2006 年版，第 224 页。
② 同①。
③ David Rodman, *Arms Transfers to Israel: The Strategic Logic Behind American Military Assistance*, Portland: Sussex Academic Press, 2007, p. viii.
④ 谢立忱、韩晓东：《论美国对以色列的迁就与支配问题》，载《西北大学学报》（哲学社会科学版），2008 年第 6 期，第 70 页。

的威胁。为了应对来自苏联的威胁和激进阿拉伯民族主义的挑战，美英等西方国家在 1955 年成功使伊朗加入了巴格达条约组织。为了增强伊朗的制衡能力，美国对其进行了大量军事援助。

1947 年 6 月 8 日，"杜鲁门主义"出台不久，美国便同伊朗在华盛顿签署了一项价值 1000 万美元的武器转让协议。[1] 在穆罕默德·礼萨·巴列维重新掌握伊朗政权后，美国对伊朗的军事援助继续增加。进入 20 世纪 70 年代，美国对伊朗的武器转让进入了"蜜月期"。作为对巴列维国王在美国抗衡苏联扩张等中东战略上积极合作的回报，尼克松总统准许伊朗购买"几乎任何他想得到的武器系统"。在此期间，伊朗订购了大约 200 亿美元的武器，一度成为美国最大的武器客户和世界最大的武器进口国。[2] 同时，美国还向伊朗提供了包括当时刚刚在美国服役的 F-14 "雄猫"战斗机和"不死鸟"空空导弹等在内的先进武器。[3] 1979 年伊朗伊斯兰革命后，美国与伊朗关系恶化，美国不再公开向伊朗售武器，但秘密军火交易并未断绝。

相比之下，苏联是中东军火市场上的迟到者，但其军事援助的增长速度却很快。冷战开始后，伴随苏联与以色列关系恶化，苏联逐渐把中东战略的立足点转向阿拉伯国家。出于抗衡美国和拉拢亲苏国家的需要，20 世纪 50 年代中期以后，苏联不断加大对中东国家的军事援助力度，逐渐成为中东军火市场上的主要供应者。在 1956—1960 年间，苏联对中东的武器出口占到中东武器转让总额的 48%。1961—1965 年间，这一比例为 49%。[4] 20 世纪 70—80 年代，苏联对阿拉伯中东地区的武器销售占其对整个非社会主义国家武器销售总额的 70%

---

① 阿卜杜尔礼萨·胡尚格·马赫德维著，元文琪译：《伊朗外交四百五十年》，北京：商务印书馆，1982 年版，第 367—368 页。

② William H. Mott IV, *United States Military Assistance*: *An Empirical Perspective*, Westport: Greenwood Press, 2002, p. 166.

③ 张燕军：《二战后中东地区军备竞赛与军备控制研究》，北京：科学出版社，2017 年版，第 70 页。

④ 同②，第 78 页。

以上。① 据统计，1956—1979 年间，苏联先后共向中东阿拉伯国家提供了价值 258 亿美元的军事援助。② 尤其是 1967 年第三次中东战争后，由于阿拉伯国家在这次战争中惨败，苏联出于战略上制衡中东亲美势力及经济利益的考虑，进一步加大对中东亲苏国家的军事援助。这样，在整个 20 世纪 70 年代，中东成为世界上接受苏联军事援助最多的地区。1956—1983 年间，虽然阿拉伯国家的军事力量在与以色列的多次交战中不断遭受损失，但直到 1983 年年末，阿拉伯国家的军火库里仍存有大量苏制军火（包括 12745 辆坦克和 1633 架战斗机及 193 艘海军战斗舰只③）。

冷战时期，苏联为制衡美国在中东的势力，先后向埃及、叙利亚和伊拉克等阿拉伯国家提供了大量军事援助。1955 年 9 月，苏联率先与埃及达成军售协议，标志着苏联正式加入中东军火市场。在 1974 年以前，由于苏联把埃及作为制衡以色列等亲美势力的支柱国家，因而向埃及提供了大量军事装备。这一时期，埃及占苏联对中东武器转让总额的比例高达60%。④ 从军事援助的角度讲，如果说以色列是美国的"宠儿"，那么这一时期的埃及便是苏联的"挚爱"。埃及是华约集团以外首个获得萨姆 3/4/6 型地空导弹、米格-21 战斗机与"飞毛腿"地对地导弹等苏式先进武器的国家，是中东地区对苏式武器依赖程度最大的国家之一，埃及从苏联进口的武器占其武器总进口额的比例一度高达 97%。⑤ 然而，1974 年以后，伴随埃及奉行疏苏亲美的外交政

① Robbin Frederick Laird, Erik P. Hoffmann, *Soviet Foreign Policy in a Changing World*, Hawthore: Aldine Publishing Company, 1986, p. 722.

② 张燕军：《二战后中东地区军备竞赛与军备控制研究》，北京：科学出版社，2017 年版，第 76 页。

③ Saad El - Shazly, *The Arab Military Option*, San Francisco: American Mideast Research, 1986, p. 114.

④ Karen Dawisha, *Soviet Foreign Policy Towards Egypt*, London: Macmillan Press Ltd. , 1979, p. 179.

⑤ Alexander J. Bennett, "Arms Transfer as an Instrument of Soviet Policy in the Middle East", *The Middle East Journal*, Vol. 39, No. 4, 1985, p. 756.

策，埃及不再是苏联制衡美国的重要棋子，因而苏联对埃及的军事援助迅速减少。

叙利亚是继埃及之后第二个接受苏联军事援助的阿拉伯国家，也是苏联在中东地区制衡美国影响和以色列力量的一枚重要棋子。早在1956年，叙利亚便通过匈牙利逐渐建立起与苏联之间的武器供应关系。[①] 到冷战结束前，苏联向叙利亚提供了大量先进的军事武器，总价值达200亿美元。[②] 值得一提的是，苏联为增强叙利亚的军事力量、保持叙利亚等前线阿拉伯国家与以色列之间的军事平衡，破例向叙利亚提供了从未在华约组织以外部署的萨姆-5远程地空导弹与SS-21战术地对地导弹。[③] 1974年以后，叙利亚代替埃及成为反以色列的主力，于是苏联不断加大对叙利亚的军事援助，使得叙利亚成为中东地区接受苏式武器最多的国家。然而，伴随苏联的解体和冷战的结束，叙利亚失去了苏联这个最大的武器供应国，导致其很难再维持与以色列之间的力量均衡。

冷战时期，伊拉克也是美苏中东战略中的支点国家。20世纪50年代，美国为与苏联争夺中东，在中东地区组建了反苏军事联盟——巴格达条约组织，并成功将伊拉克拉入其中。此后，美国便积极向伊拉克提供军事武器。不过，好景不长，随着1958年伊拉克革命的爆发和亲美的伊拉克政权倒台，伊拉克不但断然退出了针对苏联的巴格达条约组织，且转而积极谋求从苏联获得军事援助。20世纪50年代末到70年代末，伊拉克从苏联进口的武器总价值达400多亿美元，苏联长期成为伊拉克最主要的军火供应商。[④]

---

① Bruce D. Porter, *The USSR in Third World Conflicts: Soviet Arms and Diplomacy in Local Wars 1945-1980*, Cambridge: Cambridge University Press, 1986, p. 18.

② William H. Mott Iv, *Soviet Military Assistance: An Empirical Perspective*, Westport: Greenwood Press, 2001, p. 108.

③ Alexander J. Bennett, "Arms Transfer as an Instrument of Soviet Policy in the Middle East", *The Middle East Journal*, Vol. 39, No. 4, 1985, p. 758.

④ 同②，第93页。

20 世纪 80 年代爆发的两伊战争一度给苏联与伊拉克的军事合作关系蒙上阴影。战争爆发后，苏联出于战略考虑，对两伊采取了表面"中立"、实则从中渔利的"暧昧"政策，引起伊拉克政府的不满和担忧。与此形成鲜明对比的是，美国为了制衡伊朗，维持海湾地区的力量均势，保证美国在中东的利益，在战争中采取了支持伊拉克的政策。20 世纪 70 年代中期以后，伴随伊拉克外交独立性增强，苏伊关系日益紧张，加之苏联日益重视伊朗的地缘战略价值，因此，实质上，苏联在两伊战争中也基本奉行了类似美国的利用一方制衡另一方的政策。不过，苏联也不愿意看到伊拉克被过度削弱尤其是倒向西方，因而当战争逐渐向不利于伊拉克的局势发展时，苏联放弃了"中立"政策，恢复了对伊拉克的军火供应。例如，苏联向伊拉克提供了米格系列飞机、T-72 主战坦克、地空导弹等数量可观的先进军事武器。[①]

第二，组建联盟。二战后尤其是 20 世纪五六十年代，是中东地区风云变幻的时代，此起彼伏的民族民主运动蓬勃发展、美苏两个超级大国霸权角逐不断加剧，使中东政治面貌为之一新。20 世纪 50 年代以后，冷战格局已基本形成，美苏对中东的争夺日益加剧。在冷战背景下，中东国家很难摆脱以美苏阵营划线的外交理念和外交模式。这就给中东地区国际关系增添了新的大国因素。美苏为了争夺中东，竞相扶植代理人、组建联盟，持续进行"硬制衡"。

前已述及，1953 年，穆罕默德·礼萨·巴列维重新恢复王位后，美国为更好地遏制苏联在中东的扩张和制衡中东地区的激进势力，开始倡导组建一种区域军事集团，结果一个包括伊朗、伊拉克和土耳其等国在内的巴格达条约组织于 1955 年得以最终建立。与此针锋相对，到 20 世纪 50 年代中期，在以美国为首的西方阵营拼凑军事集团、营造制衡苏联的"北层防线"之际，苏联最终在"外线"首先找到了埃及这样一个重要支撑点。此时的埃及为更好地抗衡以色列及站在以色

---

① Alexander J. Bennett, "Arms Transfer as an Instrument of Soviet Policy in the Middle East", *The Middle East Journal*, Vol. 39, No. 4, 1985, p. 760.

列后面强大美国的威胁和挑战，也迫切希望找到苏联作为强大后盾。于是，苏埃两国不谋而合。在埃及的影响下，叙利亚、伊拉克等阿拉伯国家也先后投入苏联的怀抱。

在这种情况下，为制衡苏联，美国将以色列作为其在该地区的战略盟友，不断加大对以色列的援助力度，加强与以色列之间的战略合作。到里根总统时期，美国更是将以色列吸入了针对苏联的"星球大战计划"。除以色列外，美国还将伊斯兰革命前的伊朗和沙特阿拉伯作为其中东争霸的两大支柱。整个冷战时期，美国和苏联主要通过这些盟友在中东地区进行激烈争夺与较量，双方极力制衡对方实力，保持自身优势。一定程度上讲，第三次中东战争和第四次中东战争就是美苏之间的代理人战争，战争胜负直接反映着美苏较量的结果。20 世纪80 年代中期以后，苏联逐渐放弃了对美国的制衡，美国进而主宰中东事务。

冷战结束后，除了俄罗斯外，世界其他次等大国也一度选择追随美国霸权。在这种情况下，美国中东战略的目标便由冷战时期抗衡苏联在中东的势力转为遏制中东地区霸权主义的崛起。因此，美国仍需要利用中东盟友来防止、削弱乃至打击中东地区的潜在霸权国。2011年特别是 2015 年以后，伴随俄罗斯重返中东，美国独霸中东的局面一去不返，中东舞台上又呈现大国竞相拉拢同盟、相互制衡的现象。目前，中东地区伊朗与沙特两大教派阵营之间的对抗、以色列与伊朗及沙特之间三角制衡关系的背后，均有着美国与俄罗斯彼此争夺、相互制衡的影子，但这些制衡更多呈现"软制衡"趋势而非"硬制衡"。

总之，冷战时期，美苏之间的"硬制衡"对中东国际关系产生了重大影响。首先，加剧了中东国家之间的关系紧张状态，增大了地区冲突的程度，直接加剧了中东各国特别是阿以之间的军备竞赛，导致双方长期陷入"安全困境"。出于本国安全考虑，中东各国在分别追随美苏两大国的同时，极力增强自身军事力量，制衡对手实力，进行军备竞赛、组建联盟，积极寻求安全自助。作为一种结果，中东地区国际关系异常紧张，不时爆发战争。

其次，导致中东国家长期分裂为两大对立的阵营，即亲苏阵营和亲美阵营。整个冷战时期，中东国际关系主要围绕两大阵营展开，核心内容就是阿以冲突。亲美阵营与亲苏阵营之间充满敌意和斗争，个别国家之间甚至不存在基本的沟通和交流。与此形成鲜明对比，冷战后美国独霸中东的局面客观上则有助于制约阿以间大规模军事冲突。

最后，有助于缓和同一阵营内部国家之间的制衡。例如，虽然沙特阿拉伯、科威特等海湾阿拉伯君主国也属于阿拉伯国家，但共同的亲美外交使它们并没有像前线阿拉伯国家那样与以色列势不两立，反而相对拉近了它们与以色列、土耳其、伊斯兰革命前的伊朗等非阿拉伯国家之间的距离。

第二节　大国"软制衡"

根据传统均势理论，冷战后美国自身显著的权力优势，尤其是小布什上台以来美国极具单边主义色彩的国家战略，将导致其他大国发生针对美国的典型制衡行为（结盟或军备竞赛）。然而，这种现象并未出现。在这种情况下，均势理论的焦点由防范霸权变为应对霸权，由侧重研究均势状态这种国际结果转向了研究制衡这种国家行为。[1] 然而，美国作为当今世界唯一超级大国，尽管没有遭遇传统的外部制衡，但也屡受制约。正是在这种背景下，为了更好地解释这种现象，也为了解决在新国际政治现实下传统均势理论自身的退化问题，"软制衡论"便应运而生。

作为传统制衡行为的变种，"软制衡"有着明显区别于"硬制衡"的战略目标、理论逻辑和机制。次等大国之所以对美国采取"软制衡"战略，主要在于单极结构压力与制衡的实力"门槛"、美国霸权国际形

---

[1]　刘丰：《大国制衡行为：争论与进展》，载《外交评论》，2010年第1期，第113页。

象的下降、"硬制衡"难题、实力性质的变化，以及国际体系内部要素与互动属性的变更等五个原因。中东便是次等大国诉诸"软制衡"战略的一个重要舞台，其中，中国和俄罗斯在联合国安理会上就叙利亚问题进行的战略协调与外交合作，便是反对美国的典型"软制衡"行为。

一、何为"软制衡"

"软制衡"，是因冷战后针对美国的"硬制衡"明显不足，而于21世纪初开始频现于国际关系领域的概念。作为传统"硬制衡"行为的变种，"软制衡"并不奢望改变国际体系的权力结构，而旨在增加强国的行动代价。一定程度上讲，恰恰是因为"软制衡"的目标远不像"硬制衡"那样雄心勃勃，因而使得"软制衡"成为次等大国尤其青睐的外交政策工具。"软制衡"的主要代表人物罗伯特·佩普指出，在单极体系下，由于制衡超级大国的实力门槛过高、成本和风险较大，次等大国无法解决"硬制衡"的固有难题，因而会倾向于采取"软制衡"手段，这样既可以解决"硬制衡"难题，又能够避免和超级大国正面对抗。佩普认为，次等大国制衡唯一超级大国（美国）的逻辑是协调次等大国的集体行动预期，相对于"硬制衡"来讲，"软制衡"显然有利于这种预期的汇聚，克服集体行动的固有难题。[1] 佩普还指出，假使美国继续"我行我素"，其遭国际社会"软制衡"的强度将变大，"软制衡"变为"硬制衡"的可能性也将增大。[2] 不过，由于种种因素的制约，例如国家行为体并不是一直谋求自身军事力量的最大化，针对美国的"硬制衡"到底会不会在将来的某一时间发生仍充满不确定性。[3]

按照另一位代表性人物斯蒂芬·沃尔特的解释，"软制衡"是在接

---

① Robert A. Pape, "Soft Balancing against the United States", *International Security*, Vol. 30, No. 1, 2005, pp. 17–18.

② 同①，第18页。

③ T. V. Paul, James J. Wirtz, and Michel Fortmann, *Balance of Power: Theory and Practice in the 21st Century*, California: Stanford University Press, 2004, p. 15.

受现状的前提下，力图谋求更好的结果或与美国偏好相反的结果，但不致力于改变实力分配的一种战略。① 作为一种战略或外交协调行为，"软制衡"能否成功主要取决于有关国家是否相互信任与支持。如果一些国家打算采取行动限制美国的权力，但不确定别的国家是否会采取同样行为，那么，"软制衡"发生的概率很小。反之，假如一些国家打算采取行动限制美国的权力，且相信别的国家也会采取同样行为，那么，"软制衡"发生的概率便很大。因此，越多的国家对美国咄咄逼人的权力和政策表现出担心和恐惧，其制衡美国的意愿越是强烈，成功"软制衡"美国的可能性就越大。② 正因如此，沃尔特指出，今日的"软制衡"有可能就是明日的"硬制衡"。③ 进而，沃尔特指出，有关国家针对美国的"软制衡"旨在实现以下几个目的：第一，提升制衡国家对美国的抵抗力；第二，增强制衡方在全球谈判中的地位；第三，"先礼后兵"；第四，双面下注。④

　　总体上看，虽然学者对"软制衡"的解释存在一定差异，但在主要方面基本达成共识，即"软制衡"是通过采取一些策略或手段间接对抗霸权国利益或权力的战略。⑤ 与此同时，"软制衡"支持者在不同程度上强调了"软制衡"的几个突出特点。首先，"软制衡"在很大意义上是一种意在降低美国在和其他大国相邻地区的影响力的战略，这有利于次等大国避免在体系层面与美国发生直接对抗。因此，地区主义实质上是"软制衡"战略的核心特征。其次，"软制衡"中的规范因素颇为突出。在新古典现实主义者看来，对于某些国家而言，某

---

①　Mordechai Chaziza, "Soft Balancing Strategy in the Middle East: Chinese and Russian Vetoes in the United Nations Security Council in the Syria Crisis", *China Report*, Vol. 50, No. 3, 2014, p. 246.

②　斯蒂芬·沃尔特著,郭盛、王颖译:《驯服美国权力:对美国首要地位的全球回应》,上海:上海人民出版社,2008 年版,第 109 页。

③　同①。

④　同②,第 107—108 页。

⑤　Chaka Ferguson, "The Strategic Use of Soft Balancing: The Normative Dimensions of the Chinese-Russian 'Strategic Partnership'", *The Journal of Strategic Studies*, Vol. 35, No. 2, 2012, p. 202.

些观念可能有着不容忽视的威胁性与破坏力。① 制衡思想或观念既有战略上的意义，也有理论上的意义。在霸权体系结构下，对于一些国家来说，规范具有类似陆军或海军的威胁力，并影响着这些国家的利益追求。② 在单极体系下，次等大国制衡单极国家的策略实质上常常是规范性的。最后，采取非军事手段，力图削弱、限制而不是直接对抗霸权。传统"硬制衡"旨在通过内部制衡（加强军备）和外部制衡（缔结军事联盟）的军事手段，谋求改变冲突中的军事实力对比，从而达到实力平衡，而"软制衡"则是在避免与美国正面对抗的前提下，通过采取非军事手段来削弱、限制美国的权力。

总之，"软制衡"支持者基本都是现实主义者，与冷战后认为传统"均势理论已过时的观点不同，他们坚称，在当前世界，均势的动力还在起着作用，不同的是，制衡的逻辑已然改变。③ 他们认为，国际体系结构中的势力失衡并不能作为有关国家放弃制衡的佐证，毕竟制衡也并非始终成功的战略。④ 只不过，在当今单极体系下，要想成功制衡美国，需要新的制衡之术。

在当今世界，"软制衡"已然成为次等大国应对美国挑战或威胁的主要行为选择，它的手段、目标与逻辑和传统"硬制衡"不同。

二、为何"软制衡"

大体上看，次等大国之所以要"软制衡"美国，主要出于以下几个原因。

（一）结构压力和实力"门槛"

按照传统均势理论的观点，国际体系实力分布越是不均衡，体系

---

① Chaka Ferguson, "The Strategic Use of Soft Balancing: The Normative Dimensions of the Chinese-Russian 'Strategic Partnership'", *The Journal of Strategic Studies*, Vol. 35, No. 2, 2012, p. 207.
② 同①，第 204 页。
③ 同①，第 202 页。
④ 同①。

成员感受到的生存、安全压力越大，反之亦然。显而易见，单极结构属于典型的实力分布严重失衡的体系结构，在这种体系状态下，次等大国特别是美国的潜在制衡者便成为美国重点打压对象，因而它们面临的体系结构压力也比其他国家大得多。同时，根据传统均势理论的观点，体系内实力最大的国家往往成为各国制衡的焦点。① 所以，次等大国的制衡动机相对较为强烈，但其与美国实力悬殊，致使其制衡行为不可避免地受到所谓实力"门槛"的制约。不过，21世纪以来，由于一度深陷伊拉克战争泥潭，加之金融危机的沉重打击，美国的综合国力相对下降。与此同时，美国继续推行所谓霸权护持政策。在这种情况下，次等大国制衡美国的能力和意愿便进一步增大。

（二）霸权国际形象

冷战结束后，直到"小布什主义"出台期间，没有发现美国被制衡的显著迹象，也未找到次等大国相互推卸制衡责任的明显证据。② 其间，国际社会针对美国的制衡，即便存在，充其量也只是口头上的，并没有发生明确的"硬制衡"行为。③ 这与传统均势理论所讲的"国家倾向于制衡优势权力或主导国家"的观点不符。于是，一些学者提出了所谓"仁慈的霸权"的观点。根据这种观点，冷战结束后，美国没有遭受典型"硬制衡"的主要原因在于，美国与历史上的那些帝国不同，美国是一个"仁慈的霸权国"，这种正面形象使美国的实力、地位及行为被别国视为是有好处的，国际社会制衡美国的动机和可能性自然下降。

事实上，在单极体系下，除了实力，霸权国的行为动机，或次等大国对霸权国行为动机的认知，也是影响制衡的重要因素。换句话讲，

---

① Stephen M. Walt, "Keeping the World Off‑Balance：Self‑Restraint and U. S. Foreign Policy", in G. John Ikenberry, eds. *America Unrivaled：The Future of the Balance of Power*, Ithaca and London：Cornell University Press, 2002, p. 124.

② Robert A. Pape, "Soft Balancing against the United States", *International Security*, Vol. 30, No. 1, 2005, pp. 20‑21.

③ 同②，第21页。

次等大国更为担心的可能是霸权国的行为动机而非实力。如果次等大国认为霸权国的行为对自己是无害的，甚至是有利的，那么，其制衡霸权国的动机就会变弱。反之，如果次等大国认为霸权国的行为对自己是有害的，尤其是对自身重要利益的重大冲击，那么，其制衡霸权国的动机就会变强。因此，可以说，霸权国的国际形象和次等大国的制衡强度是负相关关系。[1]

从这个意义上讲，小布什时期国际社会针对美国的制衡便同其自身的国际形象下降存有一定关系。小布什上台后，美国在国际舞台上大搞单边主义，推行先发制人战略。2003 年美国发动的伊拉克战争便是这方面的典型例证。虽然美国的此类行为并不会显著增强其全球实力或拉开其与次等大国之间的实力差距，但是，这种行为会直接影响次等大国对美国行为动机的认知和对风险的判断，会削弱所谓"仁慈的霸权"的正面形象，增强别国制衡美国的动机。

美国发动伊拉克战争违背了两项国际规范，即"民主国家不将首先发动战争"和"反对把预防性战争[2]当成合法的政策工具使用"。作为一种结果，美国的软实力受到巨大损害，美国国际形象也急剧下降。[3] 根据战后针对 19 国的民意调查，一半以上国家的多数民众对美国产生不好印象。[4] 纵观美国历史，虽然先发制人的事例并不罕见，但只有伊拉克战争是美国对主权国家发动的明确的预防性战争。更加糟糕的是，小布什企图把先发制人合法化、常规化。这必然会增大国际社会对美国政策的担忧和恐惧，增加次等大国制衡美国的动机，因为美国能对伊拉克进行先发制人的打击，就可能对其他国家采取类似行

---

① 刘丰：《制衡的逻辑》，北京：世界知识出版社，2010 年版，第 35 页。

② 这场战争并非基于应对迫在眉睫的明显威胁这一先发制人合法化的条件，因而属于典型的预防性战争。参见 Robert A. Pape, Robert A. Pape, "Soft Balancing Against the United States", *International Security*, Vol. 30, No. 1, Summer 2005, pp. 27–28.

③ Robert A. Pape, "Soft Balancing Against the United States", *International Security*, Vol. 30, No. 1, Summer 2005, pp. 25–26.

④ 约瑟夫·奈著，马娟娟译：《软实力》，北京：中信出版社，2013 年版，第 49 页。

动。在这种情况下，按照均势理论的观点，体系内大国会想办法削弱、限制美国单边行动的权力。[①]

"恶意"的干涉特别是对重要战略地区的干涉，将扩大美国被国际社会制衡的可能性。这种情况下，次等大国可能没有遭受来自美国的直接攻击或威胁，但却受到来自美国的间接威胁。事实上，来自霸权国军事行动的间接威胁恰恰是单极体系结构下次等大国的更大担忧，因而次等大国尤为关注霸权国的行为意图。单极体系结构状态下，判定霸权国进攻动机的"门槛"较低，虽然霸权国的单边行为可能只是针对某些小国，但在次等大国看来，这种单边行为具有强烈的进攻性，很可能会损害自身利益。不难理解，如果一些国家认为美国的行为方式具有威胁性，那么这些国家制衡美国的动机自然会变大。[②]

纵观整个美国历史，小布什政府时期的国家安全战略最具单边主义色彩。但是，这种单边主义战略显然有违美国昔日倡导或缔造的国际制度和协议[③]，也违背了国际主流规范，因而注定招致国际社会的反对，在全球引发反美巨浪，损害美国霸权，从而增大包括次等大国在内的国际社会对美国"霸权"的忧虑及制衡美国"单边行为"的动机。虽然奥巴马时期的美国外交显现出由单边主义向多边主义转变的趋势，但作为美国外交传统的单边主义显然没有真的消失，美国国家安全战略的本质也没有真的改变。事实上，单边主义是美国谋求世界霸权的惯用伎俩和手段。例如，2015年的《美国国家安全战略》报告中指出："假如有必要的话，我们会单方面动用武力。"[④] 另外，伊拉克战争以来，美国要修复受损的国际形象显然需要较长时间。

---

① Stephen M. Walt, "Keeping the World Off-Balance: Self-Restraint and U. S. Foreign Policy", in G. John Ikenberry, eds. *America Unrivaled: The Future of the Balance of Power*, Ithaca and London: Cornell University Press, 2002, p.125.

② 同①，第153页。

③ 刘丰：《制衡的逻辑》，北京：世界知识出版社，2010年版，第218页。

④ The White House, "National Security Strategy of the United States of America", http://www. whitehouse. gov/sites/default/files/docs/2015_national_security_strategy_2. pdf.

(三) "硬制衡" 难题

在单极国际体系下，同多极国际体系下的主要大国一样，次等大国因（直接或间接）受到霸权国或唯一超级大国的威胁，存有较强烈的制衡霸权国的动机，但制衡的具体形式和逻辑发生了变化，致使传统的"硬制衡"在当前国际体系下变成某种难题。

第一，单极体系下，次等大国很难通过内部制衡的方式制衡美国，因为美国的超强实力尤其是硬实力使得短期内单个次等大国的实力增长对于平衡权力的意义不大，且次等大国较为担心这种内部制衡行为可能会招致美国的集中打击，因而也不会轻易采取这种制衡方式。

第二，鉴于明显实力差距，次等大国要制衡单一霸权国，就需要多国联手，进行外部制衡。但是，在单极体系结构下，很多国家包括次等大国倾向于采取追随唯一超级大国的战略，这就使得多国联盟很难形成。次等大国要想结成针对美国的有效的"硬制衡"联盟，不仅要协调好彼此之间的问题，还要克服集体失败的心理障碍。然而，在美国保持明显实力优势的情况下，这两个难题即便不是无法解决的，也是很难攻克的。因此，为更好地制衡美国，次等大国在无法选择"硬制衡"战略的情况下，会倾向于选择"软制衡"战略，后者既有助于解决集体成员国间的协调难题，又不易招致美国的集中打击与报复。正像沃尔特指出的，各国往往可以诉诸"软制衡"而非"硬制衡"（缔结正式军事联盟）战略来制衡美国。①

(四) 实力性质的变化

按照卡尔的观点，一国的国际实力包括三部分：军事力量、影响舆论的力量和经济力量。② 约瑟夫·奈也认为，权力有两张面孔，国家

---

① 斯蒂芬·沃尔特著，郭盛、王颖译：《驯服美国权力：对美国首要地位的全球回应》，上海：上海人民出版社，2008 年版，第 106 页。

② E. H. Carr, *The Twenty Years' Crisis, 1919 - 1939: An Introduction to the Study of International Relations*, New York: Palgrave, 2001, p. 109.

实力包括巧实力、软实力与硬实力。① 在经济全球化与信息化迅猛发展的当今世界，国际政治中实力的性质与构成已发生了不同以往的重大改变，在不同议题上，实力资源的分配有着显著区别。全球政治好比三维棋局，在上、中、下不同层级的棋盘中起核心作用的分别是军事实力、经济实力与软实力。因此，要想成为赢家，就不能单纯在某一层级的棋盘中落子，而需要同时在水平与垂直空间里落子，需要使用巧实力，把硬实力和软实力有机结合起来。特别是在下层的棋盘中，要想成为胜者，尤其要运用软实力，因为该棋盘中涉及的议题（如恐怖主义）单靠硬实力或某一国的力量是无法得到有效解决的。② 当然，由于各种因素（如民主等）的影响，这种实力改变还不具有普遍性，但虽然军事实力、经济实力与软实力三者的关联度日益增大却是不争的事实，三者的各自强度及依存关系有所不同。在当今国际政治舞台上，软实力的作用日益增大，除美国外，其他国家尤其是次等大国也有着较强的软实力，这就为这些国家"软制衡"美国奠定了基础。尤其是 2003 年伊拉克战争爆发后，美国的单边主义行为致使其软实力严重受损，从而为次等大国"软制衡"美国提供了契机。一定程度上讲，"软制衡"就是要达到"以柔克刚"的效果。

（五）国际体系内部要素与互动属性的变更

冷战结束后，特别是进入 21 世纪以来，国际体系的内部要素与互动属性逐渐发生了较大改变，从而对世界大国的制衡行为尤其是次等大国对美国的制衡行为产生了较大影响。

一是国际体系内部要素的变更。首先，国际体系结构的单极色彩变淡，多极化和多元化色彩变浓。虽然美国在当前国际体系结构中仍扮演着一定的主导角色，但美国的相对衰落已成不争的事实，加之新兴经济体的群体性崛起特别是中国实力的大幅提升，国际体系结构的

---

① 约瑟夫·奈著,马娟娟译:《软实力》,北京:中信出版社,2013 年版,第 8—43 页。
② 同①,第 7—8 页。

多极化态势日益增强。有学者甚至提出，国际体系结构会走向两极化。无论未来的国际体系结构是趋向多极化，还是两极化，毋庸置疑的是，越来越多的国家将在其中分享权力与承担责任，美国很难继续保持传统的主导地位。而且，伴随新兴经济体的日益崛起，其与美国之间的矛盾将不可避免，其制衡美国的动机与概率也将随之增大。这是因为，理论上讲，霸权国要采取霸权护持战略，尽力维持现有的世界体系与秩序，而新兴经济体则力图修正现有的不合理的国际体系与秩序，致使双方之间的矛盾不可调和，甚至有可能爆发战争。[①] 虽然当前次等大国同美国之间发生战争的概率很小，但前者制衡后者的动机与概率的确在变大。特别是，如果美国继续我行我素，忽视次等大国的正当权益的话，这种概率会更大。

其次，国际体系制度与体系文化或国际观念结构发生了较大变更。具体来讲，这种变更主要体现为：伴随冷战后安全威胁性质的改变与非传统安全威胁的大量出现，西方建立的传统国际制度的有效性日益显现出不足，合作治理逐渐成为新的国际治理体系原则，多边主义渐渐成为一种共识性理念，国际社会的主流行为规范也已从霸权国单边主义转向大国多边合作，从而和美国的单边主义做派迎头相撞，增加了他国主要是次等大国对美国能力的质疑与权力的担忧，以及其制衡美国的动机。

二是国际体系的互动属性变更。国际体系日益显现出多元和复杂的互动属性，这不但意味着美国等大国正在参与的是权力、制度和观念等不同领域、不同质的互动，而且还表明美国在不同层面的地位与作用也存有较大差异。[②] 实际上，美国在当今国际体系中的主导地位更多体现在权力政治领域，而非国际制度与观念等领域，美国在后两个领域的地位和作用常常受到制约甚至挑战。造成这种现象的原因主要

---

① 秦亚青：《世界格局、国际制度与全球秩序》，载《现代国际关系》，2010 年庆典特刊，第 15 页。

② 杨少华：《评"软制衡论"》，载《世界经济与政治》，2006 年第 7 期，第 44 页。

有两点：第一，国际体系制度与体系文化自身的变化；第二，国际体系制度与体系文化领域的互动有着不同于权力领域的独特属性。具体来讲，权力政治领域的互动具有鲜明的强制性特征，而国际体系制度和观念等领域的互动则较为强调国际行为体彼此间的协商、妥协和合作，以及对国际体制、多边主义的参与和运用等新的"博弈规则"。① 伴随经济全球化和信息化的大发展，在当今国际舞台上，军事力量的使用成本越来越大，传统硬权力或硬实力尽管依然重要，但显然已不是大国关系的唯一主题，大国在制度与观念等软权力层面的互动变得日益频繁。② 因此，虽然巨大的权力差距使得次等大国较难对美国进行有效的"硬制衡"，但这些大国在制度与观念层面对美国进行有效的"软制衡"却显得相对容易。

在美国现代史上，美国习惯于用制度而不是军事力量作为保持自身优势地位的一种手段，这主要在于制度体系能有效增强美国的软实力。因此，二战后，美国凭借缔造国际规则和制度体系尽力推行本国的价值观。一般来讲，如果一国的实力及国际行为被他国认为是正当的、合理合法的，那么该国实现目标的国际阻碍力便会较小，不断地挥舞"大棒"与提供"胡萝卜"便变得不是那么必要。但是，国际体系内部要素与互动属性的变更，使得美国必须面对在制度与观念等层面日益增多的国际互动的同时，还要遵守和受约束于诸多新的互动规则，致使美国遭受体系制衡的概率和次等大国制衡美国的动机与能力均会变大。

除此之外，当前次等大国之所以倾向于对美国采取低成本的"软制衡"战略，还在于各国在经济上的相互依赖度日益变高，面临的全球恐怖主义挑战日益增大，且国家在把本国的经济财富转变为军事力量的难度也日益变大。

---

① 杨少华：《评"软制衡论"》，载《世界经济与政治》，2006 年第 7 期，第 45 页。
② 同①。

三、如何"软制衡"——以叙利亚危机为例

从当前学术界有关"软制衡"的研究来看，关于次等大国"软制衡"美国的具体手段和案例主要有：形成特殊的战略伙伴关系，如欧盟与中国、中国和俄罗斯；在区域或国际机构中的战略协调和外交合作，如法国、中国、俄罗斯等国在联合国安全理事会就美国对伊拉克动武等问题进行的战略协调与外交合作；特定的合作演习，如中国和俄罗斯间的联合军演；有限的军备建设，如欧盟日益发展统一、独立的国防力量等等，不一而足。这里主要把叙利亚危机作为典型案例，着重探析中国和俄罗斯在该危机中的"软制衡"行为，即中俄在联合国安全理事会上进行的密切的战略协调与外交合作。

根据"软制衡"的逻辑，中俄两国作为全面战略协作伙伴，自然应当就重大国际议题进行沟通与协作。在叙利亚危机中，中俄两国并未对美国采取传统的"硬制衡"手段，而是诉诸"软制衡"，在联合国安全理事会上就叙利亚问题进行战略协调和外交合作，旨在通过间接挑战美国的偏好与设置议程，约束、削弱美国的权力和行为能力，但尽力避免和美国发生正面碰撞。对中俄而言，"软制衡"是两国反对美国霸权与阻止美国实现某些中东战略目标的一种重要外交战略选择。

（一）"软制衡"的表现

具体来讲，中俄两国在叙利亚危机中针对美国的"软制衡"行为主要表现在以下两个方面。

第一，叙利亚危机爆发之后，中俄在联合国安全理事会上，多次使用否决权共同反对针对叙利亚的从谴责到严厉制裁乃至军事干涉的种种提案。2011年10月，中俄在联合国安全理事会联合否决了法、英等国提交的关于制裁叙利亚的决议草案。次年2月，中国和俄罗斯对联合国安全理事会一项要求阿萨德下台的决议草案投了否决票。当月，在联合国大会上，中国和俄罗斯两国又对一份指责叙利亚政府的

决议草案投了反对票。同年 3 月，中国和俄罗斯对联合国人权理事会一份谴责叙利亚当局镇压平民的决议草案共同投下反对票。同年 7 月，中俄两国在联合国安全理事会上对英国等国提交的有关经济制裁叙利亚政府的决议草案再次投下否决票。2014 年 5 月，在联合国安全理事会就将叙利亚问题提交国际刑事法院的有关决议草案进行投票表决时，中俄又共同投下了否决票。

第二，中俄两国就叙利亚问题不断交换意见，进行密切协调。自叙利亚危机爆发之后，中俄两国在联合国安全理事会上反复重申"叙利亚的命运与未来应由叙利亚人民自己决定，外部势力介入无益于危机解决"的立场，一再敦促国际社会积极支持联合国通过政治对话和平解决叙利亚危机。例如，2012 年 6 月 6 日，中国和俄罗斯发表的《中华人民共和国和俄罗斯联邦关于进一步深化平等信任的中俄全面战略协作伙伴关系的联合声明》中表示，中俄两国共同支持联合国—阿盟叙利亚危机联合特使安南的斡旋努力，叙利亚危机应在没有外来干涉的情况下寻求公正、和平解决。① 再如，在奥巴马总统于 2012 年 8 月 20 日表示"假如叙利亚政府对反政府武装人员使用化学武器，那么美国则不排除动用武力的可能性"之后，中国和俄罗斯公开警告西方国家，两国反对针对叙利亚的任何单边主义行为。②

（二）"软制衡"的原因

中俄在叙利亚危机中对美国进行"软制衡"的原因，主要有以下几点。

第一，中俄具有相对强烈的制衡动机。理论上讲，单极体系下大国制衡的强度要弱于多极体系或两极体系下大国制衡的强度，但单极

---

① 《中俄联合声明：叙利亚危机必须在没有外来干涉的情况下寻求公正、和平解决》，http://news.xinhuanet.com/politics/2012-06/06/c_112138272.htm.

② Mordechai Chaziza, "Soft Balancing Strategy in the Middle East: Chinese and Russian Vetoes in the United Nations Security Council in the Syria Crisis", *China Report*, Vol. 50, No. 3, 2014, p. 253.

体系下大国制衡的动机却可能较为强烈。因此，相较于多极体系或两极体系来讲，单极体系下的中俄制衡美国的强度虽然不高，但两国制衡美国的动机却较强。在叙利亚危机中，中国和俄罗斯制衡美国的动机主要受到战略压力、战略利益考量与良性认同等因素的影响。

国家利益考量方面，叙利亚危机直接关涉中国和俄罗斯尤其是后者的重要国家利益。就俄罗斯来讲，叙利亚有着非常重要的经济、政治与战略价值。其一，位于叙利亚的地中海港口塔尔图斯是俄罗斯在原苏联地区之外唯一的军事基地，因而叙利亚是俄罗斯外交战略布局中的一颗重要棋子，有着不可替代的重要性。其二，俄罗斯之所以极力维护叙利亚政府，一个重要原因就是俄罗斯试图以此来阻止西方国家侵犯他国主权的非正当行径。其三，叙利亚是俄罗斯在中东地区的最后一个阿拉伯盟友①，不能保住叙利亚，俄罗斯在该地区的影响力将受到巨大冲击。其四，叙利亚危机爆发前，俄罗斯已与叙利亚签订了一系列军事协议，并在能源领域对叙利亚进行了大量投资。据估计，叙利亚危机爆发时，俄罗斯在叙利亚的经济利益十分可观，其价值约达 200 亿美元。② 因此，一旦叙利亚政府被推翻，俄罗斯可能遭受的重大经济利益损失可想而知。

中国的情况和俄罗斯不一样，中国在叙利亚并不存在重大的军事与经济利益。2010 年，中国和叙利亚的双边贸易额只有 24.8 亿美元，仅是中国对外贸易总额的 0.08%。③ 同一时期，中方从叙方的进口额也只有 0.4 亿美元。④ 因此，中国为解决叙利亚危机所进行的种种努力，主要是出于道义与现实的考虑。作为联合国安理会常任理事国，中国有责任、有义务维护《联合国宪章》所确立的各国主权平等、以

---

① Mordechai Chaziza, "Soft Balancing Strategy in the Middle East: Chinese and Russian Vetoes in the United Nations Security Council in the Syria Crisis", *China Report*, Vol. 50, No. 3, 2014, p. 250.

② 同①。

③ 同①。

④ 同①。

和平方式解决争端、不得动用武力等国际准则。在中国看来，叙利亚问题应由叙利亚人民通过和平的方式而非武力手段加以解决。同时，中国认为，鉴于叙利亚在中东地区的重要战略地位，该国局势动荡不利于地区的和平、稳定与发展。此前西方国家在利比亚问题上的做法就是前车之鉴。此外，中国在联合国安全理事会上适当地使用否决权，客观上也有助于提高中国在国际舞台上的地位与影响力。

良性认同方面，在长期的交往过程中，中国和俄罗斯彼此认同度不断提升，双方均视对方为本国在国际社会可以倚重的一支重要力量，并共享一些观念。例如，中国和俄罗斯都对美国支配下的"自由主义国际秩序"存有不满，认为这是一个西方化的概念，美国正是借此谋取世界霸权；中俄双方均积极倡导不干涉他国内政原则；两国均提倡以外交手段解决国际纷争；双方都倾向于借助地区或国际组织来提升自己在地区或全球的地位与影响力。同时，中俄两国都视联合国安全理事会为遏制美国在中东地区谋求霸权的一个重要平台。

战略压力方面冷战后，美国国家安全战略不断调整，但防范与遏制中俄这两个次等大国的主题却没有改变。为了防止俄罗斯的崛起，进而威胁美国的霸权地位，美国不惜采取了"颜色革命"、反恐战争、导弹部署和北约东扩及人权大棒等多种手段，对俄罗斯的战略空间进行全方位的挤压。与此同时，为阻止中国的崛起、护持全球霸权，美国也通过组建或强化联盟、干涉内政等手段极力打压中国。美国的这种霸权护持战略显然侵犯了中国和俄罗斯的主权安全、军事安全与政治安全等国家核心利益，增大了中国和俄罗斯面临的战略压力，降低了美国的国际形象，从而增大了中俄制衡美国的动机。这是因为：关于霸权正当性的界定，霸权国对次等大国国家核心利益的尊重是一条至关重要的原则。① 通常而言，当某大国的国家核心利益遭到侵害的时候，爆发大国对抗乃至战争的风险最大。② 在目前国际体系结构下，理

---

① 刘丰：《制衡的逻辑》，北京：世界知识出版社，2010年版，第226页。
② 同①。

论上讲，来自霸权国的战略压力越大，霸权正当性越低，各国主要是次等大国制衡霸权的动机便越强烈。

可见，中国和俄罗斯联手对美国进行"软制衡"，属于利益的、道义的和反霸权的合作与协调。

简言之，在联合国安全理事会上，中国和俄罗斯就叙利亚问题一再使用否决权的行为属于典型的"软制衡"行为。通过共同行使否决权等外交协作，中国和俄罗斯阻挠西方国家对叙利亚的干涉与制裁，阻止美国等西方国家针对叙利亚危机提出的各种决议草案或行动计划的通过或实施。① 中国和俄罗斯在叙利亚问题上针对美国的这种"软制衡"行为，引起了西方的关注和重视，一些西方人士甚至把中俄的这种行为解读成两国要"颠覆联合国体制"。不过，也有一些学者指出，中国和俄罗斯针对美国的这种行为不应被视为对当前国际体系的挑战，而仅是中国和俄罗斯为维护国际公平正义、提升自己的国际地位而向国际社会发出的一种信号。② 通过共同对美国进行"软制衡"，中国和俄罗斯向国际社会传达了双方在叙利亚危机等有关中东事务上的相近立场和观点。从某种意义上讲，中国和俄罗斯在叙利亚危机上的战略协作，有助于两国关系的进一步提升，也有利于增强双方针对美国的制衡的强度。③

总之，国际社会针对美国的"软制衡"现象已经显现，只不过其强度还有些微弱，最终能否转变成"硬制衡"也充满不确定性。如前所述，这主要在于国际体系的体系要素和互动属性以及国家实力性质的变更，同时与次等大国和美国的实力差距及前者更为关注后者的意

① Mordechai Chaziza, "Soft Balancing Strategy in the Middle East: Chinese and Russian Vetoes in the United Nations Security Council in the Syria Crisis", *China Report*, Vol. 50, No. 3, 2014, p. 249.

② Mordechai Chaziza, "Soft Balancing Strategy in the Middle East: Chinese and Russian Vetoes in the United Nations Security Council in the Syria Crisis", *China Report*, Vol. 50, No. 3, 2014, p. 254.

③ T. V. Paul, James J. Wirtz, and Michel Fortmann, *Balance of Power: Theory and Practice in the 21st Century*, California: Stanford University Press, 2004, pp. 15-16.

图等因素存有关联。长远来看，只要美国谋求绝对优势、追求"世界霸权"和绝对安全的战略本质不变，只要美国继续搞单边主义，国际社会尤其是次等大国针对美国的"软制衡"就会始终存在。当然，"软制衡"的强度是否会进一步变大，是否会最终转变成"硬制衡"，既依赖于次等大国和美国的实力差距的变化，也在一定程度上取决于美国霸权本身的国际形象等因素。尽管"软制衡"仍存在这样那样的不足，但毕竟为人们提供了一个更好地解读当前大国在中东舞台乃至世界舞台上的战略行为及互动特征的视角，有助于增强人们对大国与中东国家之间关系的洞察力。

第三节　案例分析——第三次中东战争

从制衡角度来看，战后的整个冷战过程可看作是美苏两个超级大国彼此之间不断强化针对对方制衡的过程。冷战时期的国际体系结构（体系内的实力分布状态）决定了美苏均视对方是自己最大的安全威胁和竞争对手，从而必然陷入典型的"安全困境"，即一方谋求安全的努力只会使另一方采取相应的努力，从而使双方陷入更大的不安全。美苏对实力的追求和对势力范围的争夺，不仅导致双方之间会持续进行"硬制衡"，而且也致使各自的盟友之间不断进行着制衡的努力，乃至爆发战争。这方面的一个典型案例就是 1967 年第三次中东战争，这次战争的爆发与美苏之间的"硬制衡"存在密切关系。

1967 年第三次中东战争爆发前夕，中东国家已分裂为亲苏（埃及、叙利亚、伊拉克等）和亲美（以色列、沙特等）两大阵营，阿以冲突、"阿拉伯冷战"与美苏冷战交织在一起，中东深深融入了以两极为特征的世界秩序。但是，中东作为国际体系的一个地区子系统，在受到所在国际体系的影响乃至支配的同时，仍保持着一定的独立性。中东地区子系统的这种双重特征对第三次中东战争的爆发产生了重大影响，这可以从两个层面进行分析。

首先，国际体系的支配性。这种体系因素对中东地区冲突的影响主要表现为东西方在中东的激烈争夺。第一，竞相扶植代理人。进入20世纪60年代，美苏在中东的角逐变得空前激烈，两国利用阿以矛盾和阿拉伯世界内部纷争，竞相寻找、扶植各自的代理人，大搞联盟游戏和军备竞赛，致使阿以冲突不断卷入东西方冷战的漩涡。为与美国争夺中东，苏联对埃及、叙利亚等阿拉伯国家的武器要求一度大开绿灯。1960—1967年间，埃及与苏联先后达成数笔武器交易。[1] 第三次中东战争爆发前，埃及已拥有1200辆坦克和500架飞机。[2] 事实上，冷战时期苏联在中东的影响力排他性地源于军售。[3] 与此同时，美国愈益把以色列视为遏制苏联和埃及的重要战略资产，积极扶植以色列。英国也把埃及和苏联看作是威胁本国的中东地位和西方在中东利益的两大对手，也极力武装以色列。结果，从1964年到1967年间，以色列从美国等西方国家先后购买了大约140架飞机。[4] 1967年3月至5月，美国又向以色列运交了400辆新式坦克与250架新式飞机。[5] 鉴于阿以双方均努力获得比对方更先进的武器，都力图保持自己的相对军事优势，美英与苏联间的相互制衡行为或冷战把阿以双方推入了军备竞赛的恶性循环和典型的"安全困境"，增强了阿以彼此的实力和战胜对手的信心，助长了它们在第三次中东战争前的冲突中采取强硬立场和大胆行动的倾向，以致最终走向战争。

第二，积极支持或变相支持代理人间的斗争乃至战争。这一时期，美国和苏联对于中东地区冲突问题存有不同的理解。出于各自利益考

---

[1] Moshe Gat, "The Great Powers and the Water Dispute in the Middle East: A Prelude to the Six Day War", *Middle Eastern Studies*, Vol. 41, No. 6, 2005, p. 914.

[2] 同[1]。

[3] Bassam Tibi, translated by Clare Krojzl, *Conflict and War in the Middle East*, 1967 - 91: *Regional Dynamic and the Superpowers*, New York: St. Martin's Press, 1993, p. 17.

[4] Ami Gluska, *The Israeli Military and the Origins of the* 1967 *War: Government, Armed Forces and Defence Policy* 1963 - 1967, London and New York: Routledge, 2007, p. 37.

[5] 季国兴、陈和丰等：《第二次世界大战后中东战争史》，北京：中国社会科学出版社，1987年版，第222页。

虑，相对而言，前者更希望保持中东地区的稳定，后者整体上则倾向于保持地区冲突的适当存在，尽管存在个别例外。这种战略目标差异，直接影响美苏在阿以冲突上的具体政策。其一，介入水资源争端。苏伊士运河战争后，苏联的中东政策表现出明显的进攻性。苏联在第三次中东战争前的主要目标就是利用阿以冲突扩大在中东地区的政治和经济影响力，在地中海获得军事基地以抗衡美国第六舰队。不过，出于既同美国争夺中东又要避免与美国迎头相撞的考虑，苏联希望保持一定程度的阿以冲突，但要避免发生战争。因此，阿以间的水资源争端为苏联实现向中东地区的进一步扩张提供了难得的契机，苏联坚定站在阿拉伯国家一方。苏联声称，以色列的分引约旦河水计划是对阿拉伯国家的公然挑衅，以色列是西方帝国主义安插在中东的一枚棋子。[①] 由于叙利亚在苏联眼中战略地位的不断上升，苏联尤其积极支持叙利亚在水资源等问题上的激进反以立场。苏联明显的亲叙利亚政策使叙利亚政府确信，在对抗以色列问题上，叙利亚能够得到苏联的外交支持和武器援助。加之，部分由于苏联的压力，埃及与叙利亚于1966 年 11 月 4 日签订了一项防务协定。有了埃及和苏联的保护以及苏联的军事援助，叙利亚信心大增，在水资源等问题上对以色列采取极其强硬的政策，从而强化了阿以双方间的"硬制衡"。

　　美国从 20 世纪 50 年代初便开始把外交重点放在了中东水资源问题上。但与苏联不同，出于遏制苏联和确保中东石油供应等利益考虑，美国希望保持中东稳定，因而努力寻求水资源争端的和平解决。然而，阿以关系中剧烈的政治变化和阿拉伯国家对美国真实意图的怀疑，致使美国提出的种种水资源解决方案均无法被阿以双方接受。同时，鉴于维持地区稳定也依赖于力量平衡，美国等西方国家继续向以色列提供武器，从而也有利于助长以色列在水资源争端上的强硬立场。因此，尽管美国在水资源争端问题上对以色列的支持力度不及苏联，但其向

---

　　① Moshe Gat, "The Great Powers and the Water Dispute in the Middle East: A Prelude to the Six Day War", *Middle Eastern Studies*, Vol. 41, No. 6, 2005, p.931.

以色列提供军事装备的做法，则无疑助长了以色列在水资源争端上的强硬立场，进而有助于进一步强化阿以间的对抗包括"硬制衡"。

其二，苏联的"情报"和美国的"黄灯"。这一时期，美苏对阿以冲突的立场、态度显然是服务于各自的中东乃至全球战略的。对于苏联在第三次中东战争爆发中的作用，一些学者认为，苏联战前的某些做法无疑有助于诱发第三次中东战争前的阿以危机。① 其中，备受学者们关注的是，苏联在 1967 年 5 月 13 日向埃及提供的"情报"（以色列正在叙利亚边界地区集结 10 个旅以上的兵力，准备进攻叙利亚）显然对这次危机的爆发起到了推波助澜的作用。② 关于苏联向埃及传递这一"情报"的动机，学者们的观点大致可以分为"有意挑起阿以战争"和"有限度地加剧阿以冲突"两种观点。持这两种看法的学者均认为，苏联在战前传递"情报"的目的是利用阿以冲突加强苏联在中东的影响力和埃及等代理人在国内和阿拉伯世界的声望。③ 当然，对于苏联提供的"情报"本身的真实性和苏联是否相信"情报"的真实性等问题，学术界尚有争议。

这份"情报"对纳赛尔总统的冒险行动似乎也起到一定助推作用。例如，纳赛尔得知这一消息后，第一时间召开了由空军司令、海军司令、陆军司令等高级军事领导人参加的紧急会议，并在会上迅速做出要求驻扎在西奈的联合国紧急部队撤走等决定。④ 于是，在收到这份"情报"的第二天，即 1967 年 5 月 14 日，纳赛尔便决定向西奈半岛增兵。再如，第三次中东战争结束后，纳赛尔曾气愤地指出，正是苏联

① Wm. Roger Louis and Avi Shlaim Link, *The 1967 Arab - Israeli War: Origins and Consequences*, New York: Cambridge University Press, 2012, p. 194.

② Yaacov Ro'i and Boris Morozov, *The Soviet Union and the June 1967 Six Day War*, California: Stanford University Press, 2008, p. 45.

③ 同①，第 195 页。

④ 伊卜拉欣·萨阿德著，杨期锭等译：《俄国人来了》，北京：商务印书馆，1977 年版，第 194 页。

的这份"情报"促使他最终决定向西奈派兵。① 当然，我们也不能夸大该"情报"本身的效力。因为纳赛尔之所以这样说，显然不能排除其有让苏联人分担战争责任之嫌。更何况纳赛尔对该"情报"的真实性也并非没有怀疑，且在第三次中东战争爆发前的几个月里，苏联已经先后提出了好几个类似的警告。同时，正如以色列的一位部长曾指出的，第三次中东战争前，来自艾希科尔、拉宾和其他以色列政要的有关以色列将进攻叙利亚的大量言论，实际上已使阿拉伯国家基本不怀疑以色列很可能对叙利亚发起进攻"。② 因此，纳赛尔显然并不需要完全依赖苏联的"情报"来判定以色列是否会进攻叙利亚。

另外，值得一提的是，苏联在给埃及、叙利亚的警告中提到的关于"以色列将在5月17日凌晨对叙利亚发起的进攻"后来并未发生。③ 然而，5月17日以后，纳赛尔并未停止对以色列的冒险行动，反而变本加厉。可见，纳赛尔之所以做出这个决定，有着多方面的考虑，其主要目的是想利用叙以冲突改善埃及不断下降的国际地位和摆脱国内日益严峻的经济危机。总之，苏联当时出于自己的利益传递"情报"，确实会加剧阿以冲突，最起码为纳赛尔向西奈出兵、摆脱进退维谷的困境提供了一个名正言顺的借口。

关于美国在以色列发动战争问题上到底持什么态度的问题，学者们大体上有反对、默许和支持三种观点。相对来讲，鉴于美国当时是以色列的一个主要的武器供应国和安全保证国，且该问题事关以色列生存安全，因而美国亮红灯的可能性不大。同时，第三次中东战争④爆发前，美国中东外交的主要目标是维持地区稳定和遏制苏联，在保持

---

① Yaacov Ro'i and Boris Morozov, *The Soviet Union and the June 1967 Six Day War*, California: Stanford University Press, 2008, p.45.

② Tom Segev, *1967, Israel the War and the Year that Transformed the Middle East*, New York: Metropolitan Books, 2007, p.231.

③ Eric Hammel, *Six Days in June: How Israel Won the 1967 Arab-Israeli War*, New York: Maxwell Macmillan International, 1992, p.27.

④ Wm. Roger Louis and Avi Shlaim Link, *The 1967 Arab-Israeli War: Origins and Consequences*, New York: Cambridge University Press, 2012, p.215.

与沙特和约旦等保守政权的友好关系的同时，尽力避免过度刺激那些激进阿拉伯国家的反美情绪。因此，美国亮绿灯的几率也不高。

不过，值得注意的是，当时美埃关系已经处于全面对抗时期。纳赛尔和美国总统约翰逊互相十分仇视。纳赛尔曾挖苦约翰逊："要是地中海海水还不够喝，去喝红海海水吧！"① 约翰逊听到后，气愤地说："我要让纳赛尔付出高昂的代价！"② 而且，美国当时利用以色列打击埃及，进而削弱苏联在中东的地位之意图也昭然若揭。因此，理论上讲，约翰逊出于中东、全球战略的考虑，会倾向于让以色列自保，但更有可能对以色列亮黄灯。例如，约翰逊在1967年5月26日十分严肃地对来访的以色列外长埃班反复强调："除非以色列决定单独行动，否则以色列便不会孤单。"③ 然而，按照目前研究这一时期美以关系的权威学者威廉·匡特的看法，根据约翰逊的习惯表达方式推断，约翰逊此话的真正含义应是：如果以色列发动战争，使自己陷入了麻烦，以色列不应指望美国的援助④。再如，在6月2日约翰逊给艾希科尔的信函中，尽管美国仍告诫以色列不要单独行动，但同时表示，"以色列应采取的行动取决于自己"。⑤ 与此同时，美国也仍强调对以色列的安全承诺，在战争爆发的前几天还在向以色列提供武器。⑥ 可见，美国的态度显然并非强烈反对，而更像是变相默许，是在亮黄灯。

这种立场从美国在战争一爆发立即向以色列提供慷慨援助也可见

---

① 伊卜拉欣·萨阿德著，杨期锭等译：《俄国人来了》，北京：商务印书馆，1977年版，第197页。

② 同①。

③ Nigel J. Ashton, *Cold War in the Middle East：Regional Conflict and the Superpowers, 1967-73*, London and New York：Routledge, 2007, p. 20.

④ Patrick Seale, *Asad of Syria：The Struggle for the Middle East*, Berkeley：University of California Press, 2011, p. 134.

⑤ 王新刚：《中东国家通史·叙利亚和黎巴嫩卷》，北京：商务印书馆，2003年版，第282页。

⑥ Stephen Green, *Taking Sides：America's Secret Relations with a Militant Israel*, New York：William Morrow & Co., Inc., 1984, pp. 204-211. Quoting Patrick Seale, *Asad of Syria：The Struggle for the Middle East*, Berkeley：University of California Press, 2011, p. 135.

一斑。通过亮黄灯，美国既一定程度上履行了保证以色列安全的既定政策，也安抚了国内犹太人，还可能降低战争的风险。然而，对以色列来讲，正如大多数司机一样，黄灯等同于绿灯。[①] 以色列在战前也了解到，如果以色列发动战争并取得胜利，华盛顿没有人会感到不快。事实上，美国的官方警告和约翰逊的私下言论也并非完全一致。例如，恰恰在收到约翰逊的信函、进一步摸清美国的这种"默许"立场之后，以政府于6月4日最终确定了具体进攻时间。[②] 因此，美国这种立场对以色列最终决定发动战争实际上起到了一定的助推作用。难怪埃及后来的总统萨达特不无气愤地指出："约翰逊和以色列人均承认，1967年战争的整个计划正是在美国国防部制定的。"[③]

毋庸置疑，苏联的"情报"和美国的"黄灯"对于强化阿以间的"硬制衡"，加剧阿以冲突乃至战争的最终爆发，均起到一定的催化作用。

其次，子系统的自主性或独立性。当然，在承认美苏间的""硬制衡""对阿以间的"硬制衡"及第三次中东战争爆发的重要影响的同时，也不能过于夸大这种影响，这主要在于中东子系统的自主性或独立性特征。长期以来，关于地区冲突的根源，学术界存在两种不同观点，即体系支配论和子系统支配论。然而，虽然战后中东日益融入国际体系，但这并不意味着该地区冲突完全受体系因素的支配，也不代表美国或苏联可以完全掌控中东事务。中东地区作为国际体系的一个子系统，在融入国际体系的同时，也存在自己的象限和自身的动力。而且，由于超级大国往往通过武器供应等间接介入方式施加影响，一般很少动用本国军队直接介入地区冲突，因而也削弱了大国管控盟友

---

① Nigel J. Ashton, *Cold War in the Middle East*: *Regional Conflict and the Superpowers*, *1967-73*, London and New York: Routledge, 2007, p. 4.

② 季国兴、陈和丰等:《第二次世界大战后中东战争史》，北京:中国社会科学出版社，1987年版，第247页。

③ 安瓦尔·萨达特著，中译本:《萨达特回忆录》，北京:人民出版社，1978年版，第99页。

的效力。事实上，中东国家对大国施压和造成某种威胁的能力是尤为突出的，这也部分解释了国际社会为何难以将有关决策强加给该地区国家。[1]

第一，地区子系统的特征。在当代中东历史舞台上，除了主权规范、国家认同，阿拉伯民族统一、阿拉伯或伊斯兰认同、团结合作等，非主权规范和超国家认同也在这里施加影响，这不仅导致中东国际关系中认同与规范的力量非常突出，而且还使阿拉伯国家倾向于诉诸"软制衡"手段制衡来自其他阿拉伯兄弟国家的威胁与挑战。因此，战后，中东虽然在美苏的冷战对抗中日益融入国际体系，但中东仍是一个尤其是规范上不同于全球体系的地区子系统，仍保持着自己的冲突逻辑与动力，那些流行的国际规范与价值观，在中东这里显然并不受推崇。[2] 如前所述，阿拉伯国家间的冷战或"软制衡"激化了阿以冲突，在某些方面甚至损害了美苏两国的利益，但美苏两个超级大国并不能真正控制这种冷战。

第二，庇护关系。冷战时期的两极体制只在冷战的中心舞台是稳固的，在边缘地区则是不稳固的，超级大国不能对中心舞台以外的地区政治进程施加绝对性影响。[3] 地区子系统中的国家是国际政治中的积极行为体，而非仅仅是承受客体。虽然中东地区是国际体系的一个组成部分，但并不是美苏等大国的专属棋盘，中东国家往往利用美苏积极扩大自己在中东的政治影响和担心地区冲突过度升级等心理，不时挑战他们在中东的利益，极力进行讨价还价，从而迫使两大国做出一定让步。[4] 第三次中东战争爆发前的苏阿（埃及、叙利亚等激进国家）

---

① Yair Evron, *The Middle East: Nations, Super-Powers and Wars*, London: Elek, 1973, p. 173.

② Bassam Tibi, translated by Clare Krojzl, *Conflict and War in the Middle East, 1967-91: Regional Dynamic and the Superpowers*, New York: St. Martin's Press, 1993, p. 4.

③ Bassam Tibi, translated by Clare Krojzl, *Conflict and War in the Middle East, 1967-91: Regional Dynamic and the Superpowers*, New York: St. Martin's Press, 1993, pp. 31-33.

④ Yair Evron, *The Middle East: Nations, Super-Powers and Wars*, London: Elek, 1973, pp. 173-191.

关系、美以关系均存在有限性，属于一种庇护关系，而非主从关系。美苏分别是阿、以在经济或军事上的赞助人或庇护人，但美苏不能完全操控这些国家的行为，因为赞助国并不一定能控制受赞助人。例如，苏联对纳赛尔未事先与自己协商就关闭蒂朗海峡的行为深表不悦和忧虑，认为纳赛尔走得太远了，担心这样的行为可能引发苏联与美国之间的对抗。① 再如，尽管苏联在第三次中东战争爆发前明确表达了对战争的反对，美苏在战争期间也进行了外交协调，但战争的爆发和演变均不在他们完全掌控范围之内。② 事实上，从 1967 年 5 月中旬开始，埃及和以色列均面临多重选择，苏联已很难控制他们的行为，特别是在纳赛尔关闭蒂朗海峡之后，苏联对埃及的控制能力更加大打折扣。③ 事实证明，苏联人显然过高估计了自己和美国人对各自盟友的控制力。

　　总之，对于阿以双方来讲，在当时的情况下，可以说第三次中东战争并非一场非要选择的战争，尽管成为一次不可避免的战争。肇始于 1967 年 5 月 14 日的阿以危机或中东危机，恰恰发生在阿以矛盾、"阿拉伯冷战"与东西方冷战日益激烈和彼此交织的大背景下。在这种大背景下，阿以间固有的边界冲突、领土纠纷和敌对认知不可避免地被放大或激化了，并逐渐演变成战争。具体来讲，一方面，作为国际体系的子系统，中东区域内的政治发展一定程度源于国际体系大背景，因而阿以冲突、"阿拉伯冷战"均不同程度受到冷战格局的影响。美苏在中东的对抗和争夺，增强了各自盟友的对抗意识和能力，使得阿以冲突持续发酵和"阿拉伯冷战"加剧，进而强化了阿以双方之间的"硬制衡"。另一方面，以色列的安全焦虑、"阿拉伯冷战"、美以和苏阿关系的有限性以及中东在国际体系中的相对边缘性，均削弱了国际

---

① Edgar O'Ballance, *The Third Arab-Israeli War*, London: Faber, 1972, p. 28.

② Wm. Roger Louis and Avi Shlaim Link, *The 1967 Arab - Israeli War: Origins and Consequences*, New York: Cambridge University Press, 2012, p. 214.

③ Stephen J. Roth, *The Impact of the Six-Day War: A Twenty-Year Assessment*, Hampshire: Macmillan Press, 1988, p. 133.

体系对中东地区子系统的支配性，却强化了中东地区子系统的独立性特征，赋予中东区域内的政治发展以更强的内部逻辑和动力，致使超级大国无法随心所欲地控制域内国家的行为，不能有效阻止冲突的升级，以至滑向战争。事实上，由于受各种因素的影响，第三次中东战争爆发前阿以危机的发展往往超出有关各方的预料，不仅美苏的控制力有限，就算以色列和埃及也并不是总能控制形势的发展。但是，不可否认的是，美苏在中东舞台上针对彼此的"硬制衡"行为直接强化了阿以之间的"硬制衡"，致使阿以双方最终一步步滑向战争的深渊。

小　结

纵观历史，制衡是大国常用的一种外交手段或策略。中东地区具有自身重要的战略位置和能源价值，加上缺少地区霸权国，致使其长期成为大国逐鹿之地。就大国的中东政策来讲，无论是昔日大英帝国的"分而治之"，还是冷战时期美苏的竞相扶植代理人政策，抑或是冷战后美国的遏制地区霸权主义战略，无不属于"制衡"之术。冷战时期，美苏对中东地区的争夺和制衡不断升级，既有军事对峙，也有经济、政治、意识形态等方面的对抗。美苏在中东地区竞相扶植代理人，极力扩大亲己势力，致使中东地区日益分裂为亲苏阵营和亲美阵营。美苏的争霸行为和制衡策略直接加剧了中东国家之间的制衡强度。

20世纪80年代中期以后，苏联逐渐放弃了对美国的制衡，导致沃尔兹所谓的"出局"和两极格局的瓦解。① 冷战后，由于次等大国纷纷对美国采取追随或交好政策，美国一度成为中东舞台上的唯一主角。此时期，美国中东战略的主要目标已由最大限度遏制苏联向中东的渗透、扩张转为遏制地区霸权主义的崛起。随着中东地缘政治格局由两强争霸到一强主导，中东国家之间的制衡强度一度变弱。因为单极体

---

① 刘丰:《制衡的逻辑》,北京:世界知识出版社,2010年版,第247页。

系下，受制于实力差距和世界权力结构等因素的影响，不仅主要大国制衡唯一超级大国的强度变弱，区域国家之间的制衡行为也会降低。区域国家缺少了大国扶持和大国争霸的刺激，它们相互之间进行制衡的意愿和组建联盟的概率均会下降。

2011 年"阿拉伯之春"爆发以后，伴随俄罗斯的强势回归，中东又逐渐恢复了大国政治时代，致使中东国际关系中的大国制衡因素再次强化，中东国家间制衡行为的强度也随之增大。

第六章　不对称性制衡

在中东舞台上，除了国家与国家之间的对称性制衡之外，还存在国家与非国家行为体之间的不对称性制衡现象，这种现象对有关国家之间的关系产生了不容忽视的影响。

第一节　不对称性制衡的动因

一、制度赤字

国际社会在应对非国家行为体不对称性制衡上存在明显的制度赤字。冷战后，伴随非国家行为体大量涌现、世界权力格局日益分散化、安全威胁的性质逐渐改变、恐怖主义组织等非国家行为体的威胁日益突出，国际社会面临新的巨大挑战。目前，全球治理仍主要依赖二战后建立起来的国际制度，[①] 但这种国际制度本身有着明显的缺陷和不足，致使其无法有效应对来自非国家行为体的挑战和威胁。具体来讲，第一，冷战时期的国际制度主要应对来自国家行为体而不是非国家行为体的安全威胁与挑战（例如战争等），因而国际社会亟需新的治理理

---

① 秦亚青：《国际体系的延续与变革》，载《外交评论》，2010年第1期，第10页。

念与方法。第二，虽然合作治理已成为当今新老大国的共识，但西方大国曾经是且仍然是国际制度的主导者，因而必然会限制新兴大国在推动国际制度改革与应对非国家行为体挑战等方面发挥应有作用。

二、民族与国家的失衡

中东国家与大多数发展中国家类似，其民族和国家的产生次序和构建方式不同于近代以来的大多数欧洲国家。某种程度上说，近代以来的欧洲国家属于民族早于国家产生并促进国家构建的理想国家类型，而中东国家则属于国家早于民族产生并促进民族构建的非理想国家类型。从这种意义上讲，中东国家民族主义存在先天不足的突出特征，这也是中东国家独立后长期受到大量次国家或超国家认同挑战的一个重要根源。[1] 这些彼此竞争的次国家、国家和超国家认同，必然对中东国家的外交政策及中东国际关系产生不容忽视的影响[2]。这些相互竞争的认同的存在，实际上也为各国统治精英构建或重构本国国家认同提供了种种契机，从而致使有关国家既定对外政策的强化或者新外交导向的确定。[3]

另外，中东国家普遍实行威权主义统治，这种统治模式既并未有力促进民族国家构建甚至产生一些负面影响，一定程度上导致国家政权的虚弱。不容否认，一国的政权越是强大，越有助于该国的民族构建、抵御外来干涉，以及应对来自非国家行为体的威胁与挑战；反之，一国的政权越是虚弱，则越有助于非国家行为体的发展，越容易招致外部势力的介入和干涉。虽然民族构建和国家构建属于两个不同的发展进程，在实践中二者也并不是完全同步的关系，不过，二者却应是相向而行与彼此促进的。就中东一些国家，其国家构建和民族构建这

---

[1]　Louise Fawcett, *International Relations of the Middle East*, New York: Oxford University Press, 2005, p.151.

[2]　Shibley Telhami and Michael Barnett, *Identity and Foreign Policy in the Middle East*, Ithaca: Cornell University Press, 2002, p.118.

[3]　同[2]。

两个进程未能形成良性互动，存在民族国家构建不足的现象，少数国家的民族和国家处于一种失衡状态，这便为各种非国家行为体的产生、发展与壮大乃至泛滥提供了合适的土壤与条件，导致这些国家在努力应对来自他国的威胁与挑战的同时，还要被迫对抗来自非国家行为体的各种威胁和挑战。

三、利用非国家行为体制衡对手

长期以来，中东国家不仅会选择发展军事力量、组建国家联盟的传统方式制衡对手，还会利用非国家行为体制衡对手。前者属于国家之间的对称性制衡，后者则属于国家与非国家行为体之间的不对称性制衡。很大程度上讲，正是国际社会在应对非国家行为体这种不对称性挑战或制衡上存在明显的制度赤字，以及中东国家与民族的失衡，导致中东地区非国家行为体的活跃，从而使这种不对称性制衡的发生成为可能。因此，除了对称性制衡之外，不对称性制衡也成为中东国家制衡对手的一把利器。

第二节　案例分析——"伊斯兰国"

20世纪末以来，在不到20年的时间里，"伊斯兰国"由原本一个并不十分起眼的"圣战"组织迅速发展或为一个举世瞩目的准国家组织，对中东局势产生了严重冲击。当前，虽然"伊斯兰国"已受到重创，但并未完全消灭，仍在中东甚至更广泛地域具有一定的政治能量，且这种能量还在继续释放。

一、"伊斯兰国"的特征

作为一种准国家组织，"伊斯兰国"的挑战具有对称性制衡与不对称性制衡的双重特征。① 这种双重特征使其对国家行为体和国际社会均产生了远超一般非国家行为体所能产生的强大冲击力。

不可否认，像"基地"组织等非国家行为体通常缺乏正规的政治实体（国家）所具有的制衡资源。② 但是，这并不意味着它们不具有任何制衡能力，恰恰相反，它们的行为具备着制衡的一些重要特质。③ 事实上，前面已提及，制衡不仅有着平衡、均衡的含义，也具有反对、抵抗等内涵。④ 通常情况下，普通的恐怖分子或组织并不具有有效制衡国家的能力，更遑论制衡超级大国，然而，他们却有能力采取行动增大有关国家采取行动的成本或者从政治上削弱这个国家。⑤ 更为重要的是，"伊斯兰国"不是普通的恐怖主义势力，它管控的土地面积一度达到数万平方公里，其管辖范围内有着多座城池与上百万人口。"伊斯兰国"虽不是一个国家行为体，但却具有国家行为体所拥有的一些能力和特征，俨然是一个准国家组织。因此，"伊斯兰国"拥有普通恐怖组织所没有的强大的制衡资源，其对国家行为体的威胁、挑战虽仍属于一种不对称性制衡，但一定程度上也具有了国家行为体的某些制衡特征与能力。

二、"伊斯兰国"的影响

第一，冲击中东独立的民族国家体系。无法否认，"伊斯兰国"对中东有关国家的挑战能力、对国际社会的威胁强度，是一般意义上的恐怖主义组织无法相比的，其在叙利亚与伊拉克两国的迅速壮大便是明证。面对"伊斯兰国"的冲击和挑战，伊拉克和叙利亚尤其是前者

---

① 谢立忱：《从不对称性制衡视角看"伊斯兰国"崛起的原因、特征与影响》，载《世界宗教文化》，2017年第1期，第36页。
② T. V. Paul, James J. Wirtz, and Michel Fortmann, *Balance of Power: Theory and Practice in the 21st Century*, California: Stanford University Press, 2004, pp. 106-107.
③ 同②，第107页。
④ 同③。
⑤ 同③。

显得力不从心。在"伊斯兰国"势力的冲击下，中东民族独立国家体系遭遇了空前严峻的挑战，叙利亚与伊拉克两国的边界俨然处于多孔状态，其他一些中东国家的边界也或多或少处于某种失控状态。时至今日，得益于国际社会的联合打击，"伊斯兰国"的势力已大不如从前，但衰而不亡，其影响力已进一步扩散到中东其他地区及域外，且产生了某种多米诺效应，导致也门、阿富汗、利比亚、黎巴嫩、菲律宾、埃及、尼日利亚等国也不同程度受到恐怖主义组织的威胁和挑战。考虑到以"伊斯兰国"为代表的恐怖势力都把建立"哈里发国家"视为主要目标，且这些势力之间注重横向联合，从而决定了中东乃至整个伊斯兰世界的独立的民族国家体系将继续受到这些恐怖势力的不对称性的挑战或制衡。

第二，重新"定义"美国外交。除伊斯兰国家外，当今世界的超级大国美国也很难独善其身，一定程度上受到来自"伊斯兰国"的不对称性制衡。需要指出的是，这里所谈的不对称性制衡主要指非国家行为体针对美国采取的暴力活动和美国的反恐行为。正如有关学者指出，今天美国最狂热的对手并非传统意义上的国家，而是如同"基地"组织这样的非国家行为体，这些非国家行为体常常采取恐怖主义等不对称性制衡策略。①

这样说，并不是夸大其词、危言耸听。实际上，综观冷战后相当一段时间美国各届政府的《美国国家安全战略》报告，不难看出，当时美国对国际形势的一个基本判断便是：美国正面临日益具有不确定性的世界，冷战后美国面临的安全威胁性质已发生重大改变，即由冷战时期来自国家层面的传统安全威胁转变为来自非国家行为体的恐怖主义等非传统安全威胁。2001 年的"9·11"事件充分暴露了美国在应对恐怖主义这种不对称性制衡上的脆弱，使得美国进一步发现，恐怖分子而非传统大国才是心腹之患。正是在这种情况下，2002 年的

---

① 斯蒂芬·沃尔特著,郭盛、王颖译：《驯服美国权力:对美国首要地位的全球回应》,上海:上海人民出版社,2008 年版,第 114 页。

《美国国家安全战略》报告中，美国把恐怖主义列为当前面临的最主要威胁，把恐怖主义和所谓的"无赖国家"列为美国主要的现实对手，同时制定了以"增强美国本土安全、击败全球恐怖主义"为首要战略目标的先发制人战略。然而，作为一种不对称的制衡手段或策略，恐怖主义的效力较大程度上取决于谁能赢得恐怖主义运动发源地的大部分人心。①假使不加区分地粗暴打压，结果可能适得其反，甚至到头来"越反越恐"。所以，小布什政府实行的反恐战略因过于强调硬实力，忽视了软实力，结果非但没有获得预期的成效，还大大损害了美国自身的综合实力特别是软实力，而软实力才是恐怖分子的力量之源。②

事实证明，美国霸权确实遭遇了典型的不对称性制衡。2015年的《美国国家安全战略》报告中指出，伊拉克战争和阿富汗战争支配了美国过去十多年的大部分外交政策。③出于新的国际形势及对小布什时期美国外交的反思，奥巴马执政后，美国实行巧实力战略，即将硬实力与软实力巧妙结合起来的战略。在应对恐怖主义威胁上，美国更为强调标本兼治、未雨绸缪，力图变被动为主动。这在2015年的《美国国家安全战略》报告中便有着充分的体现："相较于在战场上努力消灭恐怖分子，美国与别国一同致力于铲除暴力极端主义的意识形态和根源要重要得多""为了避免我们被对手下定义，美国而不是美国的对手将定义这场斗争的性质和范围。"④但是，当奥巴马力图从中东地区进行战略收缩的时候，该地区的恐怖主义却显现出强势反弹之势，"伊斯兰国"的异军突起严重扰乱了美国的中东战略布局，导致美国必须重新调整中东战略，积极组建反恐大军，重新加大对中东地区的战略投入。不过，"伊斯兰国"作为一种非国家行为体，其对美国的这种不对称性

---

① 斯蒂芬·沃尔特著,郭盛、王颖译:《驯服美国权力:对美国首要地位的全球回应》,上海:上海人民出版社,2008年版,第114页。

② 约瑟夫·奈著,马娟娟译:《软实力》,北京:中信出版社,2013年版,第33页。

③ The White House, "National Security Strategy of the United States of America", http://www.whitehouse. gov/sites/default/files/docs/2015_national_security_strategy_2. pdf.

④ 同③。

制衡显然是有限的，不能过于夸大，特别是不能改变美国的亚太再平衡战略。然而，"伊斯兰国"将打击"远敌"（西方）当作该组织的一个重要目标，且其军事力量和政治能量远非一般的恐怖组织可比拟，这意味着美国外交一定程度上将继续受到恐怖主义的某种制约。

第三，推动国际制度改革。随着"伊斯兰国"势力的不断壮大，尤其是取代"基地"组织蹿升为国际恐怖主义的"新旗手"，其俨然成了全球治理的一大难题。面对非国家行为体的不对称性制衡和前所未有的巨大挑战，越来越多的国家和国际组织加入了反恐行列。例如，2015年7月9日和10日，为夯实安全合作、一致应对新的安全威胁，上海合作组织在俄罗斯乌法市举行了为期两天的第十五次元首理事会。会上，各国元首重点研究落实《上海合作组织成员国打击恐怖主义、分裂主义和极端主义2016年至2018年合作纲要》等文件。① 再如，2015年11月15日，金砖国家五国领导人在土耳其安塔利亚市举行非正式会晤，各方纷纷表示将进一步加强沟通协调和反恐合作、一致应对全球挑战。② 有效的治理需要良好的制度，"伊斯兰国"对全球治理的重大挑战无疑进一步暴露了国际制度本身的缺陷和不足，凸显了改革的必要性与迫切性。正像二十国集团的形成得益于金融危机一样，"伊斯兰国"造成的巨大挑战也可能在国际社会特别是上合组织与金砖国家的反恐协作中，对相关国际制度的改革起到一定推动作用。

综上，恐怖主义等非传统安全威胁并不是新近才出现的，但其造成的威胁和挑战直到冷战结束后才引起国际社会的普遍重视和关注。"伊斯兰国"的异军突起把恐怖主义这种不对称性挑战推到了一个空前顶点，不但对中东独立民族国家体系造成强烈冲击，而且对相关国家包括美国的外交也产生了不同程度的影响和制约。尽管作为不对称制

---

① 金学耕、岳连国、刘越：《上海合作组织成员国元首理事会会议新闻公报》，http://news.xinhuanet.com/world/2015-07/11/c_128008651.htm。

② 李斌、李建敏：《习近平出席金砖国家领导人非正式会晤》，http://news.sohu.com/20151116/n426533705.shtml。

衡，"伊斯兰国"难以改变自威斯特伐利亚以来的民族国家体系，也不会对美国这样的超级大国形成真正意义上的制衡，但正像美国著名的博弈论专家斯蒂文·勃拉姆斯所讲，对于力量不对称的对局，假如实力较弱的一方能够在对局中正确地使用"威胁力"，将实力较强的局中人锁定在"无效用"的象限之中，便有可能迫使对方作出妥协，从而使自己获得较静态对局更优的结果。[①]

长远来看，如果国际社会在应对"伊斯兰国"这种不对称性制衡上没有消除国内和国际层面的制度赤字，有关国家继续尔虞我诈、心怀鬼胎，甚至彼此制衡，那么，所谓的反恐就无法真正达到标本兼治，"伊斯兰国"便很可能不是恐怖分子在全球舞台上演的最后一场悲剧。

小　结

传统制衡理论主要关注的是国家与国家之间的对称性制衡，但在中东国际关系中，还存在国家与非国家行为体之间的不对称性制衡。这既与中东民族国家构建的不足有关，也同有关国家利用非国家行为体制衡对手的动机有关。就制衡的强度及对中东国际关系的影响来讲，尽管这种不对称性制衡远不及国家之间的对称性制衡，但前者会大大增强中东国家国内政治与国际政治的互动性，从而对有关国家之间的关系及中东国际关系产生一定影响和冲击。尤其是像"伊斯兰国"这样的准国家组织，虽然仍属于非国家行为体，但其实力显然是一般非国家行为体所无法比拟的，因而其对中东国际关系产生的巨大冲击力也是一般非国家行为体所不能望其项背的。现实主义理论认为国内政治和国际政治之间存有明显差别，将国际系统与国内系统视为两个不同的领域，从而导致对国内政治的忽视。然而，按照系统论观点，在

---

① Steven J. Brams, *Theory of Moves*, New York: Cambridge University Press, 1994, pp. 138–156.

国际社会，国际政治和国内政治之间的互动往往是经常发生的。① 根据美国哈佛大学著名教授罗伯特·普特南的"两层游戏理论"，一国的国际行为不能只从国际结构关系来解释，国内政治也是影响国际关系的一个重要因素。② 因此，从制衡视角讲，为了更好地研究中东国际关系，不能单从国家层面来理解，还要关注国内政治层面。换句话讲，研究中东国际关系中的制衡因素，既要关注国家层面的对称性制衡，也要重视非国家行为体与国家行为体之间的不对称性制衡。

---

① 星野昭吉、刘小林主编:《冷战后国际关系理论的变化与发展》,北京:北京师范大学出版社,1999 年版,第 306 页。

② 樊勇明:《西方国际政治经济学》,上海:上海人民出版社,2000 年版,第 416 页。

第七章 从制衡到对冲：战后中东国际关系嬗变的驱动力

战后中东地区形势可谓风云变幻，中东各国的外交也各有特点。不过，纵观战后中东国家的对外战略，不难发现，其日益呈现出由制衡向对冲演变的明显态势。一定程度上讲，这种演变成为战后中东国际关系嬗变背后的强大驱动力。

第一节 驱动因素分析

前已述及，长期以来，关于地区子系统与国际体系之间的关系，学术界大体存在两种不同观点，即体系支配论和子系统支配论。战后，中东地区作为国际体系的子系统，日益融入国际体系，致使该地区事务不可避免地受体系因素的影响乃至支配，但这个子系统也存在自己的象限和动力机制，保持着一定的自主性、独立性，且国际体系结构和子系统结构均不是一成不变的。整体上看，战后中东地区权力结构基本保持多极状态，但其观念结构在冷战后发生改变，而全球体系权力结构则经历了两极、单极到多极的演变。因此，对于战后中东国际关系嬗变的驱动因素分析，要采取辩证的视角和发展的眼光，同时不能偏废也不能过度强调地区子系统与全球国际体系二者中的任何一个层面。尽管战后中东国际关系复杂多变，但透过看似杂乱无章的国际关系表象，仍可以把握中东国家战略行为的演变规律，仍可以发现战后中东国际关系嬗变背后的主要驱动力。可以说，战后中东国家战略行为由制衡向对冲的演变，直接推动了该地区国际关系的演展。

一、冷战时期的中东国际关系（1948—1991 年）

整个冷战时期，中东各国间政治关系的高度"安全化"和美苏间的激烈较量，致使制衡成为中东地区国家普遍采取的一种战略行为，并对中东国际关系产生了复杂的影响。

（一）制衡的动因

第一，国际体系层面。二战后，伴随美苏在中东地区争夺加剧，中东日益融入以两极为特征的世界秩序，致使该地区国际关系不可避免地受到两极体制的影响。美苏两国为制衡对手、争夺中东，通过提供军事援助等方式竞相扶植代理人，并大搞联盟体制，致使中东分裂为亲苏（埃及、叙利亚、伊拉克等）和亲美（以色列、海湾君主国等）两大阵营。一般来讲，在多极体系结构下，由于体系中的权力集中程度相对较低，各国间相对实力差距也较小，因而国家之间的关系具有更大的弹性，联盟可获性的概率相对较大，各国相对容易采取外部制衡。然而，冷战时期中东地区权力结构虽具有鲜明的多极色彩，但很大程度上受美苏两极格局的桎梏，中东国家的联盟选择或外部制衡行为受到了很大限制，各国相互之间的制衡行为更多是在亲美的国家与亲苏的国家之间进行，且制衡的强度与美苏之间的制衡强度存在一定的正相关关系。美苏在中东舞台上的这种激烈争夺与较量，直接加剧了亲苏国家与亲美国家之间的"硬制衡"，并间接刺激、强化了阿拉伯世界内部的"软制衡"，而二者构成了整个冷战时期中东国际关系的主要内容。

第二，子系统层面。战后，虽然中东逐渐融入美苏两极体系之中，但这个子系统仍保持着相对独立，存在自己的象限和动力，从而赋予该地区国家的制衡行为以一定自主性，进而对中东国际关系的演变发展产生重要影响。首先，双重"安全困境"。学者们一般认为，行为体采取制衡行为的动机主要包括权力、威胁和利益三大因素。对于中东国家来讲，它们要制衡的是来自国内和国外的双重威胁。毋庸置疑，加强军备力量和组建联盟便成为有关国家更好地制衡这种双重威胁的有效手段，而且有时这两种威胁会产生恶性循环，从而进一步强化相关国家之间的制衡动机与强度。例如，伊拉克、伊朗两国国内的库尔德势力的威胁便不时与双方间的安全威胁相互作用，从而加大了两国彼此间的安全关注和担忧，进而导致相互间制衡强度的升级。

其次，独特的体系文化或国际观念结构。就中东国际体系的观念结构来讲，在中东国际关系中特别是冷战时期的阿拉伯国家关系中，那些流行的国际规范与价值观并不被推崇，各种非国家认同和规范的力量却尤为突出。在阿拉伯世界，由于国内政治的作用和伊斯兰文化的根深蒂固，主导和操纵阿拉伯认同与规范不仅是一国加强国内安全的有效手段，也是一国打击对手的一把利刃，还是一国增强国际地位与影响力的理性选择。一些阿拉伯国家之间的竞争常常是围绕定义与控制规范展开的，对于一国的最大威胁往往不是来自外部的军事安全威胁，最重要的实力资源是操纵自己及对手在其他阿拉伯国家精英心目中的形象的能力，打击对手的有效手段是尽可能多地拉拢支持者或盟友，来凸显自己作为阿拉伯团结规范的引领者或至少是践行者的形象。[1] 作为一种结果，一些阿拉伯国家彼此制衡的惯用手段不是通过增加军事力量，而是通过增加"选票"[2]，制衡对手的高效手段是"软制衡"而非"硬制衡"。因此，在冷战时期尤其是20世纪五六十年代阿拉伯国家领导人围绕集体认同和规范的定义展开激烈争夺的时期，"软

---

[1] Stephen M. Walt, *The Origins of Alliances*, Ithaca and London: Cornell University Press, 1987, p. 149.

[2] 同[1]。

制衡"是一种司空见惯的现象，并导致阿拉伯世界内部不断的分化组合。

（二）"软制衡"与"硬制衡"

第一，阿拉伯世界内部的"软制衡"。整个冷战时期，泛阿拉伯主义或泛伊斯兰主义一直是阿拉伯世界的重要或主流意识形态，没有哪位阿拉伯国家领导人会无视它的存在。泛阿拉伯主义或泛伊斯兰主义体认的超国家认同与规范，使得阿拉伯地区政治具有鲜明的国内政治特征，阿拉伯国家形同一国内部不同的政治派别，导致操控选票和舆论成为制衡对手的利器。这种"软制衡"现象尤其盛行于 20 世纪五六十年代，即纳赛尔版的泛阿拉伯主义流行的年代。此时期，"软制衡"主要表现为以埃及总统纳赛尔为首的激进的共和制国家与沙特领导下的保守的君主制国家两大阵营间的唇枪舌剑，以及激进主义阵营内部埃及与叙利亚围绕巴勒斯坦民族事业和阿拉伯世界领导权展开的舆论战。其中，第三次中东战争的爆发便与这种"软制衡"存在较为密切的关联。第二次中东战争结束后，鉴于阿以实力差距悬殊和阿拉伯世界内部力量分散，纳赛尔一度实行了短期内避免与以色列交战，以及遏止巴勒斯坦人和其他阿拉伯国家的反以斗争的谨慎政策，结果遭到其他阿拉伯国家的声讨。在这种情况下，为了应对来自其他阿拉伯国家的这种"软制衡"的挑战和威胁，维护埃及作为阿拉伯世界领头羊的形象和威望，纳赛尔逐渐放弃了此前相对谨慎的遏制政策，转而对以色列采取了日益强烈的政策包括"硬制衡"，从而在一定程度上导致阿以冲突的激化乃至第三次中东战争的爆发。

另外，如前所述，叙利亚、埃及和巴解组织等激进国家或势力利用以色列袭击萨木村的事件大做文章，纷纷对约旦发动舆论攻势，并鼓动约旦国内不满群众，致使约旦最终屈服于这种"软制衡"，选择加入阿拉伯激进阵营的行列，转而对以色列采取"硬制衡"。可见，很大程度上是来自阿拉伯世界的舆论攻击和挑战，最终迫使纳赛尔放弃了对以色列的防御政策，转而对以色列实行愈具挑衅性的威慑政策，同时这种舆论压力和威胁也将约旦推向纳赛尔的怀抱，导致阿以冲突不断升级，以至最终爆发第三次中东战争。当然，这并不是说阿拉伯国家应在第三次中东战争的爆发上负主要责任，而只是强调这种"软制衡"对阿以冲突乃至中东国际关系的重要影响。

需要指出的是，在阿拉伯世界内部，为制衡对手，阿拉伯国家有时也诉诸"硬制衡"手段。例如，伊拉克之所以在20世纪50年代一度加入巴格达条约组织，一个重要原因就是伊拉克的君主制政权受到来自埃及等共和制政权的挑战，伊拉克希望以此来制衡本地区不断上升的激进的阿拉伯民族主义的威胁。从某种程度上讲，正是在制衡以埃及总统纳赛尔为代表的激进阿拉伯势力这一共同威胁基础上，第一个真正的海湾联盟——伊朗和伊拉克联盟，一度形成了。不过，阿拉伯世界内部联盟的目的往往不是增加自身军事力量，而是增强自身的政治地位和影响力。

总之，阿拉伯世界内部的"软制衡"导致阿拉伯各国围绕定义和控制规范以及阿拉伯世界领导权展开了持久的争夺，致使阿拉伯世界内部不断分化组合，且在一定程度上强化了阿拉伯国家对非阿拉伯国家尤其是以色列的"硬制衡"，这是阿拉伯国家与以色列等非阿拉伯国家的关系长期不睦的一个重要原因。

第二，"硬制衡"。冷战时期，中东国际关系中的"硬制衡"突出表现在阿拉伯国家与非阿拉伯国家之间、亲美国家与亲苏国家之间，双方通过军备竞赛和组建联盟的方式，进行着时断时续或持续的"硬制衡"。

首先，内部制衡。作为"硬制衡"的一种重要表现形式，内部制衡（军备竞赛）不仅突出表现在冷战时期前线阿拉伯国家与以色列的关系中，在伊拉克与伊朗、海合会国家与伊朗的关系中也有着不同程度的呈现。为了制衡来自对方的威胁与挑战，寻求安全自保，敌对的双方均通过不断增加军费开支、大量进口军火等方式极力加强自身军事力量。由于美苏为争夺中东也积极武装自己的盟友，因而进一步加剧了中东国家间的军备竞赛。

其次，外部制衡。作为"硬制衡"的另一种主要方式，外部制衡（组建联盟）在中东国际政治舞台上也屡见不鲜。如前所述，1945 年阿盟的成立便有着应对犹太复国主义威胁的一面。到埃及总统纳赛尔执政时期，为制衡来自以色列及背后的西方国家的挑战和威胁，阿拉伯国家积极组建地区联盟，激进的阿拉伯国家则纷纷倒向苏联。为制衡来自激进阿拉伯国家的安全威胁，以色列自建国后，不仅与伊朗、土耳其组成了事实上的"北三角联盟"，而且积极发展与美国的盟友关系。同时，伊斯兰革命前的伊朗和沙特等海合会国家为制衡来自激进阿拉伯国家的威胁，也与美国确立了不同程度的联盟关系。另外，为了制衡中东地区激进的阿拉伯民族主义力量和苏联势力，美国还一度拼凑起巴格达条约组织。在这种联盟体制的作用下，中东阿拉伯国家与非阿拉伯国家之间的关系、激进的阿拉伯国家与保守的阿拉伯国家之间的关系长期不睦，乃至兵戎相见，中东分裂为亲美与亲苏两大对立集团。

二、冷战后的中东国际关系（1991—2011 年）

冷战后，美国一度"独霸"中东，越来越多的域内国家和域外大国选择了追随美国的战略，加之中东和平进程的蓬勃开展和地区"温和派"力量的明显上升，以及传统阿拉伯规范与认同的弱化，中东国家制衡行为的整体烈度和具体手段均发生较大改变，并对中东国际关系产生重大影响。

（一）动因分析

第一，国际体系层面。冷战后，国际体系结构一度呈现出明显的"单极"色彩。唯一超级大国美国的压倒性权力和"硬制衡"难题导致越来越多的次等大国与中东国家选择了一度追随或暂时放弃制衡美国的战略，这对中东国家的制衡行为产生了多方面的复杂影响。首先，美苏争霸的结束和美国在中东地区主导权的确立，在很大程度上消除了中东国际关系中的大国制衡因素，致使中东国家彼此制衡的整体烈度呈现出降温的态势。其次，冷战后美国力图主导中东和平进程，尤其是在小布什上台前，美国积极推动阿以和谈，从而有助于缓和阿以间的紧张关系，弱化相互间的安全威胁认知，降低双方间的制衡动机和强度。再次，通常来讲，地区国家会倾向于选择域外大国的援助来增强自己制衡对手的实力。然而，冷战后美国主导国际体系的"单一结构"大大限制了中东国家的这种选择，这在一定程度上有利于促进域内国家走向联合，以制衡对手。最后，冷战后，美国的中东战略目标由防止和抗衡苏联向中东地区的渗透和扩张，转变为遏制地区霸权主义的抬头，重点打击反美势力，这使美国仍需要利用中东盟国制衡反美国家。

第二，子系统层面。就冷战后的中东子系统层面来讲，传统阿拉伯规范与认同的弱化和中东地缘政治整体对抗烈度的下降，导致该地区的"软制衡"和"硬制衡"强度均有所降低。首先，传统阿拉伯规范与认同的弱化。20世纪90年代，继20世纪70年代埃以和解之后，伊拉克侵略科威特的行动进一步弱化了阿拉伯或伊斯兰团结规范和身份认同，导致阿拉伯世界内部的"软制衡"现象明显减少。其次，中东地缘政治整体对抗烈度的下降。冷战后，直到"阿拉伯之春"爆发前，由于失去了苏联这个强大后盾，加之美国从中东适度收缩，中东地缘政治发生了较大改变，即"激进派"力量变弱和"温和派"力量上升。这种地区力量对比，整体上有利于缓和地区国际关系的紧张状态，弱化地区国家间的制衡动机与强度。

（二）制衡强度与手段的改变

冷战后，直到2011年"阿拉伯之春"爆发以前，不但中东国际关系中的美苏大国争霸因素不复存在，而且在美国主导国际体系和中东事务的背景下，很多国家选择了追随美国的战略，甚至一向与美国唱反调的萨达姆和卡扎菲，也或者沦为阶下囚或者向美国低头。这对冷战后中东国家的制衡手段和制衡强度均产生了较大的限制作用，致使中东国家之间的制衡强度整体上呈现降温态势。不过，美国利用地区盟国制衡反美国家的做法一定程度上仍有助于强化有关国家之间的制衡。同时，失去苏联这个强大后盾的一些国家相对更加依赖地区盟友的支持。这方面的一个典型例子就是伊叙"准联盟"与土以"准联盟"之间的对抗。

冷战后，伊朗、土耳其、以色列与阿拉伯国家转而成为中东地区的四大力量中心，经过重新组合，很快形成了两大对立的双边"准联盟"关系，即伊叙"准联盟"和土以"准联盟"。就此时期的叙利亚来讲，俄罗斯已无法替代苏联向自己提供有力支持，因而为提升本国在阿拉伯世界的领袖地位，更为制衡以色列的实力与威胁，以及后来的土以"准联盟"的巨大挑战，必须继续保持与伊朗的"准联盟"关系。同时，保持与叙利亚的"准联盟"关系，也符合伊朗抗衡以色列、土耳其的战略目标。而土以军事"准联盟"始终具有防范叙利亚的鲜明意图，叙利亚是土以"准联盟"的催化剂。就土耳其和以色列来说，土以"准联盟"无疑有助于增强两国同叙利亚、伊朗博弈的砝码，尤其有利于帮助以色列压缩叙利亚的战略空间，维持阿以权力平衡。正如土耳其政府在 1996 年 2 月 23 日宣布的，为维持以色列与阿拉伯国家之间的军事力量平衡，土耳其决定同以色列签署《军事训练合作协定》。[①] 土以"准联盟"的形成，一定程度上也是美国推动的结果，美国视叙利亚和伊朗为其在中东的两大反对力量。因此，冷战后伊叙"准联盟"的维系，是伊叙两国对抗土以"准联盟"与联合抗霸的战略需要，而土以"准联盟"的形成也显然是为应对伊叙"准联盟"的威胁与挑战。

---

① 孙德刚:《"准联盟"外交的理论与实践——基于大国与中东国家关系的实证分析》,北京:世界知识出版社,2012 年版,第 333 页。

这两个"准联盟"形成本身既是冷战后中东国际关系变化的重大表现，同时对中东地区国际关系产生了巨大影响，不仅导致阿以冲突与伊朗核问题这两大地区热点问题交织在一起，伊叙关系与美土以关系形成恶性互动，而且致使中东各方势力重新分化组合。同时，伊叙"准联盟"关系的存在，客观上有助于遏止美以在中东地区建立霸权，从而可以为其他域外大国的中东外交提供更大的回旋余地。

另外，冷战后，伴随泛阿拉伯主义传统认同与规范弱化、中东和平进程的蓬勃开展及阿拉伯国家分化组合，阿拉伯世界内部的传统"软制衡"现象减少。不过，当今阿拉伯国家在发展对外关系尤其是对以色列的关系时，仍不得不顾及阿拉伯世界的民意或舆论力量。

三、"阿拉伯之春"以来的中东国际关系（2011—2022 年）

"阿拉伯之春"爆发以来，中东地区子系统和国际体系结构均发生重要变化，域内外国家关系充满了诸多不确定性。为了将这种不确定性带来的风险最小化，确保在极端情况下国家利益也能得到最大程度的维护，越来越多的国家倾向于采取具有制衡内涵的对冲行为，从而对中东国际关系产生了深刻的影响。

（一）对冲与制衡的动因

第一，国际体系层面。冷战后特别是 21 世纪以来，国际体系权力结构和观念结构发生重要变化，并对大国的战略行为产生重大影响。就权力结构来讲，随着美国因反恐、伊拉克战争、金融危机等导致自身软硬实力的下降与新兴经济体的群体性崛起，国际体系结构的多极化态势越来越明显。同时，伴随冷战后安全威胁性质的改变、非传统安全威胁的凸显和全球相互依赖性和整体意识的愈益加强，国际体系文化或国际观念结构也发生了较大变化，大国合作与多边主义逐渐成为国际社会的主流行为规范和共识性理念。在经济全球化、政治多极化、国际体系互动属性多元化和复杂化的当今世界，以政治失和与战略短视为特征的单纯的传统制衡战略并不符合大国包括中小国家的长远利益，对冲战略日益成为国家减少战略风险、增加战略选项、谋取更大利益的理性选择。

毋庸置疑，大国实力对比和"博弈规则"的改变对中东国家的战略行为及中东国际关系产生了直接的影响。很大程度上出于应对中国崛起的挑战，美国在"阿拉伯之春"后，逐渐从中东进行战略收缩，转而推行"亚太再平衡"战略。在这种情况下，俄罗斯等次等大国均纷纷加大了对中东的战略投入，致使中东重回昔日的"大国政治"时代。不过，与以往大国在中东的制衡之术不同，这些国家包括美国日益倾向采取对冲战略，结果导致越来越多的中东国家也开始采取更为灵活务实的对冲战略。

第二，子系统层面。"阿拉伯之春"后，中东国际关系格局和性质均发生了一些复杂且微妙的变化，从而对中东国家的战略行为产生了重大影响。首先，"阿拉伯之春"后，中东地缘政治格局重新洗牌，中东陷入地区失序状态，各方势力趁乱捞取政治资本，重新分化组合。为最大限度降低诸多不确定性带来的战略选择风险和更好地维护国家自身利益，许多国家转而选择在域内外国家间"两面下注"或"多面下注"的对冲战略。

其次，中东国家政治关系逐渐超越特别是冷战时期那种简单的"友谊—敌人"或"生存性竞争"模式，日益趋向"非零和博弈"和"利益性冲突"模式，各国之间的关系变得愈加多元化与复杂化。例如，巴勒斯坦与以色列之间的关系除了冲突的一面，也有合作的一面，双方在水资源、能源、经济和应对新冠肺炎疫情等方面均有不同程度的合作。再如，阿联酋、巴林、苏丹等国与以色列的关系实现正常化，也是这方面的典型例子。因此，为更好地应对新形势下的战略风险与挑战，更好地维护自身利益，越来越多的国家转而选择相对灵活的、低风险的、对抗烈度低的对冲战略。

（二）对冲与制衡的实践

第一，对冲。"阿拉伯之春"造成的地区失序、"诸侯争霸"，以及"大国政治"重返中东，如同一把"双刃剑"，既增大了各国战略选择的空间，也增加了各国进行战略选择的风险。面临种种不确定性，很多中东国家采取了审慎的行为——对冲。这方面的例子不胜枚举，例如，鉴于美国从中东进行战略收缩和将全球地缘政治格局的重心向亚太地区转移，以色列、土耳其、沙特等国通过分别搭乘中国、美国的经济、安全便车，在中美之间进行对冲，土耳其还同时在美俄之间进行双重对冲。

塞浦路斯、埃及、以色列、土耳其等国之间也有复杂的对冲。近年来，塞浦路斯、埃及、以色列、土耳其、希腊等东地中海国家围绕天然气能源展开的激烈博弈，便有着鲜明的对冲色彩尤其是经济对冲的色彩。具体来讲，希腊与塞浦路斯在同以色列进行能源、军事及安全合作的同时，仍和土耳其保持在低政治领域的交往和接触，希塞两国力图在以色列和土耳其间进行双重对冲。以色列也意在土耳其和希塞两国之间搞双重对冲，既积极和希塞发展在能源等领域的合作，也致力于和土耳其改善关系，且未放弃和土耳其之间的能源合作谈判。另外，希塞以和希塞埃在举行历届领导人峰会时，都反复重申，它们之间的合作不针对任何国家（暗指土耳其）。因此，虽然希塞埃以等国均存有制衡土耳其的不同程度的动机，但为减少战略风险或使其最小化、扩大行动自由度、确保战略选项多元化、影响或塑造土耳其的偏好与选择，实质上均对土耳其采取了对冲战略，只不过在其对冲的策略组合中强化了对土耳其的"软制衡"或"制衡"等强制性手段，因而具有了"硬对冲"色彩。

除了地区国家外，大国的中东战略也呈现出对冲性质。例如，在叙利亚危机或内战问题上，鉴于以色列、土耳其和伊朗等国在该问题上的重要性，且三国间及三国与俄罗斯之间均存有战略利益分歧，为降低战略风险、谋取更大收益，俄罗斯同时对这些国家采取了多重对冲战略。具体而言，为确保叙利亚局势始终沿着俄罗斯的战略利益轨道行进，俄罗斯一面谋求与以色列、土耳其和伊朗等国在叙利亚问题上的战略协调或合作，一面又利用这些国家之间的矛盾和相互制衡来防范和牵制它们在叙利亚的坐大。同时，俄罗斯也利用自己在叙利亚事务中日益有利的地位，尽力反制美国力量。此外，需要指出的是，为削弱、牵制美国在中东的势力，阻碍美国实现某些既定中东战略目标，中俄就叙利亚问题利用联合国安理会对美国采取的"软制衡"策略，本身也属于对冲战略的理论范畴。

第二，制衡。"阿拉伯之春"以来，对冲日益成为域内外国家经常采取的保险策略或理性策略，但对于那些彼此间威胁认知较高、相对能力较高的国家来讲，传统的"硬制衡"仍是它们必要的或主要的政策选择。这方面的典型例子就是伊朗与以色列、沙特等海湾君主制国家间的"硬制衡"。面对伊朗的"什叶派新月"战略和核研发带来的威胁与挑战，以色列与沙特等国尤其是后者不断通过联盟和军购等方式加强自身军事力量。另外，需要指出的是，伴随"伊斯兰国"的崛起，在中东舞台上还产生了另一种制衡，即非国家行为体对国家行为体的不对称性制衡。"伊斯兰国"尤其是极盛时期的"伊斯兰国"由于具有了远超一般非国家行为体的制衡特征和能力，且域内外一些国家采取了利用"伊斯兰国"打击、制衡对手的短视行为，致使"伊斯兰国"一度对叙利亚、伊拉克、美国中东战略及整个中东民族国家体系构成了严峻挑战。当然，作为一种不对称性的制衡，尤其伴随自身的衰落，"伊斯兰国"对现有中东独立的民族国家体系及美国的制衡效力都是颇为有限的。

第二节　案例分析
——东地中海天然气博弈

近年来，伴随东地中海天然气的接连发现，该地区国家围绕天然气的地缘政治博弈也日益激烈。在这场天然气大博弈的背后，也映射出希腊、塞浦路斯等国要通过能源外交等手段来"软制衡"土耳其的战略意图。这种"软制衡"与以往希塞对土耳其的传统"硬制衡"存在显著区别，具有一定的对冲色彩，反映了中东国家由单一的"硬制衡"战略向灵活的对冲战略演变的趋向。

一、"软制衡"的动因

当前，希腊、塞浦路斯等国针对土耳其的"软制衡"的动因涉及权力、利益和威胁等多个方面，即属于典型的多元制衡。

（一）权力因素

历史上，希腊和土耳其长期交恶，现代塞浦路斯国家独立后又成为两国争夺的焦点和转嫁安全危机的场所，致使三方陷入典型的"安全困境"，无法自拔。冷战时期，出于安全考虑，同为北约成员的希腊和土耳其主要通过增强本国军事力量的方式制衡对方，极力保持自身的相对实力优势。因此，希土两国的年军费开支在北约成员国中都是相当高的，分别占国内生产总值的 4.6% 和 4.1%。[1] 不过，在 1999 年的"地震外交"和 2002 年土耳其正发党的"零问题"外交政策的先后推动下，土耳其与希塞两国的关系也一度解冻，希土双方政治交往一度比较活跃，经贸合作加强，南北塞和谈也在积极推进。然而，好景不长，2008 年以后，希塞两国经济均受到经济危机的重创，而土耳其经济却表现出强劲的发展势头，希土在军费开支、国内生产总值、工业生产、进出口贸易、人口数量、国债等方面的差距拉大。[2] 例如，2011 年土耳其的军费开支是希腊的两倍还多。[3] 雪上加霜的是，2011

---

① Heinz-Jurgen Axt, "Relations with Turkey and Their Impact on the European Union", *Southeast European and Black Sea Studies*, Vol. 5, No. 3, 2005, p. 372.

② Aristotle Tziampiris, *The Emergence of Israeli-Greek Cooperation*, New York and London: Springer, 2015, pp. 60-64.

③ 同②，第 63 页。

年以后，土耳其放弃了此前主要致力于同邻国关系"去安全化"的"零问题"外交政策，转而高调介入地区事务，极力谋求地区大国地位。

土耳其不断增强的实力与日益积极乃至激进的外交，不可避免地引起和增大希塞两国对这种权力严重失衡的焦虑，并触发两国制衡土耳其的动机。土耳其"四面出击"的地区外交，也引起同样觊觎地区领导权的以色列和埃及的不安和担忧。然而，希塞虽有制衡土耳其的强烈动机，但其国力却不允许两国近期内通过传统的内部制衡（加强军备）方式来制衡土耳其。同时，以色列、埃及也与希塞两国一样，并不想与土耳其发生正面对抗。根据权力制衡理论，当一国的权力大幅增强时，往往会引起其他国家的单独或联合制衡行为，土耳其实力的增强致使有关国家最终对其采取了风险相对较低的具有对冲色彩的"软制衡"策略。

（二）威胁因素

如前所述，以斯蒂芬·沃尔特为代表的威胁制衡论认为，国家制衡的并非单纯的权力，而是构成威胁的权力，影响威胁程度的因素包括权力总量、地理临近度、攻击能力与侵略意图。[①] 具体来讲，一国的权力越大、攻击能力或侵略意图越彰显、地理位置与潜在制衡方越近，那么就越容易成为威胁源和制衡的对象。因此，2011年以来，由于土耳其地区权力上升、与希塞两国地理上的邻近、采取强势的地区外交，土成为希塞埃以等国的制衡对象。不过，实力差距的悬殊、地理位置的邻近导致土耳其对"宿敌"希塞构成的威胁更大，因而希塞两国的制衡动机也强于埃及和以色列。

（三）利益因素

在利益制衡理论的代表人物兰德尔·施韦勒看来，国家利益与

① Stephen M. Walt, *The Origins of Alliances*, Ithaca and London: Cornell University Press, 1987, pp. 21-26.

"实力分布"变量具有同等重要的地位。施韦勒认为，国家利益偏好是决定国家选择制衡还是追随的核心变量，影响结盟的一个关键因素是政治目标的契合性。① 希塞埃以认为，它们均不同程度面临来自土耳其的潜在威胁与挑战，因而四国在制衡土耳其的权力方面存有共同的政治目标和利益偏好。同时，国家在选择制衡还是追随时，会进行相应的成本利益核算。天然气本身具有投资成本高、收益周期长（一般10—15年）、依赖国际合作等特点，天然气贸易可以成为一国实现政治目标的政治工具或武器，天然气能源具有影响双边政治、军事，以及地区安全关系的能力。因此，能源尤其是天然气投资需要稳定的双边关系及地区环境，能源合作往往在已经"去安全化"的国家间开展。天然气能源的这些特性也决定了政治关系已经"去安全化"的四国通过能源合作"软制衡"土耳其，这将有利于它们谋取更大的收益。

二、"软制衡"的表现

具体来讲，希腊等国"软制衡"土耳其的手段和方式主要包括：结成"能源联盟"，举行联合军事演习，利用国际法进行战略协调与外交合作等。

（一）"能源联盟"

2011年以来，希腊、塞浦路斯、以色列和埃及等国积极开展能源合作，逐渐形成两个事实上的"能源三角联盟"，即希塞以"能源三角"和希塞埃"能源三角"。在能源外交的推动下，这两个"能源三角"国家合作范围不断向经济、旅游、教育等其他领域拓展，先后签署了大量相关协议，三方合作机制也日益成熟。例如，2016年以来，希、塞、以三国专门设立了"部长级能源委员会"，其主要任务就是督

---

① Randall L. Schweller, *Deadly Imbalances: Tripolarity and Hitler's Strategy of World Conquest*, New York: Columbia University Press, 1998, p. 21.

导彼此间的能源合作项目。① 同时，希塞以、希塞埃还分别定期召开能源部长会议、三边峰会，不断夯实彼此间的能源合作。2020 年 1 月 2 日，"东地中海天然气管道协议"签署标志着希塞以能源合作进入新阶段。这条途经希塞两国、连接以色列与欧洲的天然气管道一旦建成，将使以色列生产的天然气能够输送到欧洲，并能满足欧盟地区 10% 的天然气需求。② 与此同时，战略利益的契合使得这两个"能源三角"逐渐呈现出合并的趋势。例如，在 2019 年 3 月 20 日召开的第六次希塞以首脑会议前夕，希塞以与埃及四国能源部长举行了一次会谈，四方共同表达了对东地中海天然气管道计划的支持。③ 再如，2020 年 1 月 16 日，总部设在开罗的区域能源组织——东地中海天然气论坛，正式宣告成立，该组织成员国除了埃及、塞浦路斯、希腊和以色列四国外，还包括约旦、巴勒斯坦和意大利。④

显而易见，在希塞埃以四国的积极倡导和推动下，东地中海地区天然气合作不断取得新的进展，但将土耳其排除在外，致使土耳其日益被边缘化。

（二）基于国际法的战略协调与外交合作

与土耳其以"独断的"方式进行着东地中海的海域划分与天然气勘探开发不同，希塞埃以等国反复重申其海域划分与天然气勘探开发的海洋法依据，始终强调解决塞浦路斯问题的国际法基础，一再谴责和抗议土耳其在东地中海的"私自"勘发、划界等"不法"行为。目前，塞浦路斯与埃及、以色列，希腊与埃及不仅已按照相关海洋法先后划定了彼此间的海域范围，而且彼此之间进行着日益密切的能源合

---

① Stylianos A. Sotiriou，"Creating Norms Around the Eastern Mediterranean Energy Resources as a Necessary Means of Security"，*European Security*，Vol. 29，No. 1，2020，p. 10.

② 韩硕:《东地中海天然气项目取得新进展》，http://world. people. com. cn/n1/2020/0107/c1002-31536860. html。

③ Stylianos A. Sotiriou，"Creating Norms Around the Eastern Mediterranean Energy Resources as a Necessary Means of Security"，*European Security*，Vol. 29，No. 1，2020，p. 12.

④ 《东地中海天然气论坛正式成立》，https://gas. in-en. com/html/gas-3264639. shtml。

作。这种基于国际法的战略协调与外交合作，既有助于希、塞、埃、以等国更好地维护自己的主权、确保自身安全，又能够创造新的基于国际法的区域行为规范，从而对土耳其在东地中海的行为形成"法律"约束。作为一种结果，该区域国家的这种战略协调和能源合作，使国际法的一些基本原则得以贯彻，进而"软合法化"了相关国家与土耳其的博弈行为，并产生一种越来越强大的"遵守推力"，导致更多的国家加入它们的天然气能源合作，从而提高了土耳其进行"反制衡"努力的成本。

（三）联合军事演习

在加强能源合作的同时，希塞埃以四国也积极举行联合军事演习，深化军事联系与合作，应对共同的地区挑战与威胁。相对而言，希腊与以色列之间的军事合作更为密切，两国间的联合军事演习也尤为频繁。例如，仅 2010—2012 年间，希以双方便先后举行了 14 次军演。[1] 最近，伴随希塞埃以四国同土耳其在东地中海能源开发与海域划分等方面矛盾的加剧，希塞与埃及、以色列之间的联合军演也频频开展。这种频繁的联合军演，显然是针对土耳其的。例如，面对土耳其空军和海军的"不断挑衅"，2019 年，希塞埃、希塞以先后进行了代号分别为"美杜莎 8 号""权力游戏"的联合军事演习，以此威慑土耳其。

总之，希塞埃以等国通过积极开展能源外交、频繁举行双边或多边军事演习，以及利用国际法不断进行战略协调与外交合作等"软制衡"手段，旨在维护自身的权益与安全，削弱、限制土耳其在东地中海的权力及行为能力。

三、"软制衡"的影响

有关国家针对土耳其的这种"软制衡"，在促进本地区能源合作的

---

[1]　Aristotle Tziampiris, *The Emergence of Israeli-Greek Cooperation*, New York and London: Springer, 2015, p. 97.

同时，还产生了两方面重大影响：加剧地缘政治风险与对抗、增强地区安全结构复杂性。

（一）加剧地缘政治风险与对抗

希塞埃以四国针对土耳其的"软制衡"，导致双方间旧有的爱琴海、塞浦路斯等纠纷被重新点燃、加剧，并引发新的海域划分纠纷与能源争夺问题，直接加剧了希腊与土耳其之间的军事摩擦与对峙，在东地中海天然气能源争夺上互不相让，在爱琴海、塞浦路斯等问题上的分歧难以调和，双方不断举行军事演习，增加了该地区地缘政治对抗的风险与强度。

（二）增强地区安全结构复杂性

根据巴里·布赞的地区安全复合体理论，中东是由东地中海地区、马格里布地区和海湾地区三个次级安全复合体构成的单一地区安全复合体。然而，天然气引发的地缘政治博弈及本身的高度"安全化"，致使东地中海地区新旧矛盾相互重叠、中东地区各种热点问题搅成一团、域内外势力争夺错综交织，从而导致东地中海这个原本内嵌于中东地区安全复合体之中的次地区安全复合体，具有了更多以本地区为基础的安全态势和更大的自治性特征。东地中海地区的地缘政治和经济有了新的动能，该地区乃至中东地区国家间的政治、经济和安全关系进一步复杂化，以至于有学者称东地中海地区是一个新的能源—安全复合体，而将土塞以三角关系称为次安全复合体。① 无论这种提法是否科学，但不可否认的是，东地中海地区在中东地区安全复合体中的核心地位得到了进一步提升，前者和中东另外两个次地区安全复合体的安全依赖关系获得增强，东地中海次地区安全复合体和欧洲地区安全复合体间的安全相关性也相应增大，致使包括东地中海在内的整个中东地区安全结构都变得更加复杂。

---

① Zenonas Tziarras, "Israel‑Cyprus‑Greece: A 'Comfortable' Quasi‑Alliance", *Mediterranean Politics*, Vol. 21, No. 3, 2016, p. 411.

四、前景

整体上看，希塞等国对土耳其的"软制衡"具有一定的对冲特征，而后者对前者的"反制衡"努力带有较大的应对性与防御性特点，因此，这很大程度上决定了近期内这种"软制衡"转变为单纯的、强度较大的"硬制衡"的可能性并不大。

（一）具有"硬对冲"色彩的"软制衡"

按照北京大学国际关系学者王栋的观点，国际政治中的对冲战略是指，国家行为体面对不确定性而采取的审慎的保险策略，是混合了接触、束缚、防范、牵制及制衡等不同战略手段与工具的策略组合。[1] 根据这种观点，"软制衡"属于对冲理论的逻辑组成部分，希腊、塞浦路斯、埃及、以色列等国对土耳其的这种"软制衡"也属于对冲的频谱范围之内，只不过具有较为鲜明的"硬对冲"色彩而已。例如，对土耳其的制衡动机最强烈的希腊与塞浦路斯实质上力图在以色列和土耳其间进行双重对冲。希塞两国在同以色列进行密切交往的同时，也和土耳其保持一定的接触与交往。以色列也积极在土耳其和希塞两国之间搞双重对冲，在努力与希塞进行密切的能源合作与军事交往的同时，也不放弃与土耳其改善关系。另外，如前所述，希塞以和希塞埃在举行历届首脑峰会时，都一再重申，它们之间的合作不针对任何国家。可见，希塞埃以等国对土耳其的"软制衡"具有不同程度的对冲色彩，旨在降低战略风险，增加战略选项，在避免与土耳其正面对抗的情况下削弱和限制土耳其的权力。

对于这些国家来讲，单纯"硬制衡"土耳其的风险、成本及"门槛"都很高，且地区稳定才符合各国的利益。这也是希塞埃以四方高度关注塞浦路斯问题的一个重要原因，因为塞浦路斯问题直接关系到

---

[1] 王栋：《国际关系中的对冲行为研究——以亚太国家为例》，载《世界经济与政治》，2018年第10期，第29页。

该地区的政治稳定，而政治稳定是实现能源利益与能源合作的前提。此外，需要指出的是，从主权让渡和签订正式的盟约等角度看，希塞埃以之间结成的两个"三角联盟"属于相对松散的、不稳定的"准联盟"。

（二）防御性的"反制衡"努力

针对希塞埃以等国"侧翼包抄"和"软制衡"的挑战，土耳其也采取了能源勘探开发、海域划界、军事演习、拉拢盟友等一系列"反制衡"努力。然而，尽管2011年以来的土耳其外交富有进取性乃至激进色彩，但在东地中海天然气博弈中，土耳其的表现并不像在叙利亚或利比亚等问题上那么富有"进攻性"，而是相对具有防御性特征，旨在维护土耳其在该地区的能源利益、领土主权和塞岛现状。换句话讲，土耳其的这些"反制衡"努力意在维持东地中海的现有秩序，以应对希塞埃以等国的"软制衡"。[①] 这种防御性外交在一定程度上有助于减弱土耳其对相关国家造成的威胁感。事实上，近年来，土耳其这种"四面出击"式的、超过国力支撑能力的外交战略已成为一种负担，这也在一定程度上决定了土耳其的"反制衡"底线。

不过，在当前这场能源争夺战中，为了维护自身权益、遏制对手，土耳其与对方均采取了强硬的外交策略，这使得后者针对土耳其的"软制衡"强度在短期内可能会增大，双方间的能源争夺战也可能会继续发酵，致使国际关系高度"安全化"的东地中海地区的稳定将存在诸多变数，但这种"软制衡"转变成单纯的、强度大的"硬制衡"的概率较小。总之，伴随相对实力、威胁认知和国际体系结构的变化，希腊、塞浦路斯对土耳其的策略由过去单一的"硬制衡"转变为具有对冲色彩的"软制衡"，这种由制衡到对冲的演变，在一定程度上反映了中东国家制衡行为变化的普遍性特征。

---

① Hasan Selim Ozertem, "Turkish Foreign Policy and the Energy Bonanza in the Eastern Mediterranean", *Journal of Balkan and Near Eastern Studies*, Vol. 18, No. 4, 2016, p. 366.

综上，自1948年以色列建国以来，伴随国际体系与中东子体系的权力结构和观念结构的改变，中东国家制衡行为的具体方式和强度等也在发生相应变化。整体上看，1948年以来中东国家的外交或战略行为大体经历了由单纯的制衡向灵活务实、具有制衡色彩的对冲演变的轨迹，对战后整个中东国际关系的嬗变产生了重大影响。

第八章　中东国家制衡行为的特征及动因

长期以来，中东国际关系可谓是风云变幻、波诡云谲，中东国家外交政策也不时调整。不过，中东国际关系或中东国家外交行为也并非没有规律可循。受多种因素影响，制衡便是中东国家相对普遍采取的一种行为或策略。相较于世界其他地区而言，中东国际舞台上的制衡现象可以说屡见不鲜，并呈现出相对明显的共时特征和历时特征，同时中东国家的制衡行为有着深刻的动因。从制衡视角研究中东国际关系，有助于构建中东国际关系理论。

第一节　共时特征和历时特征

为了从制衡视角解读中东国际关系史，本书选择了不同类型国家关系（包括国家与非国家行为体关系）的案例，分别考察了阿拉伯国家间关系、非阿拉伯国家间关系、阿拉伯国家与非阿拉伯国家间关系中的制衡因素，以及大国在中东舞台上的制衡行为和不对称性制衡现象。事实上，这些案例主要来自三种不同的关系类型，即中东国家之间的关系、中东国家与非国家行为体的关系、大国与中东国家之间的关系。就制衡的强度和影响而言，阿拉伯国家与非阿拉伯国家关系中制衡的强度最大，对中东国际关系影响也最大。同时，不同类型国家关系中制衡的影响因素也不同。阿拉伯国家关系中的"软制衡"更多受到阿拉伯或伊斯兰认同和规范以及各国政治安全的影响；非阿拉伯国家关系中的制衡不同程度受到国家认同、超国家认同和规范以及军事安全等因素的影响；阿拉伯国家与非阿拉伯国家关系中的制衡主要受到阿拉伯或伊斯兰认同和规范及军事安全因素的影响。另外，非阿拉伯国家间的关系与非阿拉伯国家同阿拉伯世界之间的关系存有一定的互动性。与其他地区国家相比，中东国家的制衡行为表现出相对突出的共时特征和历时特征。

一、共时特征

第一，多样性。与其他地区国家相比，中东国家的制衡行为表现出明显的多样性特征。就制衡手段来讲，中东国家既诉诸"硬制衡"（又可分为内部制衡和外部制衡），也采取"软制衡"；既有积极性制衡，也存在消极性制衡。就制衡的主体或对象来说，既有国家行为体之间的对称性制衡，也有非国家行为体与国家行为体之间的不对称性制衡。

第二，观念性。国家行为体的行为既受到物质性因素的影响，也受到非物质性因素的影响，中东国家的制衡行为也不例外。由于中东国际关系中的认知、认同和规范等非物质性因素的作用较为突出，致使中东国家在采取制衡行为或确定制衡对象等问题上，不得不考虑这些观念性因素的重大影响，从而赋予中东国家制衡行为以相对突出的观念性特征。

第三，普遍性。在国际政治舞台上，制衡是国家常常采取的一种重要手段。然而，中东国家往往将制衡作为谋求安全和权力的有效手段。因此，无论是冷战时期还是冷战后的中东国际舞台上，制衡都是中东国家经常采取的一种行为和手段。尽管冷战后这种制衡现象相对减少，但与其他地区相比，仍是较为突出的。

二、历时特征

第一，阿拉伯世界内部关系中的"软制衡"现象日益变弱。冷战时期的阿拉伯世界舞台上，除了民族国家这一主要行为体之外，超民族、泛阿拉伯主义和泛伊斯兰主义先后登台。长期以来，种种超国家意识形态深刻地影响着中东各国内外政策的制定与执行。对于不同程度缺失国家认同或国家民族主义的阿拉伯国家来讲，泛阿拉伯主义和泛伊斯兰主义这些超国家民族主义所体认的非主权规范或超国家认同，即阿拉伯和伊斯兰规范或认同，有着超强的约束力。这些阿拉伯国家清楚地认识到，在阿拉伯国家和以色列相互敌对的情况下，忽视这种规范或认同的力量，往往可能产生致命的后果。正是在这种背景下，阿拉伯世界产生了一种独特的、用于打击或削弱对手的制衡现象，即"软制衡"。阿拉伯和伊斯兰规范或认同的力量越强大，这种"软制衡"现象就越突出。因此，20世纪五六十年代的阿拉伯世界，既是纳赛尔版的泛阿拉伯主义盛行的时期，也是"软制衡"现象最为普遍的时期。

不过，正如任何事物皆有兴衰一样，阿拉伯世界中的"软制衡"现象也不例外。某种程度上可以说，冷战时期阿拉伯世界的"软制衡"现象之所以一度非常突出，主要在于阿拉伯和伊斯兰规范或认同的强大力量。但是，阿拉伯和伊斯兰规范或认同的力量并非一成不变，规范和认同本身也有自身的发展规律。1967年第三次中东战争中，阿拉伯国家大败，这对此前盛行的阿拉伯规范或认同产生了巨大冲击。尽管泛伊斯兰主义转而取代日渐衰落的泛阿拉伯主义，但国家民族主义或主权规范和国家认同开始深入人心。到20世纪70年代末，埃及与以色列的和解进一步削弱了阿拉伯或伊斯兰规范与认同。冷战结束后，伊拉克入侵科威特的行动严重削弱了阿拉伯和伊斯兰团结规范或身份认同的传统效力，加之中东和平进程蓬勃开展，阿拉伯国家关系中的"软制衡"现象开始减少。

第二，"硬制衡"现象整体转弱。冷战时期，无论是阿拉伯国家与以色列之间的"硬制衡"现象，还是大国在中东舞台上的"硬制衡"行为，均可以说是一种司空见惯的现象。然而，冷战后，伴随阿以关系总体趋暖、世界大国关系趋于缓和，虽然"硬制衡"仍是中东国家谋求自身安全和地区影响力的一种手段，但除了伊朗、以色列、叙利亚、沙特等一些国家之间仍存在较为强烈的"硬制衡"现象外，"硬制衡"的整体强度已不像冷战时期那样强烈。同时，随着苏联解体、美苏对抗结束，大国在中东舞台的角逐也不再单纯表现为军备竞赛和组建联盟，而愈益倾向于"软制衡"策略。

第三，制衡对象与主体不断发生位移。冷战时期，从制衡角度讲，中东国际关系的核心是阿拉伯国家和以色列，以及以色列、土耳其、伊朗的"北三角联盟"。冷战后尤其是 21 世纪以来，中东地缘政治格局的一个重要变化就是，中东日益分裂为以沙特为首的逊尼派阵营和以伊朗为首的什叶派阵营。昔日的所谓"北三角联盟"早已解体，以色列与伊朗已成为不共戴天的仇敌，以色列与土耳其的关系也趋于降温。与此同时，以色列与阿拉伯君主制国家则日益走近。这样，阿拉伯君主制国家、伊朗、以色列等国逐渐取代冷战时期的阿拉伯国家和以色列，成为中东国际关系中新的主要制衡行为体。

从大国层面讲，冷战时期，苏联和美国是中东舞台上的两个主要制衡实施者。冷战后，伴随苏联解体，美国一度主导中东事务，很多中东域内国家和域外大国纷纷选择追随美国。在这种情况下，美国主要通过扶植地区盟友来制衡地区霸权国的崛起。然而，叙利亚危机爆发，俄罗斯强势重返中东，致使中东在某种程度上又恢复昔日的"大国政治"时代。不过，新形势下，大国在中东的竞争与较量已不是通过单纯的"硬制衡"手段，而是倾向于诉诸"软制衡"策略。

第二节 主要动因

一、双重"安全困境"

中东国家及非国家行为体采取制衡行为的动因是多方面且颇为复杂的。其中一大动机是制衡威胁。中东国家的制衡行为不仅包括制衡外部威胁，也包括制衡国内威胁，而且在某些情况下后者是关键。一些中东国家长期面临双重"安全困境"，即内部"安全困境"和外部"安全困境"。

"安全困境"是现实主义理论中的一个重要概念，往往存在于敌对国家之间。因为在国际无政府状态下，一国更为关注敌对国家的军事力量和行动。因此，一国即便是出于安全自助或防御的原因而发展军事力量或组建联盟，也会被敌对国视为是一种威胁，从而刺激对方也采取类似行为。作为一种结果，双方便日益陷入军备竞赛或组建联盟的怪圈，无法摆脱"安全困境"。不过，有的学者认为，友好的国家之间也可能出现"安全困境"，即所谓"联盟安全困境"。[1] 在这种"安全困境"中，联盟成员国主要担心两种可能的后果：一是盟友在未来的冲突中抛弃自己，不履行联盟约定；二是被盟友拖入不必要的冲突中。[2]

毋庸置疑，相较于西方欧美国家，中东国家显然具有更大的脆弱性。中东国家面临的安全威胁也不同，且其对国家安全有独特的理解，因而它们采取的制衡行为也具有一定的特殊性。

（一）外部"安全困境"的挑战与应对

在霍布斯体系状态下，敌人角色占据主导地位，行为体很难进行

---

[1] Curtis R. Ryan, *Inter - Arab Alliances: Regime Security and Jordanian Foreign Policy*, Gainesville: University Press of Florida, 2009, p. 29.

[2] 同①。

自我克制。由于缺乏限制与自制，均势并非常态，制衡成为行为体相对普遍采取的一种行为。一般来讲，当国家相对弱小，存在较大的被消灭风险时，行为体倾向于制衡威胁；当国家足够强大，基本不存在被消灭的风险时，行为体则倾向于制衡权力。对于中东国家尤其是冷战时期的中东国家来讲，由于面临严峻的外部安全威胁，因而很多情况下各国主要制衡的是威胁，而不是权力。中东地区有着扑朔迷离的宗教纠纷、错综复杂的民族矛盾、十分棘手的领土与资源争端、非常严峻的民族国家构建问题，以及地区国际关系的霍布斯性和域外大国的竞相插手，导致中东国家为寻求安全自助，往往采取典型的"硬制衡"方式。

尤其是阿拉伯国家，它们在应付以色列等非阿拉伯国家及其背后西方势力威胁的同时，还要极力应对来自国内与阿拉伯国家的各种威胁与挑战。对于中东阿拉伯国家来讲，它们要制衡的威胁既有军事安全威胁，也有政治安全威胁。尽管为争夺阿拉伯世界或中东地区的霸权，中东一些国家彼此间的制衡也具有权力平衡的意味，但很多情况下中东国家制衡行为更普遍的动机是制衡威胁。更何况，寻求权力平衡本身便是制衡威胁的一种有效方式，因为权力失衡必然会增加弱势一方的安全担忧。与阿拉伯国家不同，以色列等非阿拉伯国家要制衡的威胁主要是外部的军事安全威胁。除了军事安全威胁和政治安全威胁外，中东国家还不同程度面临非传统安全威胁。

第一，军事安全威胁。无论是就传统安全来说，还是就非传统安全而言，军事安全都是国家安全的重中之重。特别是冷战时期，军事安全威胁是中东国家面临的首要安全问题。这主要在于以下几个因素：其一，在霍布斯式的无政府状态下，中东国家之间的政治关系异常紧张且充满敌意。为寻求自保和摆脱"安全困境"，各国纷纷致力于加强本国的军事力量或组建军事联盟，不断从事着零和博弈和对抗性的制衡游戏。然而，这种博弈或制衡游戏并没有真正地减少各国对本国军事安全的担忧，反而往往引发更强烈的对抗和更大的担忧，致使各国始终无法摆脱"安全困境"。其二，冷战时期，美苏在中东的争夺直接加剧了中东国家之间的军备竞赛和对抗，进一步加大了各国对来自外部的军事安全威胁的担忧。其三，中东国家普遍不够强大，保卫自身安全的能力有限，其海外利益远没有得到应有的扩展，致使国家安全缺少外延空间的保证，导致国家军事安全问题相对敏感和突出。其四，从地理磨损、边际效应及强弱相对等地缘政治角度看，由于地理上临近等因素的影响，中东国家高度关注本国的军事安全，对邻国的"威胁"尤为敏感。

总之，战后尤其是冷战时期中东各国普遍面临严峻的军事安全威胁，为寻求自身安全乃至安全利益的最大化，纷纷采取传统的内部制衡或外部制衡行为，导致恶性循环和更大的安全困境。

第二，政治安全威胁。长期以来，中东国家也面临较为严峻的政治安全挑战。作为传统国家安全重要组成部分的政治安全，主要包括政治制度安全与意识形态安全两大方面。政治制度与意识形态是影响行为体认同的两大因素，而认同是影响一个国家结盟或对抗的重要因素。尽管权力、威胁和利益是导致中东国家采取制衡行为的三大因素，但这些客观的物质性因素往往由于认同（身份认同和观念认同）方面的巨大差异而被发酵并放大。在世界政治舞台上，国家行为体常常都倾向于追随在政治制度和意识形态等方面具有共性的国家，而抵制与其缺少共性的国家。

冷战时期，中东国家在意识形态方面的差异尤为明显，中东国家长期被分裂为亲美和亲苏两大阵营、保守和激进两大集团。国家在意识形态上的巨大差异会导致相互之间关系紧张①，这种差异也是导致国家之间采取制衡行为的一大因素。例如，阿拉伯国家与以色列之间的制衡行为便具有相对突出的意识形态色彩，双方的冲突在某种程度上可以看作是泛阿拉伯主义同犹太复国主义之间的冲突。另外，中东国

---

① 王京烈主编：《动荡中东多视角分析》，北京：世界知识出版社，1996年版，第208页。

家在政治体制上的差别也尤为突出，例如共和制国家与君主制国家、政教合一国家或神权国家与政教分离国家或世俗国家等。政治体制差异会影响行为体之间的类属认同，进而影响行为体之间的制衡行为。

　　相对来讲，中东共和制国家内部与君主制国家内部的制衡现象没有共和制国家同君主制国家间的制衡现象那么突出，强度也没有那么高。例如，尽管埃及、沙特等国家均属于阿拉伯国家，但一定程度上缘于政治体制与意识形态差异，20 世纪五六十年代，即埃及总统纳赛尔时期，以埃及为首的阿拉伯共和制国家与沙特等君主制国家之间进行了激烈较量，为维护本国的政治安全，也为争夺阿拉伯世界领导权，沙特等君主制国家通过操纵对手形象等手段，对埃及进行"软制衡"，埃及等激进的共和制国家也对沙特等君主制国家进行反制衡。为应对来自共和制国家尤其是埃及的"威胁与挑战"，沙特不仅通过利用阿以问题指责纳赛尔反以不力的方式"软制衡"埃及，而且还利用自身不可替代的伊斯兰教圣地地位，通过高举泛伊斯兰主义大旗和推行泛伊斯兰主义外交政策的方式"软制衡"埃及，将伊斯兰教作为抵御纳赛尔的泛阿拉伯主义等各种激进思想入侵的屏障。同时，一定意义上出于意识形态安全和政治体制安全等考虑，伊朗于 1955 年加入了美英炮制的，由英国、土耳其、伊拉克、巴基斯坦组成的巴格达条约组织。

　　相对而言，在中东国际关系中，伊拉克和伊朗的互相制衡中，政治安全因素比较突出。整体上看，1921 年至 1957 年、1958 年至 1978 年、1979 年至 1990 年是两伊关系较为紧张的三个阶段，后两个阶段也是两国间制衡强度较高的阶段。双方在意识形态与政治体制上的重大分野是造成这一现象不可忽视的因素。从政治体制和意识形态上讲，这三个时期的两伊对抗可分别视为是伊拉克民族主义和伊朗民族主义的矛盾、伊拉克共和制泛阿拉伯主义和伊朗君主制民族主义的对抗、伊拉克萨达姆的泛阿拉伯主义和伊朗神权政体与泛伊斯兰主义的冲突。[①] 1958 年后，伴随伊拉克共和制的建立与激进的阿拉伯民族主义的上升，伊朗民族主义重新高涨，为制衡来自伊拉克等激进势力和意识形态的威胁，伊朗不断增强自身的军事力量，并积极发展与土耳其、阿富汗等非阿拉伯国家之间的军事关系。1979 年伊朗爆发伊斯兰革命后，伊拉克的泛阿拉伯主义与伊朗的泛伊斯兰主义迎头相撞，两国为达到削弱和制衡对手的目的，均采取了支持对方国内的反政府活动等手段，致使双方关系不断恶化，最终滑向了战争的深渊。另外，很大程度上基于制衡来自伊朗"输出革命"的政治安全威胁的战略考虑，1981 年 5 月 25 日，阿联酋、巴林、阿曼、卡塔尔、沙特、科威特六国组建了"海湾合作委员会"。

第三，非传统安全威胁。军事安全与政治安全均属于传统安全，除了传统安全挑战，中东国家还面临非传统安全威胁。从非传统安全视角看，中东国际关系中的制衡现象与有关国家的资源安全、经济安全和恐怖主义等非传统安全问题存有一定关联。当然，非传统安全与传统安全的区分是相对意义上的，而非绝对的。需要指出的是，尽管非传统安全这种提法盛行于冷战后，国际社会对该问题的关注也体现在冷战后，但这里讲的资源安全（水资源安全和石油资源安全）和经济安全等非传统安全现象在中东地区早已存在，并不同程度上影响着有关国家的制衡行为。

水资源安全。在漫长的人类历史长河中，资源战争占有很大的篇章，最早可追溯到人类的农业文明时代。当前，自然资源的基础地位及对国家安全的重要作用越来越受到各国包括中东国家的重视。被称为"地球生命之液"的水资源是人类必不可少的自然资源，20 世纪五六十年代以来，水资源安全问题日益引起各国关注。对于中东国家尤其是那些严重缺少水资源的国家来讲，水就是"流动的生命"和"蓝色的金子"，事关有关国家的生存和发展。与世界其他地区相比，在中

---

① 谢立忱、黄民兴：《中东国家领土与边界纠纷的安全视角分析》（上），载《西亚非洲》，2009 年第 6 期，第 23 页。

东与北非地区，水对人口增长与经济发展显然更为至关重要。[1] 事实上，在中东地区，只有土耳其、苏丹、黎巴嫩这三个国家基本不存在水资源匮乏问题，其他国家均不同程度受到水资源短缺的困扰。[2] 因此，对于中东缺乏水资源的国家来讲，水资源问题不单纯是一种资源问题，而是国家安全问题。

同时，任何资源都不可能凭空存在，而是要以一定范围的土地为依托，这就使水资源争夺与领土争端交织在一起，使争夺稀缺水资源的冲突风险增大。中东国家间普遍存在着领土纠纷，而很多重要的水资源来源地或储藏地往往位于这些有争议的领土上。中东国家间的水资源争端不仅与边界领土争端相互交织，而且还与有关国家在意识形态、民族、宗教等方面的争端纠缠在一起。因此，水资源安全无疑是影响中东国家内外政策及中东国际关系的一个重要因素，有关国家为保障本国的水资源安全，以及在与对手的水资源争夺中处于优势，一方面积极发展本国的军事力量，另一方面极力寻求地区盟友。

在中东地区的水资源争端中，阿拉伯国家与以色列的争端最为棘手和复杂。双方均将水资源视为关乎国家安全的重大事项，在水资源争端尤其是约旦河水资源争端上互不相让。[3] 约旦河是以色列、黎巴嫩、约旦、叙利亚及巴勒斯坦的重要水资源来源，关乎各国的生存与发展，因而也是这些国家争夺的焦点。事实上，约旦河流域是整个中东地区水资源冲突最剧烈的流域。[4] 位于该流域沿岸的约旦、以色列，以及西岸与加沙地区均患有"慢性水枯竭症"。[5] 特别是对以色列与约旦来说，约旦河及其支流具有不可替代的重要价值，因为其不仅是两

---

[1] 朱和海：《中东，为水而战》，北京：世界知识出版社，2007 年版，第 22 页。

[2] 同①，第 36 页。

[3] 迈克尔·T. 克莱尔著，童新耕、之也译：《资源战争：全球冲突的新场景》，上海：上海译文出版社，2002 年版，第 175 页。

[4] 同①。第 251 页。

[5] Jan Selby, *Water, Power and Politics in the Middle East: The Other Israeli - Palestinian Conflict*, Lon don and New York: I. B. Tauris Publishers, 2003, p. 22.

国基本的地表水源，而且分别供应约旦大约四分之三的水需求与以色列大约三分之一的水需求。① 正像本-古里安在 1948 年所说，约旦河是以色列领土上最宝贵的河流。② 摩西·夏里特在 1955 年也曾说，约旦河水之所以珍贵，主要在于其关乎以色列的未来。③ 毋庸置疑，以色列是中东地区甚至世界范围内水资源最为短缺的国家之一，因其年降雨量非常低，平均不到 220 毫米，而且又严重缺少地下水资源。④

可以说，生态环境的极其恶劣、重视农业的固有传统与移民组成的特殊国家，这三大因素决定了水资源对以色列有着特殊的价值和意义。正如以色列前总理艾希科尔曾谈到的，水好比是"流淌在犹太民族身体里的血液"⑤。以色列外长摩西·夏里特也曾讲到，离开水，以色列的农业就无法发展，而离开农业犹太人就失去了成为一个深深扎根于国土的民族的根基。⑥ 实际上，犹太人对水资源的重视并非始于以色列建国后，自一开始，犹太复国主义运动本身便有着为一个犹太民族家园获得其生存所必需的水资源的基本要义。⑦ 没有充足的水资源，犹太民族便无法从事农业生产活动或土地上的体力劳动，便无法确保犹太人在巴勒斯坦这一土地上的物理存在，也就无法安置那些纷至沓来的移民，更无法把这一干旱贫瘠的荒芜之地变成所谓的"流着奶和蜜"的上帝"应许之地"，而犹太复国主义便成了一种空谈。因此，自以色列建国以来，其历届政府均将"水资源安全"置于同国防安全

---

① 朱和海:《中东，为水而战》，北京:世界知识出版社，2007 年版，第 251 页。
② Marq de Villiers, *Water Wars: Is the World's Water Running Out*, London: Weidenfeld and Nicolson, 1999, pp. 220-221.
③ Miriam R. Lowi, *Water and power: The Politics of a Scarce Resource in the Jordan River Basin*, Cambridge: Cambridge University Press, 1995, p. 110.
④ 王京烈主编:《动荡中东多视角分析》，北京:世界知识出版社，1996 年版，第 197 页。
⑤ Itzhak Galnoor, "Water Planning: Who Gets the Last Drop?" in R. Bilski, *Can Planning Replace Politics? The Israeli Experience*, The Hague: Martinus Nijhoff, 1980, p. 159. Quoting Jan Selby, *Water, Power and Politics in the Middle East: The Other Israeli-Palestinian Conflict*, London and New York: I. B. Tauris Publishers, 2003, pp. 68-69.
⑥ Meron Medzini, *Israel's Foreign Relations: Selected Documents, 1947-1974*, Jerusalem: Ministry for Foreign Affairs, 1976, p. 477.
⑦ 同①，第 252 页。

一样重要的地位。[①] 例如，1967 年第三次阿以战争爆发前，由于阿方的约旦河源头改道计划严重威胁以色列的水资源安全，以色列外交部长果尔达·梅厄便宣称，任何改引约旦河源头的行动都将被看作是对以色列国家的侵略行为。[②] 对此，以色列艾希科尔总理也声称："任何阻碍以色列自由利用约旦河水资源的企图均将会引起战争。"[③] 而在此问题上阿拉伯国家也针锋相对，强烈谴责以色列的"国家引水渠"方案是对阿拉伯国家水权利的一种"新侵略行动"。[④]

由于阿以双方均将水资源视为关乎自身生存、实力和安全的头等大事，因而自以色列建国以来，双方围绕约旦河水资源的争夺便日益加剧[⑤]，该流域便始终成为双方爆发冲突的聚集地[⑥]。例如，一定程度上讲，第三次阿以战争便是因双方间的约旦河水争端引发的[⑦]。因此，水资源争端既是阿以关系的一个重要内容和某种"晴雨表"，又是阿以冲突或战争的催化剂和导火索。对于阿以双方来讲，这种对水资源的争夺关乎双方的实力对比，阿拉伯国家和以色列（特别是以色列）把对方的争夺水资源的行为视为是一种严重的安全威胁和有着鲜明的军事目的的计划。[⑧] 为确保自身的水安全，阿以双方极力加强自身军事力量，积极与地区国家或域外大国结盟，导致双方之间的制衡强度居高不下。大国利用阿以水资源争端在中东地区展开的争夺，客观上也进

---

① 朱和海：《中东，为水而战》，北京：世界知识出版社，2007 年版，第 252 页。

② Meron Medzini, *Israel's Foreign Relations: Selected Documents*, 1947－1974, Jerusalem: Ministry for Foreign Affairs, 1976, p. 472.

③ 同①，第 303 页。

④ 同②，第 491 页。

⑤ 同①，第 257 页。

⑥ Peter Beaumont, "Conflict, Coexistence and Cooperation: A Study of Water Use in the Jordan Basin", in Hussein A. Amery and Aaron T. Wolf, *Water in the Middle East: A Geography of Peace*, Austin: University of Tex as Press, 2000, p. 22.

⑦ John Bulloch and Adel Darwish, *Water Wars: Coming Conflicts in the Middle East*, London: Victor Gollancz, 1993, p. 34.

⑧ Miriam R. Lowi, *Water and Power: The Politics of a Scarce Resource in the Jordan River Basin*, Cambridge: Cambridge University Press, 1995, p. 133.

一步刺激了阿以间的水资源争夺，加大了阿以双方对水资源安全的担忧，强化了阿以之间的制衡行为。例如，第三次中东战争爆发前夕，以色列在积极从美国等大国进口军火的同时，努力谋求美国在阿以水资源争端上的援助和支持。面对以色列及其后盾美国的挑战和威胁，埃及、叙利亚、伊拉克、约旦等前线阿拉伯国家一面谋求苏联在水资源争端上的政治支持和军事援助，一面签订联合防御协定，积极组建反以统一阵线。水资源安全和军事安全形势急剧恶化，导致双方制衡烈度不断增大，并最终引发了第三次中东战争。

不言而喻，长期以来，阿拉伯国家与以色列争夺的焦点就是土地，争夺土地的一个重要目的就是争夺那里宝贵的水资源，尤其对于以色列这样一个极其缺水的国家来说，更是如此。例如，1982 年以色列发动黎巴嫩战争的一个重要目的就是控制黎巴嫩南部地区的利塔尼河水。事实上，不仅是黎巴嫩战争，长期以来，以色列之所以不愿从阿拉伯国家的被占领土上撤走或完全撤走，一个重要原因就是以色列不愿放弃这些领土上的水资源，因为这些资源直接关系到以色列的生存和发展，关系到以色列制衡阿拉伯国家的实力。当然，这些水资源不仅对以色列具有重要的战略意义，对阿拉伯国家特别是巴勒斯坦、约旦这样严重缺水的国家来说，同样有着巨大的安全意义。

石油资源安全。素有"世界第一油库"之称的中东是西方发达国家主要的石油供应地，为争夺石油资源和确保石油供应的安全，包括英美在内的许多大国选择了插手中东事务、扶植地区代理人。大国的介入和争夺既导致或加剧了大国之间的相互制衡，也影响着中东国家之间的制衡行为。

随着现代社会的发展，各国对石油的依赖性日益增大，石油逐渐成为国家安全的基本保障要素之一。对于曾经或仍旧严重依赖中东石油资源的美国、日本与西欧国家来说，控制中东的石油资源和确保来自中东的石油供应安全，事关本国的国家安全。因为中东既是全球石油与天然气资源储藏量最大的地区，也是战后全球第一大石油出口地，还是美国、西欧国家和日本重要的原油进口地。例如，到 1973 年，西欧、日本和美国从中东（包括北非国家）进口的石油占比分别超过其各自进口总量的 82.2%、76.3% 和 13%。[①] 即便到 1999 年，西欧、美国与日本从波斯湾地区进口的石油总量仍十分可观，其中，美国从波斯湾地区进口的石油占其总进口的 25.1%，西欧占 50%，日本占到 74%。[②]

　　因此，为控制中东的石油资源及确保来自中东的石油供应安全，一些域外大国特别是美国极力插手中东事务，从而对中东国际关系中的制衡现象产生重要影响。例如，长期以来，美国中东战略的一个重要目标就是确保中东石油安全，防止其他域外大国或域内国家称霸中东。为此，冷战时期，美国积极扶植以色列等亲己势力和组建地区集团（如巴格达条约组织），抗衡苏联对该地区的渗透与扩张和制衡来自激进阿拉伯共和制国家的挑战。冷战后，为遏制地区霸权主义的崛起，防止任何域内国家称霸中东，威胁中东石油安全，美国仍在中东舞台上实行制衡之术。因此，整体上看，美国中东战略的一个显著特征就是，不允许任何一个国家在中东地区做大，力图使中东地区力量保持某种均衡，因为力量均衡不仅有利于中东地区的稳定和中东石油安全，而且有助于保持大国在该地区确切讲是对地区盟友的重要影响力和控制力。再如，第二次中东战争的爆发和 20 世纪 70 年代埃以和解的达成，便分别与英法要确保石油运输安全、美国要摆脱空前的石油危机等存有密切关联。其中，第二次中东战争对日后以色列的实力和联盟选择及阿以关系模式均产生深远的影响，从而也深刻影响着阿以双方间的制衡行为。20 世纪 70 年代埃及与以色列的和解基本消除了埃及与以色列之间的"硬制衡"，并对其他阿拉伯国家与以色列间的制衡行为产生重要影响。

　　经济安全。简单来讲，经济安全是指一国经济能够维持正常运行

---

① 彭树智主编:《二十世纪中东史》,北京:高等教育出版社,2001 年版,第 204 页。

② 同①。

与发展的一种状态，其威胁可以来自国内，也可以来自国外，这里主要关注来自外部的威胁。① 严格意义上讲，资源安全也属于经济安全的范畴，因而这里讲的经济安全主要指国家出海通道的安全。在地区化和全球化迅猛发展的今天，国家之间的相互依赖度空前增强，一国经济的发展不可能离开其他国家，海上运输对于一国的经济发展有着无法替代的重要意义。在全球化背景下，确保海上运输通道的安全，不仅是国家战略问题，还属于国际战略问题。② 海上运输通道是一国与国际社会交往的重要渠道，如果该渠道不畅通或受阻，有关的国家的经济运行与发展就会受到影响乃至威胁，从而产生经济安全问题。因此，对于依赖海上运输通道的国家来讲，其出海通道安全直接关系到本国的经济安全。出海通道安全也是影响中东国际关系包括有关国家制衡行为的一个重要因素。其中，伊拉克与伊朗之间的制衡行为便与确保国家出海通道安全存有较为密切的关联。

长期以来，伊朗和伊拉克围绕阿拉伯河界问题展开了持久的争夺和较量，这不仅在于该河涉及两国的水资源乃至水资源安全问题，而且还关系到两国经济的正常运行和发展。对于两伊来讲，阿拉伯河有着不可替代的重要的经济价值与战略价值。作为伊朗和伊拉克两国的界河，阿拉伯河虽然只有 100 公里多一点，但却是两国经济的命脉。③ 就伊拉克来说，阿拉伯河沿岸有伊拉克主要的原油输出管道、重要的油田、最大的海港和最重要的贸易港口，以及向外输出石油的唯一海上通道。要知道，伊拉克是一个没有直接出海口，但又严重依赖石油出口的国家。可见，拥有对阿拉伯河的主权，确保海上通道安全，事关伊拉克的经济安全。就伊朗来说，虽然与伊拉克没有直接的出海口不同，伊朗本国有着较长的海岸线，但阿拉伯河是伊朗的主要石油

① 谢立忱，黄民兴：《中东国家领土与边界纠纷的安全视角分析》（下），载《西亚非洲》，2009 年第 7 期，第 64 页。

② 王立东：《国家海上利益论》，北京：国防大学出版社，2007 年版，第 173 页。

③ 江红：《为石油而战：美国石油霸权的历史透视》，北京：东方出版社，2002 年版，第 453 页。

出口通道，其沿岸有着伊朗最重要的港口、最重要的油气产地、全国主要的粮食产地及重要的铁路枢纽。对于严重依赖石油出口的伊朗来说，确保本国对阿拉伯河的主权，进而保障本国在阿拉伯河的出海通道安全，同样关系到自身的经济正常发展和安全。因此，长期以来，为确保本国在阿拉伯河的主权和权益，确保本国的经济安全，两伊均注重增强本国的军事力量，力争保持力量均衡乃至力量优势。纵观两伊关系史，我们也不难发现，每当两伊实力对比相对悬殊时，阿拉伯河界之争便常常以有利于实力较强一方的方式暂获解决。

（二）内部"安全困境"的挑战与应对

第一，国家认同缺失。由于中东民族主义的非建设性和精英性特征，殖民主义者的"人为分割"和泛民族主义的盛行等因素，致使中东国家独立后便长期面临国家认同缺失等政治安全隐患与挑战。例如，塞浦路斯的两族对抗，阿富汗的地方部落势力与中央政府的对立，黎巴嫩的教派分权，伊拉克的"三足鼎立"，等等，不一而足。可以说，来自中东国家国内少数民族或教派的真正威胁，就在于其一直徘徊于国家民族主义之外。这些次国家认同往往与各种泛民族主义体认的超国家认同相互交织，从而引发国内冲突的爆发及外溢，进而威胁有关国家的社会稳定与安全，并影响相关国家间的关系包括制衡行为。例如，有些国家尤其是阿拉伯国家为摆脱国内的认同危机，维持国内的稳定，往往诉诸泛阿拉伯主义或泛伊斯兰主义，致使这些国家的外交政策包括制衡行为不可避免地受到阿拉伯或伊斯兰认同和规范的影响。如前所述，超国家的阿拉伯或伊斯兰规范和认同在阿拉伯世界和各国民众中有着超强的政治能量，导致阿拉伯国家在进行制衡对象与手段的选择时，不能不考虑这股强大的政治能量，不能不顾忌来自国内民众的呼声。这也是造成阿拉伯世界中的"软制衡"现象的一个重要因素。

第二，"预算安全"。联盟是一国应对、解决来自国内或国外安全威胁的对外举措或手段。具体的联盟选择往往取决于当时面临的最迫切的需要。因此，联盟的决定既可能受到来自外部的安全威胁的制约，也会受到"预算安全"等内部安全因素的影响。这些利益偏好不仅影响着具体的联盟形式，而且也在很大程度上决定着联盟的程度——松散的经济联盟还是紧密的军事联盟。换句话讲，联盟既可从是解决外部安全威胁的一种手段，也可以是对国内反对势力、经济不满等威胁政府生存和稳定的内部安全威胁的一种应对。对于那些资源匮乏、经济欠发达的国家来讲，缔结联盟是其应对这些国内挑战的有效手段。因为联盟可以带来一国急需的经济和军事资源，这些资源是稳定国内经济、安抚经济不满者、加强国家军事安全力量所不可或缺的。只有这样，有关国家才能实现所谓的"预算安全"。我们在研究中东国际关系中的制衡现象时，不能忽视"预算安全"等国内安全因素，因为这是有关国家选择联盟对象和制衡对象时不得不考量的一大因素。

总之，承认安全威胁的双重性，是全面地解读中东国家尤其是阿拉伯国家的制衡行为的重要路径和视角。

二、非主权规范和认同的盛行

在当代中东历史舞台上，除了国家认同和主权规范外，还存在大量的超国家认同、次国家认同及超国家规范。这些非主权规范与认同的存在，为国家领导人构建国家认同和打击政治对手提供了某种机会和路径，从而影响有关国家制衡对象与手段的选择。因此，认同与规范是影响中东国家制衡行为及中东国际关系的一个重要因素。尽管国家行为体的行为归根结底是由利益决定的，但利益既具有客观性，也具有主观性，国家认同是国家利益的基础①，国家利益某种程度上是由国家行为体所认同的身份与观念建构的。历史上，中东是多种文化的交融地，是多种宗教的发源地，是多个帝国的产生地，还是列强激烈

---

① Yucel Bozdaglioglu, *Turkish Foreign Policy and Turkish Identity: A Constructivist Approach*, New York: Routledge, 2003, p. 22.

角逐之地，从而导致当今中东国家与人民在认同与规范上的多元性。[①] 就认同来说，对中东国家制衡行为具有重要影响的认同可分为身份认同和观念认同；内生认同和外生认同；超国家认同、国家认同和次国家认同。不过，这种类型划分是相对意义上的，而不是绝对的。就规范来讲，对中东国家制衡行为具有重要影响的规范主要包括阿拉伯规范与伊斯兰规范，两者分别强调阿拉伯世界与伊斯兰世界的统一和团结，有着不同但又存在一定联系的认同基础。

中东国际关系特别是阿拉伯国家关系中的认同和规范力量非常突出，因为这些认同和规范关系到相关国家的政权稳定，关乎这些国家在阿拉伯世界的声誉与地位。换句话说，这些认同与规范直接关涉相关国家的政治安全。因此，在阿拉伯世界这个特殊舞台上，最关键的实力资源并非通常意义上的军队，而是操控其他阿拉伯国家精英关于本人和对手形象的能力[②]。当阿拉伯民众认为阿拉伯领导人或政府在捍卫阿拉伯民族的利益、实践阿拉伯民族的目标与理想方面有所作为，其行为、言论符合既定认同与主流规范时，这些领导人或政府就拥有了权力和权威。反之，这些领导人或政府不仅将失去权力，还将失去其在国内外的权威。这些拥有巨大政治能量的认同与规范，在促进阿拉伯国家之间的联合与团结的同时，也引发了阿拉伯国家关于这些认同与规范的长期的、激烈的争夺。因此，我们便不难理解，在阿拉伯世界为何存在着一种针对对手的形象与权威而利用政治手段来实现的另类制衡，即"软制衡"现象了。尽管阿拉伯国家采取这种"软制衡"的动因仍是着眼于各自的国家利益，但不容否认的是，正是这些认同与规范的强大力量才使得这种"软制衡"现象的发生成为可能，并赋予这种"软制衡"以巨大效力。同样，这些认同与规范的强大力

① 谢立忱:《中东地区国际关系中的认同因素》,载《史学集刊》,2013 年第 3 期,第 83 页。
② 斯蒂芬·沃尔特(Stephen M. Walt) 著,周丕启译:《联盟的起源》,北京:北京大学出版社,2007 年版,第 145 页。

量也增强了阿拉伯国家制衡以色列等非阿拉伯国家的实力，增大了后者的安全担忧，从而加剧了双方之间制衡的强度，但却促进了非阿拉伯国家之间关系的拉近乃至组建制衡联盟。当然，尽管在某段时期内，这些认同与规范一度有着强大的政治能量，但其内涵与效力显然不是一成不变的，而是伴随国内外形势的变化而变化的。例如，冷战后，随着形势的变化，曾对阿拉伯国家制衡行为产生重大影响的泛阿拉伯认同与规范的传统效力开始减弱。

（一）非国家认同与制衡

认同具有多维性，中东国家和民众的认同也是多种多样的，这里主要基于认同的建构因素、对象或内容、涵盖的地域范围，简要分析三种类型的认同（身份认同和观念认同，内生认同和外生认同，超国家认同、国家认同和次国家认同）对中东国际关系中制衡现象的影响。

一是身份认同、观念认同与制衡。学者们对认同概念的界定具有多样性，但均强调认同的身份、一致、同一性等内涵。[①] 有学者认为，认同概念包含身份认同与观念认同两层内涵。身份认同具体可分为行为体的自我认同（个人或团体身份）、类属身份、角色身份、集体身份。观念认同具体指行为体对某种观念或规范（包括各种制度）的认同。

首先，身份认同与制衡。按照国家的民族属性，中东国家包括阿拉伯国家与非阿拉伯国家两部分。就阿拉伯国家来说，它们除了作为独立的民族国家个体存在外，还同时拥有阿拉伯国家和伊斯兰国家等集体身份认同。这决定了阿拉伯各国在追求国家利益时，要努力保持国家利益和阿拉伯利益、伊斯兰利益之间的微妙平衡，必须考虑种种次国家认同和超国家认同的巨大力量，尤其要避免遭受对手的"软制衡"。就非阿拉伯国家来说，土耳其、阿富汗与伊朗也持有伊斯兰身份

---

① 谢立忱：《当前中东乱局中的认同因素》，载《新疆社会科学》，2012 年第 1 期，第 73 页。

认同，但伊朗是典型的什叶派国家，教派认同上的差异是导致伊朗与其他阿拉伯逊尼派国家关系长期不睦的一个重要因素，并为双方之间的制衡行为奠定了重大认同基础。近年来，伴随中东地区政治的教派化，这种教派认同因素的作用再度凸显，中东国家日益分裂为分别以伊朗与沙特为代表的什叶派联盟和逊尼派联盟两大对立阵营。在中东非阿拉伯国家中，以色列与土耳其以及1979年前的伊朗持有共同的西方身份认同与"外来者"身份认同，这是导致三国一度结成针对某些阿拉伯国家的"铁三角联盟"的认同基础，也是20世纪90年代土耳其同以色列结成"准联盟"的认同基础①。

其次，观念认同与制衡。中东地区的阿拉伯国家和非阿拉伯国家有着不同的观念认同，前者长期认同"乌玛"认同、真主主权、"圣战"思想等传统伊斯兰国际关系理念，遵循伊斯兰文化价值观，后者主要是伊斯兰革命前的伊朗、土耳其、以色列高度认同以人民主权、领土完整、国家主权等民族主义思想为核心的现代国际关系理念，推崇西方文明价值观和现代国际行为准则。这成为某些中东阿拉伯国家与非阿拉伯国家之间发生制衡行为的认同基础。例如，针锋相对的伊叙"准联盟"和土以"准联盟"的形成，便与双方间的这种观念认同差异存有关联。

二是内生认同、外生认同与制衡。认同具有建构性、社会性、历史性、根植性等诸多特征，从认同的建构因素上看，认同可以分为内生认同与外生认同。行为体在参与社会化互动之前必然已经形成了一些自身的认同，这些由自身历史经历和内部要素构建的认同，一旦形成，便不容易改变，往往一直伴随行为体，并很大程度上决定着行为体对自我和外部世界的认知，决定着国家行为体对国家利益的界定，决定着行为体的行为与选择②。顾名思义，外生认同就是行为体在参与

① Yucel Bozdaglioglu, *Turkish Foreign Policy and Turkish Identity: A Constructivist Approach*, New York: Routledge, 2003, pp. 152–156.

② 夏建平：《认同与国际合作》，北京：世界知识出版社，2006年版，第151页。

社会化互动过程中建构起来的身份与观念。当然,行为体在参与社会化互动前,也不可能完全不与他者交往,因而所谓的内生与外生并不是绝对的。内生认同与外生认同二者既存有区别,又密切关联,前者是后者的基础,后者是前者的演化。但无论是内生认同,还是外生认同,均必然会对行为体的制衡行为产生一定影响。

首先,内生认同与制衡。在现代民族国家独立以前,阿拉伯国家和以色列、伊朗、土耳其等非阿拉伯国家或民族在自己漫长的历史实践中,已经形成了各自的内生性认同。历史上的阿拉伯人曾创造了辉煌的伊斯兰文明,建立了庞大的阿拉伯帝国,并深受游牧文明和伊斯兰教的影响,致使阿拉伯人逐渐形成了一种以"乌玛"观、"圣战"思想、真主主权、部落意识、阿拉伯与伊斯兰属性为基本内涵的内生性认同。曾创造了辉煌灿烂的古波斯帝国历史、富有强烈的民族主义情绪的波斯人,面对异族和西方列强的侵略和剥削,逐渐形成了什叶派身份和波斯民族身份等认同,并推崇西方文明价值观。独特的大流散、大屠杀经历,以及古希伯来王国的建国历史,使得犹太人的身份认同具有强烈的排他性,高度认同所谓的上帝选民身份与"上帝应许之地",珍视主权与自由,笃信"非我族类,其心必异"的说法。奥斯曼帝国的辉煌历史和西方文明的后来居上,促成了土耳其人的多元身份认同,即伊斯兰身份、突厥身份和西方文明成员身份。当然,土耳其真正完成由伊斯兰国家向西方文明成员的核心身份转换,是在土耳其国父凯末尔上台之后。可见,历史上,确切讲是在现代民族国家独立以前,阿拉伯人、波斯人、犹太人、土耳其人在各自历史实践中形成的这些特有的内生性认同,成为后来它们参与社会化互动的认同基础,促成了后来阿拉伯人与波斯人、犹太人、土耳其人之间负向认同的形成,进而将对方视为威胁源乃至制衡的对象。

其次,外生认同与制衡。假如以现代中东民族国家的独立为临界点,此后形成的认同就属于外生性认同,虽然此前的认同也不可避免地有着一定的外部建构性。历史上,阿拉伯人和波斯人、土耳其人、犹太人皆有过不友好的经历，这成为现代国家独立后各国形成外生性认同的基础与平台，不仅致使原有的敌对形象在后来相互之间的恶性互动中得以不断再现、验证与强化，而且导致彼此之间形成新的负向认同，进而影响相互之间的制衡行为。例如，持续半个多世纪的阿拉伯国家与以色列冲突充分验证了负向认同是如何深刻影响着阿以之间的"硬制衡"（军备竞赛与缔结联盟）的。阿拉伯国家由于在同以色列及其背后的西方支持者的最初互动中屡受挫折，因而一度引发认同危机①，致使传统的"乌玛"观、"圣战"思想、阿拉伯和伊斯兰等内生性认同得以再现和强化，进而导致阿拉伯国家与以色列之间外生性负向认同的形成与强化，使得阿以日益陷入彼此"硬制衡"的怪圈，而阿拉伯国家则陷入"软制衡"的泥沼。再如，在参与国际社会的互动过程中，或者说在与中东其他国家的交往中，伊斯兰革命前的伊朗、以色列、土耳其基于共同的内生性认同，逐渐形成了正向的外生认同（亲西方认同和"外来者"身份认同），从而促进了三国间制衡联盟的形成。

可见，当代中东国际关系中的制衡现象之所以频频发生，不仅在于中东国家独立后形成的负向的外生认同，而且还与独立前、历史上它们形成的根深蒂固的内生认同有着明显的关联。

三是次国家认同、超国家认同与制衡。首先，次国家认同与制衡。中东国家独立后，继承的往往是一份充满了各种社会裂痕的政治遗产，黎巴嫩、伊拉克、也门等中东国家的民众往往持有种种彼此交叉、竞争的次国家认同。这些次国家认同的大量存在是导致中东地区国际关系紧张、动荡的一个重要内部根源，而且基于认同差异衍生的冲突常常比那些因物质利益产生的纠纷更加难以在本质上达成妥协②。这方面

---

① Louise Fawcett, *International Relations of the Middle East*, New York: Oxford University Press, 2005, pp. 155-156.

② L. Diamond and M. F. Plattner, *Nationalism Ethnic Conflict, and Democracy*, Baltimore and London: The Johns Hopkins University Press, 1994, P. XVIII.

的例子，可以说不胜枚举，例如黎巴嫩内战、塞浦路斯问题、困扰多国的库尔德问题等。具体来讲，这种次国家认同主要从两个方面影响中东国家的制衡行为。

第一，这种次国家认同的存在很容易导致民众的忠诚溢出国界，催生泛民族主义诉求，致使国内冲突外溢，引发相关国家的军事对抗乃至组建制衡联盟[1]。例如，20世纪60年代的北也门内乱引发或加剧了埃及等激进派国家与沙特等温和派国家之间以及激进派阵营内部的制衡。再如，黎巴嫩内战进一步加剧了叙利亚与以色列以及美苏之间的"硬制衡"。

第二，一国的对外政策导向主要由该国的核心身份与观念认同决定，但某一种次国家认同或持有该认同的势力可能在某个时期上升为国家认同或掌握政治权力，从而影响该国制衡对象和手段的选择。例如，虽然从民众信仰上讲，伊拉克是一个什叶派国家，但什叶派认同并非伊拉克的国家认同，只是伴随21世纪初什叶派在伊拉克的上台执政，什叶派认同对伊拉克制衡行为的影响才真正凸显出来，即伊拉克日益重视与什叶派国家的关系发展并最终与伊朗等国组成事实上的什叶派阵营。再如，随着20世纪阿拉维派（什叶派）在叙利亚的掌权，叙利亚的对外政策愈益具有了什叶派色彩，最后与伊朗结成"准联盟"。

其次，超国家认同与制衡。在中东舞台上，泛阿拉伯主义、泛伊斯兰主义等泛民族主义的广泛存在和流行，致使中东国家的制衡行为长期受到超国家认同的影响。由于超国家认同往往能够有效地凝聚有关国家民众的忠诚，因而不仅容易导致国内冲突的外溢，造成对主权规范的蔑视，还有助于促进持有共同认同的国家间的联盟，加剧持有不同认同的国家间的对抗。例如，冷战时期阿拉伯国家之所以能够多次超越地理的限制，联合制衡以色列的挑战和威胁，一定程度上便是

---

[1] Louise Fawcett, *International Relations of the Middle East*, Oxford: Oxford University Press, 2016, p.154.

基于泛阿拉伯主义或泛伊斯兰主义所体认的超国家认同的强大凝聚力，虽然泛阿拉伯主义和泛伊斯兰主义这两种意识形态之间也有矛盾的一面。[①] 正如有的学者所谈到的："对于伊朗而言，伊朗和某一阿拉伯国家之间的冲突可以理解成伊朗和所有阿拉伯国家之间的冲突。"[②] 这种观点显然更加适用于阿以冲突，在泛阿拉伯主义和泛伊斯兰主义盛行的年代，超国家的阿拉伯认同和伊斯兰认同有效地凝聚了阿拉伯世界广大民众的忠诚。关于这一点，迈克尔·巴尼特曾讲道，阿拉伯地区政治的一个突出特征就是，想象的共同体意识与超国家认同观念的存在，显著地减轻了阿拉伯世界内部政治的无政府状态及阿拉伯各国间的对抗强度。[③]

当然，泛阿拉伯主义与泛伊斯兰主义所体认的超国家认同在促进阿拉伯国家间的联合、加剧阿拉伯国家与以色列等非阿拉伯国家间的对抗的同时，也在阿拉伯世界内部引发了独特的"软制衡"现象。因此，有学者指出，阿拉伯国家间发生的对抗和冲突比合作可能还要多。[④] 不过，超国家认同的强大作用使得阿拉伯国家间冲突的烈度显然低于阿拉伯国家与非阿拉伯国家间冲突的烈度。除个别例外，在多数情况下，阿拉伯国家首先会选择联合制衡来自非阿拉伯国家特别是以色列的挑战与威胁。虽然阿拉伯国家围绕阿拉伯或伊斯兰规范一度展开了激烈的争夺和较量，为打击对手不时诉诸"软制衡"，但这种争夺和较量也反过来进一步建构了泛阿拉伯主义和泛伊斯兰主义，进一步强化了超国家认同的力量。与一般意义上的国家间外交关系不同，阿拉伯国家之间的关系有着突出的大家庭特质。因此，阿拉伯国家与非

---

① Adeed Dawisha, "Arab Nationalism and Islamism: Competitive Past, Uncertain Future", *International Studies Review*, Vol. 2, No. 3, 2000 Fall, p. 75.

② Shahram Chubin and Charles Tripp, *Iran – Saudi Arabia Relations and Regional Order*, London: International Institute for Security Studies, 1996, p. 304.

③ Michael N. Barnett, *Dialogues in Arab Politics: Negotiations in Regional Order*, New York: Columbia University Press, 1998, p. 1.

④ 同③，第61—79页。

阿拉伯国家之间相对盛行"硬制衡"现象,而阿拉伯世界内部则较为流行"软制衡"现象。另外,值得一提的是,时至今日,虽然伊斯兰文化价值观仍对伊斯兰国家的外交产生一定的框定作用,但伊斯兰文化价值观或泛伊斯兰主义所起的这种框定作用从来没有达到像 20 世纪五六十年代的泛阿拉伯主义那样的强度,后者曾为阿拉伯各国确定了一种共同的外交准则和规范,并有效动员阿拉伯国家采取统一的制衡行为。①

(二) 非主权规范与制衡

从发生学上讲,民族主义发源于中世纪末的西欧。对于中东国家来讲,民族主义显然是"舶来品",是西方文明传播的产物。建立独立的民族国家是民族主义的基本政治诉求,因而国家民族主义体认和强调的是一种主权规范。然而,很长一段时期里,在中东国际舞台上,民族主义或主权规范并不是一种主流的意识形态或规范,各种非主权规范尤其是阿拉伯规范与伊斯兰规范一度盛行。导致这种现象的原因主要有以下几点:第一,直到 20 世纪 70 年代,中东民族独立国家体系才得以形成,民族主义强调的主权规范才日益被人们所熟悉和认同。第二,中东民族主义不属于建构型的民族主义,属于一种反殖民主义运动,具有非建设性特征。一旦中东国家摆脱昔日的殖民统治,获得独立,这种民族主义便会失去以往的强大活力。为摆脱困境,有些国家的决策者便会诉诸泛民族主义,致使国家外交受到非主权规范的影响。第三,在西方列强到来或西方文明传入以前,民族主义所强调的边界领土、国家主权等观念,并不为推崇部落意识、真主主权等传统伊斯兰国际关系理念的中东人们所了解,作为"舶来品"的民族主义必然会表现出明显的水土不服。第四,中东各国的边界领土往往是殖民者任意划分的结果,中东民族国家的产生次序具有先国家后民族的

---

① Louise Fawcett, *International Relations of the Middle East*, Oxford: Oxford University Press, 2016. p. 167.

特点，这样的国家更容易成为各种非国家民族主义或非主权规范滋生的温床。第五，各种泛民族主义的盛行，也使得中东国家的主权规范容易受到各种超国家主权规范的掣肘。

在中东地区，对中东国家制衡行为影响较大的非主权规范主要包括阿拉伯规范与伊斯兰规范。整体上看，尤其是冷战时期，无论是阿拉伯规范还是伊斯兰规范，均对中东国际关系产生了正反两方面影响，即不仅直接促进了阿拉伯国家内部的团结联合，造成了阿拉伯国家与以色列关系的紧张与对抗，而且也引发或加剧了阿拉伯世界内部的分裂与竞争甚至是对抗。从制衡角度讲，阿拉伯规范或伊斯兰规范一方面导致阿拉伯国家彼此之间为争夺阿拉伯世界领导权或追求国家安全而相互制衡（"软制衡"），另一方面则刺激或加剧了阿拉伯国家与非阿拉伯国家尤其是以色列之间的"硬制衡"。当然，伴随形势的发展，国家民族主义逐渐成为中东各国的主流政治意识形态，主权规范日益得到各国的认同，阿拉伯规范或伊斯兰规范渐趋式微，但后者的影响并未完全消失，且这种影响在特定条件下有可能出现反弹。

可见，这些非主权认同和规范的盛行，使得阿拉伯或伊斯兰世界流行一种颇为独特的政治游戏规则。这些阿拉伯或伊斯兰国家领导人深知这些规范与认同的力量之强大，深知"软制衡"而非"硬制衡"是打击、削弱对手的有力武器。因为通过诉诸"软制衡"，不仅可以削弱一国在阿拉伯或伊斯兰世界的威望与地位，而且还会引发或加剧该国政局不稳，进而威胁其政权稳定。当然，需要指出的是，认同和规范等非物质性因素的这种作用并非一成不变。例如，冷战后，伴随阿拉伯或伊斯兰认同与规范的传统效力的下降，其对中东国家制衡行为的影响力也已大打折扣。然而，这并不意味着这些非物质性因素对制衡的作用已无足轻重，因为，时至今日，这些非物质性因素仍对中东国家的制衡行为产生这样或那样的影响。例如，当前中东国际政治中的教派认同因素的凸显，便是一个典型例子。

三、认知与制衡

如前所述，认知不仅构成了行为体所有政治行为的基础，而且还形成了权力与利益如何理解的基础。国家外交政策是人制定的，也是人执行的，因而作为国家外交政策的制定者与执行者的个人的作用是不言而喻的。即便面对同样的客观形势，不同的人也会产生不同的认知（包括错误认知），从而形成不同的决策。可见，国际冲突并非单纯源于冲突的利益，还与相异的认知模式有关。因此，在中东国际关系中，除了认同和规范外，认知也是一个不容忽视的因素。例如，阿拉伯国家与以色列、土耳其、伊朗等国之间的矛盾和冲突便同双方间固有的敌对认识或负向认知存有密切关系，这种负向认知不仅有助于建构、强化双方之间的负向认同，而且影响着它们对利益和威胁的判断和看法，进而影响彼此间制衡对象、手段的选择及制衡的强度。

四、地缘重心国的缺失

（一）地缘重心国

按照外交学院苏浩教授的观点，国际关系体系是由西欧、东欧—北亚、南亚、中东、非洲、北美、南美和澳洲或大洋洲等一系列地缘板块子系统所组成的。[①] 在这些地缘板块上，往往存在一个领土大、人口多、综合实力强，对地区稳定与发展起主导作用的大国，即地缘重心国。[②] 然而，战后的中东地区却不存在这样一个明确的地缘重心国，这样的地区被称为"地缘塌陷地区"。

（二）地缘重心国缺失的原因

造成中东地区地缘塌陷或地缘重心国缺失的原因主要有：第一，长期以来，为了插手、主导中东事务，美苏尤其是美国一直防范中东

---

① 苏浩：《地缘重心与世界政治的支点》，载《现代国际关系》，2004 年第 4 期，第 57 页。
② 同①。

地区霸权国家的崛起，一旦哪个国家显示出称霸中东地区的势头，常常会遭到美国的打压。

第二，一直以来，中东国家为争夺地区领导权，明争暗斗，往往两败俱伤。因而原本具有成为地缘重心国潜质的国家也因这种争斗而实力大减，从而丧失了可能成为地区主导国的机会。

第三，中东各国普遍缺乏在领土、人口、资源等方面的全面优势。例如，中东地区的埃及、沙特阿拉伯、伊朗、土耳其等国虽均具有成为地区主导国家的某些条件，但又都存有某方面的重大不足，无法成为地区主导国。

（三）地缘重心国的缺失为制衡现象的发生提供了一定基础

中东地区缺少能支撑起一个稳定的地区国际关系结构或框架的强有力的地缘重心国，这对中东地区产生的不利影响是多方面的。其中，一个重要的负面后果就是不利于该地区稳定与和平的实现，增大了一些国家的不安感、争霸意识，进而引发地区动荡，从而为制衡现象的发生提供合适土壤。关于这一点，可以从以下两个方面进行分析。

第一，由于缺少能够支撑起一个稳定的地区国际关系架构的地缘重心国，导致域内国家和域外大国在中东地区进行激烈争夺，彼此制衡。首先，地缘重心国的缺失导致中东有关国家为在地区内发挥主导作用而竞相进行军备竞赛和组建军事联盟，相互制衡。在中东，围绕地区领导权的争夺，不仅体现在阿拉伯国家与非阿拉伯国家之间，在阿拉伯世界内部这种争夺也很激烈。不过，与阿拉伯国家和非阿拉伯国家之间的争夺常常采取"硬制衡"手段不同，阿拉伯国家之间的领导权之争往往诉诸"软制衡"手段。其次，中东地区群龙无首、形势动荡的情况无疑为域外大国的介入提供了契机，这些域外大国常常抱有一定的政治和经济动机，为实现自己在中东地区的战略利益，极力拉拢亲己势力，制衡对手。

第二，地缘重心国的缺乏对中东地区经济一体化的发展产生了不利的影响，致使该地区经济一体化举步维艰和地区和平比较脆弱，国家之间没有形成类似欧盟成员国那样的一荣俱荣、一损俱损的利益共契关系。和平的实现是经济发展的一大前提，反过来，经济的发展也将促进和平的实现，二者是一种相互促进的关系。长期以来，受地缘重心国的缺失等因素的影响，中东地区经济一体化发展尤为缓慢，地区内部贸易互补性非常弱，致使中东各国对区域外市场的依赖程度特别高。这无疑为域外大国争夺中东市场、插手中东事务提供了机会。域外大国为争夺中东市场，竞相扶植代理人，从而为中东国家之间的制衡行为增添了大国干预的因素。同时，中东地区经济一体化发展缓慢，也不利于软化有关国家的既定强硬立场，不利于各国间固有争端的化解，不利于地区紧张局势的缓和，也不利于弱化相关国家的制衡动机。因为各国间的经济联系不够密切，彼此间没有形成巨大的利益共契关系，"和平的红利"尚未成为各国选择政治途径解决彼此争端的强大动因。

五、大国的制衡之术

制衡是国家行为体一贯采取的手段和策略，尤其是在中东这个大国激烈角逐的场所，制衡现象更是屡见不鲜。自20世纪初奥斯曼帝国土崩瓦解至今，可以说中东地区再也没有出现过真正的地缘重心国家，长期处于域外大国势力的影响之下。第一次世界大战结束后，以英国为主角、法国为配角的中东地缘政治格局逐渐形成。二战结束后，美国和苏联取而代之，成为中东舞台上的两个重量级角色。为了争夺中东地区主导权和世界霸权，美苏两个超级大国在这里竞相扶植代理人，利用犹太人建国的契机，加紧向中东地区渗透。1956年第二次中东战争爆发后，美苏又趁机排挤英法势力，进一步向中东扩张。伴随美苏在中东争夺的加剧，冷战的迷雾日益向该地区大面积扩散，中东在美苏的冷战对抗中日益融入以两极为特征的世界秩序或国际体系，从而不可避免地受到该国际体系的重大影响乃至某种支配。虽然这并不意味着中东国家的国际行为完全受体系因素的支配，也不代表美国或苏联可以完全掌控中东事务，且中东作为国际体系的一个地区子系统，仍保持着一定的独立性，但美苏之间的"硬制衡"却必然影响着中东国家之间的制衡行为。这方面一个重要的表现就是，在美苏相互制衡的影响下，中东日益分裂为两大对立的军事或政治集团。

冷战后，伴随苏联的解体，美国在中东一家独大，极力遏制中东地区霸权主义的抬头。为遏制中东地区霸权主义，美国仍奉行传统的制衡策略，从中渔利。然而，好景不长，进入 21 世纪以后，尤其是2011 年"阿拉伯之春"以来，中东再次成为大国竞相争夺和较量的舞台。随着俄罗斯对中东的强势回归，中东地区似乎又恢复到了昔日的"大国政治"时代，从而又给中东国家的制衡行为打上了大国角逐的烙印。

可见，时至今日，中东国际关系中的大国因素依然存在。这就不可避免地给中东国家的制衡行为打上大国竞争的烙印。与此同时，一战以来，中东地区从未产生一个世界性的大国，中东国家要么属于中等强国，要么就是弹丸小国。这就决定了中东国家的制衡联盟对象除了域内国家外，还经常性地是域外大国。

结　语

　　在国内学术界，中东国际关系史仍属于一个相对年轻的学科，研究空白点仍较多。西方国际关系领域的现实主义、自由主义、建构主义等理论流派，对于中东这样一个区域性特征非常突出的子系统来讲，适用性有限。因此，中东国际关系研究不仅亟须产出新的史实性专著，也需要更多基于新的理论视角的实证性乃至理论性专著。

　　中东国际关系的区域性特征比较明显，中东国家的外交行为也并非毫无规律可循。整体上看，制衡是影响中东国际关系的一个显著因素，中东国家的制衡行为表现出突出的区域性特征。虽然每个地区的国际关系均不同程度具有区域性特征，但从制衡视角看，中东国家采取制衡行为的动机、方式和类型等显然有别于其他地区。从制衡视角讲，冷战时期的中东国际关系主要包括阿拉伯国家之间的关系、阿拉伯国家与非阿拉伯国家之间的关系、非阿拉伯国家之间的关系以及大国与中东国家之间的关系。其中，阿拉伯国家之间的关系主要受到"软制衡"因素的作用，具体表现为阿拉伯国家之间的竞争、对抗和联盟。相反，阿拉伯国家与非阿拉伯国家之间主要诉诸军备竞赛与军事联盟体制，相互进行"硬制衡"。此时期，以色列、土耳其与伊朗（伊斯兰革命之前）一度结成了某种"准联盟"关系，这种"准联盟"关系，尤其是对以色列来讲，具有制衡前线阿拉伯国家的深刻动机。

该时期，美苏两超级大国在中东舞台上大搞制衡政治游戏，事实上将整个中东撕裂成两大对立集团，即亲美集团与亲苏集团。冷战后至"阿拉伯之春"期间，从体系层面讲，中东国际关系主要处于美国一超的主导之下。在这种情况下，国际上的一些大国和中东地区的某些国家纷纷选择追随美国，而不是与美国对抗，更非要"硬制衡"美国霸权。然而，美国此时期的中东战略仍无法摆脱制衡这一传统逻辑思维。冷战后，美国中东战略的一大目标就是通过扶植、打压等手段制衡中东地区霸权。但此时期，由于受中东和平进程、世界政治格局等因素的影响，中东国际关系中的安全、规范与认同等因素的传统作用下降，致使中东国际关系的传统制衡特征变弱。不过，这并不代表中东国际关系中的制衡因素已彻底不起作用，而只是其作用程度有所下降而已。而且，2011年"阿拉伯之春"以来，中东国际关系的制衡特征日益凸显。当前中东国际关系的一个重要特征就是，中东分裂为分别以伊朗和沙特为首的"什叶派阵营"和"逊尼派阵营"两大阵营。当然，伴随当今国际关系复杂化和民主化以及国家间相互依赖的不断加强，为最大限度降低战略风险和谋求国家利益，融合了接触、防范、制衡等战略手段的对冲战略日益成为越来越多国家包括中东国家的理性选择。但是，长远来讲，只要国家仍是国际社会的主要行为体，制衡便仍是国家众多策略选择中的一个，仍是国家打击对手、谋取安全与利益的一种重要策略，这尤其适用于地区国际关系高度"安全化"的中东。

参考文献

一、中文文献

(一)著作

1. 阿宝斯·艾克巴尔·奥希梯扬尼.伊朗通史:上[M].叶奕良译.北京:经济日报出版社,1997.

2. 阿卜杜尔礼萨·胡尚格·马赫德维.伊朗外交四百五十年[M].元文琪译.北京:商务印书馆,1982.

3. 安东尼·纳丁.纳赛尔[M].范语译.上海:上海人民出版社,1976.

4. 安瓦尔·萨达特.萨达特回忆录[M].中译本.北京:北京人民出版社,1978.

5. 安瓦尔·萨达特.我的一生——对个性的探讨[M].李占经等译.北京:商务印书馆,1980.

6. 彼得·卡赞斯坦.国家安全的文化:世界政治中的规范与认同[M].宋伟,刘铁娃译.北京:北京大学出版社,2009.

7. 伯纳德·路易斯.激荡在辉煌的历史中:中东[M].郑之书译.北京:中国友谊出版公司,2000.

8. 车文博.西方心理学史[M].杭州:浙江教育出版社,1998.

9. 陈建民.当代中东[M].北京:北京大学出版社,2002.

10. 樊勇明.西方国际政治经济学[M].上海:上海人民出版社,2000.

11. 果尔达·梅厄.梅厄夫人自传[M].章仲远,李佩玉译.北京:新华出版社,1986.

12. 汉斯·摩根索.国家间政治:权力斗争与和平[M].徐昕等译.北京:北京大学出版社,2006.

13. 何佩群,俞沂暄.国际关系与认同政治[M].北京:时事出版社,2006.

14. 季国兴,陈和丰,等.第二次世界大战后中东战争史[M].北京:中国社会科学出版社,1987.

15. 江红.为石油而战:美国石油霸权的历史透视[M].北京:东方出版社,2002.

16. 金宜久,吴云贵,等.伊斯兰与国际热点[M].北京:东方出版社,2001.

17. 金应忠,倪世雄.国际关系理论比较研究[M].修订本.北京:中国社会科学出版社,2003.

18. 肯尼思·华尔兹.国际政治理论[M].信强译,上海:上海人民出版社,2008.

19. 雷钰,苏瑞林.中东国家通史·埃及卷[M].北京:商务印书馆,2003.

20. 李伟建.以色列与美国关系研究[M].北京:时事出版社,2006.

21. 刘丰.制衡的逻辑[M].北京:世界知识出版社,2010.

22. 刘月琴.冷战后海湾地区国际关系[M].北京:社会科学文献出版社,2002.

23. 刘中民.民族与宗教的互动:阿拉伯民族主义与伊斯兰教关系研究[M].北京:时事出版社,2010.

24. 陆忠伟.非传统安全论[M].北京:时事出版社,2003.

25. 罗伯特·杰维斯.国际政治中的知觉与错误知觉[M].秦亚青译.北京:世界知识出版社,2003.

26. 迈克尔·T.克莱尔.资源战争:全球冲突的新场景[M].童新耕,之也译.上海:上海译文出版社,2002.

27. 纳忠.阿拉伯通史(上、下卷)[M].北京:商务印书馆,1997.

28. 彭树智.二十世纪中东史[M].北京:高等教育出版社,2001.

29. 塞缪尔·亨廷顿.文明的冲突与世界秩序的重建[M].周琪等译.北京:新华出版社,2002.

30. 斯蒂芬·沃尔特.联盟的起源[M].周丕启译.北京:北京大学出版社,2007.

31. 斯蒂芬·沃尔特.驯服美国权力:对美国首要地位的全球回应[M].郭盛,王颖译.上海:上海人民出版社,2008.

32. 孙德刚.多元平衡与"准联盟"理论研究[M].北京:时事出版社,2007.

33. 孙德刚."准联盟"外交的理论与实践——基于大国与中东国家关系的实证分析[M].北京:世界知识出版社,2012.

34. 王京烈.动荡中东多视角分析[M].北京:世界知识出版社,1996.

35. 王京烈.面向二十一世纪的中东[M].北京:社会科学文献出版社,1999.

36. 王立东.国家海上利益论[M].北京:国防大学出版社,2007.

37. 王新刚.中东国家通史·叙利亚和黎巴嫩卷[M].北京:商务印书馆,2003.

38. 希提.阿拉伯通史:上[M].马坚译.北京:商务印书馆,1979.

39. 夏建平.认同与国际合作[M].北京:世界知识出版社,2006.

40. 肖斌.制衡威胁:大国联盟战略的决策行为[M].广州:世界图书出版广东有限公司,2012.

41. 星野昭吉,刘小林.冷战后国际关系理论的变化与发展[M].北京:北京师范大学出版社,1999.

42. 亚历山大·温特.国际政治的社会理论[M].秦亚青译.上海:上海人民出版社,2008.

43. 杨灏城,朱克柔.民族冲突和宗教争端:当代中东热点问题的历史探索[M].北京:人民出版社,1996.

44. 伊卜拉欣·萨阿德.俄国人来了[M].杨期锭等译.北京:商务印书馆,1977.

45. 余国庆.大国中东战略的比较研究[M].北京:中国社会科学出版社,2013.

46. 俞新天.国际关系中的文化[M].上海:上海社会科学院出版社,2005.

47. 约翰·米尔斯海默.大国政治的悲剧[M].王义桅,唐小松译.上海:上海人民出版社,2014.

48. 约瑟夫·拉彼德,弗里德里希·克拉托赫维尔.文化和认同:国际关系回归理论[M].金烨译.杭州:浙江人民出版社,2003.

49. 约瑟夫·奈.软实力[M].马娟娟译.北京:中信出版社,2013.

50. 詹姆斯·多尔蒂,小罗伯特·普法尔茨格拉夫.争论中的国际关系理论[M].第五版.阎学通,陈寒溪等译.北京:世界知识出版社,2003.

51. 张骥,刘中民,等.文化与当代国际政治[M].北京:人民出版社,2003.

52. 张家栋.恐怖主义论[M].北京:时事出版社,2007.

53. 张燕军.二战后中东地区军备竞赛与军备控制研究[M].北京:科学出版社,2017.

54. 中国国际关系学会.国际关系理论:前沿与热点——2006年博士论坛[M].北京:世界知识出版社,2007.

55. 钟志成.中东国家通史·海湾五国卷[M].北京:商务印书馆,2007.

56. 朱和海.中东,为水而战[M].北京:世界知识出版社,2007.

(二)期刊论文

1. 达洲.美俄在中东地区的作用[J].西亚非洲,1995(02):52-53+47.

2. 何志龙,靳友玲.巴列维时期伊朗与以色列的关系[J].暨南学报(哲学社会科学版),2009,31(02):231-235+248.

3. 何志龙.20世纪伊朗与以色列关系评析[J].世界历史,2007,185(04):92-100.

4. 季乃礼.国家形象理论研究述评[J].政治学研究,2016,126(01):104-113+128.

5. 姜琳.美国中东战略的新动向[J].当代世界,2006(04):22-24.

6. 李秉忠.土耳其与以色列关系恶化的原因及其启示[J].现代国际关系,2011(12):28-32.

7. 李福泉.中东什叶派"新月"的形成及其影响[J].宁夏社会科学,2011(01):74-78.

8. 李意.试析中东国家的非传统安全挑战[J].阿拉伯世界,2005(03):12-15.

9. 刘阿明,王联合.先发制人与预防性战争辨析[J].学术探索,2004(11):68-73.

10. 刘丰.大国制衡行为:争论与进展[J].外交评论(外交学院学报),2010,27(01):111-125.

11. 吕满文.伊朗与以色列由"热"变"冷"的关系探析[J].史学月刊,2012(10):132-134.

12. 秦亚青.国际体系的延续与变革[J].外交评论(外交学院学报),2010,27(01):1-13.

13. 秦亚青.世界格局、国际制度与全球秩序[J].现代国际关系,2010(S1):10-17.

14. 苏浩.地缘重心与世界政治的支点[J].现代国际关系,2004(04):54-61.

15. 孙德刚.以色列与伊朗关系评析[J].现代国际关系,2009(05):25-31+52.

16. 田文林.以色列安全战略及其缺陷[J].现代国际关系,2011(04):52-56.

17. 王栋.国际关系中的对冲行为研究——以亚太国家为例[J].世界经济与政治,2018(10):21-49+157.

18. 王晋.浅析1992年后印度与以色列的关系[J].东南亚南亚研究,2014(04):1322+107.

19. 王雷."伊斯兰国"极端组织兴起与中东政治变迁[J].亚非纵横,2014(06):1-14+125+130.

20. 王新龙.以色列与伊朗的恩怨情仇[J].当代世界,2007(04):17-19.

21. 王震.以色列正在向亚洲"靠拢"[J].世界知识,2015(1).

22. 吴传华.土耳其与希腊爱琴海争端解析[J].西亚非洲,2011(02):18-26+79.

23. 谢立忱.从不对称性制衡视角看"伊斯兰国"崛起的原因、特征与影响[J].世界宗教文化,2017(01):33-37.

24. 谢立忱.当前中东乱局中的认同因素[J].新疆社会科学,2012(01):73-78+141-142.

25. 谢立忱.认同视角下的土耳其对外政策[J].西亚非洲,2011(09):29-40.

26. 谢立忱.中东地区国际关系中的认同因素[J].史学集刊,2013(03):83-90.

27. 谢立忱,崔晓娟."阿拉伯之春"后以色列外交的新动向[J].新疆社会科学,2017(06):118-124+180-181.

28. 谢立忱,黄民兴.中东国家边界领土纠纷的民族主义诠释[J].西亚非洲,2009(02):50-55+80.

29. 谢立忱,黄民兴.中东国家领土与边界纠纷的安全视角分析(上)——传统安全因素[J].西亚非洲,2009(06):18-23+79.

30. 谢立忱,黄民兴.中东国家领土与边界纠纷的安全视角分析(下)——非传统安全因素[J].西亚非洲,2009(07):61-67+80.

31. 谢立忱,齐淑杰."软制衡"理论的内在逻辑与实证分析[J].西亚非洲,2015(05):81-97.

32. 谢立忱,田志馥.民族主义视角下的埃及对外关系[J].世界民族,2009(05):11-18.

33. 熊明峰.论军事安全与经济安全的关系[J].欧洲,1997(06):20-23.

34. 杨少华.评"软制衡论"[J].世界经济与政治,2006(07):40-45+5.

35. 张倩红.伊斯兰世界犹太人与阿拉伯人的交往[J].世界历史,2006(06):4-13+159.

36. 章波.巴列维时期伊朗和以色列战略关系的成因[J].西亚非洲,2007(02):26-31.

（三）电子文献

1. 美专家.特朗普对沙特1100亿美元军售大单是假新闻[EB/OL].(2017-06-07)[2022-01-09]. https://m. guancha. cn/global-news/2017_06_07_412115. shtml.

2. 商务部.东地中海天然气论坛正式成立[EB/OL].(2020-01-22)[2022-04-09]. https://gas. in-en. com/html/gas3264639. shtml.

3. 韩硕.东地中海天然气项目取得新进展[EB/OL].(2020-01-07)[2022-02-23]. http://world. people. com. cn/n1/2020/0107/c1002-31536860. html.

4. 李斌,李建敏.习近平出席金砖国家领导人非正式会晤[EB/OL].(2015-11-16)[2021-11-10]. http://news. sohu. com/20151116/n426533705. shtml.

5. 金学耕,岳连国,刘越.上海合作组织成员国元首理事会会议新闻公报[EB/OL].(2015-07-11)[2021-02-26]. http://www. xinhuanet. com//world/201507/11/c_128008651. htm.

6. 中俄联合声明:叙利亚危机必须在没有外来干涉的情况下寻求公正、和平解决[EB/OL].(2012-06-06)[2021-08-07]. http://news. xinhuanet.

com/politics/201206/06/c_112138272. htm.

7. 王晓萌. 土耳其接受以色列在拦截土救援船事件上的道歉[EB/OL]. (2013-03-24)[2022-03-23]. http://www. china. com. cn/international/txt/201303/24/content_28339944. htm.

8. 罗攀. 美国与沙特签署 1100 亿美元军售协议[EB/OL]. (2017-05-21)[2021-12-12]. http://www. chinanews. com/gj/2017/05-21/8229731. shtml.

9. 孟湘君. 土耳其以色列未就袭船达成一致 拒签联合国报告[EB/OL]. (2011-07-07)[2022-03-23]. http://www. chinanews. com/gj/2011/07-07/3163758. shtml.

二、英文文献

(一)著作

1. YOSSI A. Israel's search for Middle East allies[M]. London: Rowman & Littlefield, 2015.

2. AL-RODHAN N, HERD G, WATANABE L. Critical turning points in the Middle East: 1915-2015[M]. New York: Palgrave Macmillan, 2011.

3. AMERY H A, WOLF A T. Water in the Middle East: a geography of peace [M]. Austin: University of Tex as Press, 2000.

4. SPYER J, BROWN C. Iran and the Arab world[M]. London: The Macmillan Press Ltd, 1993.

5. ASHTON N J. Cold war in the Middle East: regional conflict and the superpowers, 1967-73 [M]. London and New York: Routledge, 2007.

6. AYDIN M, LFANTIS K. Turkish-Greek relations: the security dilemma in the Aegean [M]. Portland: Frank Cass, 2004.

7. Bahgat G. Israel and the Persian Gulf, Gainesville: University Press of Florida, 2006.

8. O'BALANCE E. The third Arab-Israeli war[M]. London: Faber, 1972.

9. BARKEY H J. Reluctant neighbor: Turkey's role in the Middle East [M]. Washington D. C. : US Institute of Peace Press, 1996.

10. BARNETT M. Dialogues in Arab politics: negotiations in regional order [M]. New York: Columbia University Press, 1998.

11. Ben – Dor, Gabriel. State and conflict in the Middle East [M]. New York: Praeger Publishers, 1983.

12. BLAREL N. The evolution of India's Israel policy: continuity, change, and compromise since 1922[M]. New Delhi: Oxford University Press, 2015.

13. BOZDAGLIOGLU Y. Turkish foreign policy and Turkish identity: a constructivist approach[M]. New York: Routledge, 2003.

14. BULLOCH J, DARWISH A. Water wars: coming conflicts in the Middle East[M]. London: Victor Gollancz, 1993.

15. CARR E H. The twenty years' crisis, 1919 – 1939: an introduction to the study of international relations[M]. New York: Palgrave, 2001.

16. Chubin S, Tripp C. Iran–Saudi Arabia relations and regional order[M]. London: International Institute for Security Studies, 1996.

17. COLLINS A. The security dilemma and the end of cold war [M]. Edinburgh: Keele University Press, 1997.

18. CORDEAMAN A H. After the storm: the changing military balance in the Middle East[M]. Boulder: Westview Press, 1993.

19. DAWISHA A I. Islam in foreign policy [M]. New York: Cambridge University Press, 1983.

20. DAWISHA K. Soviet foreign policy towards Egypt [M]. London: Macmillan Press Ltd. , 1979.

21. DIAMOND L, PLATTNER M F. Nationalism ethnic conflict, and democracy[M]. Baltimore and London: The Johns Hopkins University Press, 1994.

22. SHAZLY S E. The Arab military option[M]. San Francisco: American

Mideast Research, 1986.

23. EASHED H. Reuven S. The man behind the Mossad[M]. New York: Frank Cass, 1997.

24. EVRON Y. The Middle East: nations, super-powers and wars[M]. London: Elek, 1973.

25. FAWCETT L. International relations of the Middle East[M]. Oxford: Oxford University Press, 2005.

26. FAWCETT L. International relations of the Middle East[M]. Oxford: Oxford University Press, 2016.

27. GLUSKA A. The Israeli military and the origins of the 1967 War: government, armed forces and defence policy 1963-1967[M]. London and New York: Routledge, 2007.

28. GOH E. Meeting the China challenge: The U. S. in southeast Asian regional security strategic[M]. Washington, DC: East-West Center Washington, 2005.

29. HAMMEL E. Six days in June: how Israel won the 1967 Arab-Israeli war[M]. New York: Maxwell Macmillan International, 1992.

30. HERACLIDES A. The Greek-Turkish conflict in the Aegean: imagined enemies[M]. New York: Palgrave Macmillan, 2010.

31. LKENBERRY J G. America unrivaled: the future of the balance of power [M]. Ithaca: Cornell University Press, 2002.

32. Jabber P, Not By War alone: security and arms control in the Middle East, Berkeley: University of California Press, 1981.

33. KAHNEMAN D. Judgment under uncertainty: heuristics and biases [M]. Cambridge and New York: Cambridge University Press, 1982.

34. KATZENSTEIN P. The culture of national security: norms and identity in world politics[M]. New York: Columbia University Press, 1996.

35. Kaufman S J, Little R and Wohlforth W C. The balance of power in

world history[M]. New York: Palgrave Macmillan, 2007.

36. KEMP A. Israelis in conflict: hegemonies, identities and challenges [M]. Brighton and Portland: Sussex Academic Press, 2004.

37. KERR M H. The Arab cold war: gamal 'abd al-Nasir and his rivals, 1958-1970[M]. London: Oxford University Press, 1971.

38. Krause J, Renwick N. Identities in international relations[M]. New York: St. Martin's Press, 1996.

39. LAIRD R F, HOFFMANN E P. Soviet foreign policy in a changing world [M]. Hawthore: Aldine Publishing Company, 1986.

40. LAQUEUR W. The road to war, 1967: the origins of the Arab-Israel conflict[M]. London: Weidenfeld & Nicolson, 1968.

41. PODEH E, LEVEY Z. Britain and the Middle East: from imperial power to junior partner[M]. Brighton and Portland: Sussex Academic Press, 2008.

42. LEWIS B. The multiple identities of the Middle East[M]. London: Weidenfeld & Nicolson, 1998.

43. WM ROGER LOUIS, SHLAIM A. The 1967 Arab-Israeli War: origins and consequences[M]. New York: Cambridge University Press, 2012.

44. LOWI M R. Water and power: the politics of a scarce resource in the Jordan river basin[M]. Cambridge: Cambridge University Press, 1995.

45. MEARSHEIMER J J. The tragedy of great power politics[M]. New York: W. W. Norton, 2014.

46. MEDZINI M. Israel's foreign relations: selected documents, 1947-1974 [M]. Jerusalem: Ministry for Foreign Affairs, 1976.

47. MOR B. Decision and interaction in crisis: a model of international crisis behavior[M]. Westport: Praeger, 1993.

48. MORGENTHAU H J. Politics among nations: the struggle for power and peace[M]. New York: Alfred A. Knopf: Distributed by Random House, 1985.

49. MOTT W H IV. Soviet military assistance: an empirical perspective

［M］. Westport：Greenwood Press，2001.

50. MUTAWI S A. Jordan in the 1967 war［M］. Cambridge：Cambridge University Press，1987.

51. PALMER M A. Guardians of the Gulf：a history of America's expanding role in the Persian Gulf，1833-1992［M］. New York：Simon & Schuster，1992.

52. PAUL T V，WIRTZ J，FORTMANN M. Balance of Power：theory and practice in the 21st century［M］. Stanford，Calif.：Stanford University Press，2004.

53. PETER T T. Israel in a turbulent region：security and foreign policy ［M］. London and New York：Routledge，2019.

54. PORTER B D. The USSR in third world conflicts：soviet arms and diplomacy in local wars 1945-1980［M］. Cambridge：Cambridge University Press，1986.

55. POWERS A，MARK C R，KATZMAN K. United States-Israel relations ［M］. New York：Novinka Books，2002.

56. RO'I Y，MOROZOV B. The Soviet Union and the June 1967 six day war［M］. California：Stanford University Press，2008.

57. Robins P J. Turkey and the Middle East［M］. New York：Council on Foreign Relations Press，1991.

58. RODMAN D. Arms transfers to Israel：the strategic logic behind American military assistance［M］. Portland：Sussex Academic Press，2007.

59. ROTH S J. The impact of the six-day war：a twenty-year assessment ［M］. Hampshire：Macmillan Press，1988.

60. RYAN C R. Inter-Arab alliances：regime security and Jordanian foreign policy［M］. Gainesville：University Press of Florida，2009.

61. JEAN-LOUP SAMAAN. Israel's foreign policy beyond the Arab world：engaging the periphery［M］. New York：Routledge Taylor & Francis Group，2018.

62. SCHMIDT R. Global arms exports to Iraq[M]. Santa Monica: Rand, 1991.

63. SCHWELLER R. Deadly imbalances: tripolarity and hitler's strategy of world conquest[M]. New York: Columbia University Press, 1998.

64. SEALE P. Asad of Syria: the struggle for the Middle East [M]. Berkeley: University of California Press, 2011.

65. SELBY J. Power and politics in the Middle East: the other Israeli-Palestinian conflict[M]. London and New York: I. B. Tauris Publishers, 2003.

66. SHLAIM A. The Iron wall: Israel and the Arab world[M]. New York : W. W. Norton, 2000.

67. STIVACHTIS L A. Co-operative security and non-offensive defence in the zone of war: The Greek-Turkish and the Arab-Israeli cases[M]. New York: Peter Lang, 2001.

68. TELHAMI S, BARNETT M. Identity and foreign policy in the Middle East[M]. Ithaca: Cornell University Press, 2002.

69. TIBI B, KROJZL C. Conflict and war in the Middle East, 1967-91: Regional Dynamic and the Superpowers[M]. New York: St. Martin's Press, 1993.

70. TZIAMPIRIS A. The emergence of Israeli-Greek cooperation[M]. New York and London: Springer, 2015.

71. VASQUEZ J A, ELMAN C. Realism and the balancing of power: a new debate[M]. Upper Saddle River, N.J.: Prentice Hall, 2003.

72. VILLERS M D. Water wars: is the world's water running out[M]. London: Weidenfeld and Nicolson, 1999.

73. WALT S M. The origins of alliances[M]. Ithaca: Cornell University Press, 1987.

74. WALTZ K N. Theory of international politics[M]. New York: Mcgraw-Hill, 1979.

75. WAXMAN D. The pursuit of peace and the crisis of Israeli identity[M].
New York: Palgrave Macmillan, 2006.

(二)期刊论文

1. AgdemirM A. The Arab Spring and Israel's relations with Egypt: a view
from Turkey[J]. Israel Journal of Foreign Affairs, 2016,10(2).

2. Amour P O. Israel, the Arab Spring, and the unfolding regional order in
the Middle East: a strategic assessment[J]. British Journal of Middle Eastern
Studies,2016,43(1).

3. Aras B. Turkish–Israeli–Iranian relations in the nineties: impact on the
Middle East[J]. Middle East Policy, 2000,7(3).

4. Art R J, Brooks S G, Wohlforth W C, Lieber K A, Alexander G.
Correspondence: striking the balance[J]. International Security, 2005/2006,30
(3).

5. Axt H. Relations with Turkey and their impact on the European Union
[J]. Southeast European and Black Sea Studies,2005,5(3).

6. Bennett A J. Arms transfer as an instrument of Soviet policy in the Middle
East[J]. The Middle East Journal, 1985,39(4).

7. Blanche E. A new dawn for the shi'ite faithful[J]. The Middle East,
2005,361.

8. Chaziza M. Soft balancing strategy in the Middle East: Chinese and
Russian vetoes in the United Nations Security Council in the Syria Crisis[J].
China Report, 2014,50(3).

9. Dawisha A. Arab nationalism and islamism: competitive past, uncertain
future[J]. International Studies Review,2000,2(3).

10. Ferguson C. The strategic use of soft balancing: the normative
dimensions of the Chinese–Russian "Strategic Partnership"[J]. The Journal of
Strategic Studies, 2012,35(2).

11. Fiori A, Passeri A. Hedging in search of a new age of nonalignment: myanmar between China and the USA[J]. The Pacific Review, 2015,28(5).

12. Frykberg M. Attack on Iran not ruled out[J]. Middle East, 2008,396.

13. Frykberg M. Surrounded on all sides, Israel's wars of attrition heat up [J]. Middle East, 2008,393.

14. Fuller G E. The Middle East in US–Soviet relations[J]. Middle East Journal, 1990,44(3).

15. Gat M. The great powers and the water dispute in the Middle East: a prelude to the Six Day War[J]. Middle Eastern Studies, 2005,41(6).

16. Göksel, Oğuzhan. Beyond countering Iran: a political economy of Azerbaijan–Israel relations[J]. British Journal of Middle Eastern Studies, 2015, 42(4).

17. Grebennikov M. Skating on thin ice: Israel's strategic partnership with Azerbaijan in the South Caucasus[J]. Israel Journal of Foreign Affairs, 2015,9 (3).

18. Guzansky Y. Israel and the Arab Gulf States: from tacit cooperation to reconciliation[J]. Israel Affairs,2015,21(1).

19. He K, Feng H. If not soft balancing, then what? reconsidering soft balancing and U. S. policy toward China[J]. Security Studies, 2008,17(2).

20. He K. Dynamic balancing: China's balancing strategies towards the United States, 1949–2005[J]. Journal of Contemporary China, 2009,18(58).

21. Ismayilov I E, Azerbaijan:the evolution of a strategic partnership[J]. Israel Journal of Foreign Affairs, 2013,7(1).

22. Ismayilov M. Power, knowledge, and pipelines: understanding the politics of Azerbaijan's foreign policy[J]. Caucasus Survey, 2014,2(1).

23. Jacoby, TamiA. Israel's relations with Egypt and Turkey during the Arab Spring: weathering the storm[J]. Israel Journal of Foreign Affairs,2013,7 (2).

24. Jones C, Guzansky Y. Israel's relations with the Gulf States: toward the emergence of a tacit security regime[J]. Contemporary Security Policy, 2015,38 (3).

25. Kuik, Cheng-Chwee. How do weaker states hedge? unpacking ASEAN states' alignment behavior towards China[J]. Journal of Contemporary China, 2016,25(100).

26. Lewin A. Turkey and Israel: reciprocal and mutual imagery in the media, 1994-1999[J]. Journal of International Affairs, 2000,54(1).

27. Magen A. Comparative assessment of Israel's foreign policy response to the "Arab Spring"[J]. Journal of European Integration, 2015,37(1).

28. Medeiros E S. Strategic hedging and the future of Asia-Pacific stability [J]. The Washington Quarterly, 2006,29(1).

29. Ozertem H S. Turkish foreign policy and the energy Bonanza in the Eastern Mediterranean[J]. Journal of Balkan and Near Eastern Studies,2016,18 (4).

30. Pape R A. Soft balancing against the United States[J]. International Security,2005,30(1).

31. Parsi T. Israel-Iranian relations assessed: strategic competition from the power cycle perspective[J]. Iran Studies, 2005.38(2).

32. Paul T V. Soft balancing in the age of U. S. primacy[J]. International Security, 2005,30(1).

33. Pinfold R G, Peters J. The limits of Israel's periphery doctrine: lessons from the Caucasus and Central Asia[J]. Mediterranean Politics, 2019,24(4).

34. Rabi U, Mueller C. The Gulf Arab States and Israel since 1967: from "No Negotiation" to tacit cooperation[J]. British Journal of Middle Eastern Studies, 2017,44(4).

35. Ronen Y. The effects of the "Arab Spring" on Israel's geostrategic and security environment: the escalating jihadist terror in the Sinai Peninsula[J].

Israel Affairs, 2014,20(3).

36. Rosman-Stollman, Elisheva. Balancing acts: the Gulf States and Israel [J]. Middle Eastern Studies,2004,40(4).

37. Ryan C R. The odd couple: ending the Jordanian-Syrian "Cold War" [J]. Middle East Journal, 2006,60(1).

38. Salamey I. Post-Arab Spring: changes and challenges[J]. Third World Quarterly,2015,36(1).

39. Salman M, Pieper M, Geeraerts G. Hedging in the Middle East and China-U. S. competition[J]. Asian Politics & Policy, 2015,7(4).

40. Snyder G H. Alliances balance, and stability [J]. International Organization, 1991,45(1).

41. Sotiriou S A. Creating norms around the Eastern Mediterranean energy resources as a necessary means of security[J]. European Security,2020,29(1).

42. Souleimanov E, Ehrmann M, Aliyev H. Focused on Iran? exploring the rationale behind the strategic relationship between Azerbaijan and Israel[J]. Southeast European and Black Sea Studies,2014,14(4).

43. Steff R, Khoo N. Hard balancing in the age of American unipolarity: the Russian response to US ballistic missile defense during the Bush administration (2001-2008)[J]. Journal of Strategic Studies, 2014,37(2).

44. Tessman B, Wolfe W. Great powers and strategic hedging: the case of Chinese energy security strategy[J]. International Studies Review, 2011,13(2).

45. Tunsjo O. Hedging against oil dependency: new perspectives on China's energy security policy[J]. International Relations, 2010,24(1).

46. Tziarras Z. Israel-Cyprus-Greece: a "Comfortable" quasi-alliance[J]. Mediterranean Politics, 2016,21(3).

（三）电子文献

1. The White House. National security strategy of the United States of America[EB/OL]. (2015-01-06)[2015-02-07]. http://www. whitehouse. gov/sites/default/files/docs/2015_national_security_strategy_2. pdf.